『出雲国風土記』飯石郡条の
「琴引山」に鎮座する琴弾神社。
風土記によれば窟の中に大国主神の御琴があるという。

出雲に坐す神々と地名

『出雲国風土記』大原郡条にみえるスサノヲ命を祭る「須賀社」の奥宮、八雲山の磐座。

石神さん

『出雲国風土記』楯縫郡条にみえる「神名樋山」、頂上には地域神の多伎都比古命の魂と百余の石神が坐すという。蔦に覆われた石神。

『出雲国風土記』飯石郡条にみえる「多倍社」、『延喜式』の「多倍神社」、本殿の後ろの巨石がご神体。

『出雲国風土記』意宇郡条にみえる「志多備社」境内の荒神さん。日本一といわれるスタジイ（椎）を取り巻く蛇縄。

荒神さん

東出雲町出雲郷（あだかえ）に鎮座する阿太加夜神社の荒神。
『出雲国風土記』の意宇郡条に「阿太加夜社」とみえる。古社である。「あだかえ」「あだかや」謎の地名である。

出雲では神社などに一般的にみられる荒神さん、藁縄で撚りあげた龍蛇神である。秋の収穫後の11・12月頃に荒神祭が行われる。龍蛇神を村・町に導き巡り、最後に御神木に巻いて祀る。

塩掻島

国譲りの稲佐浜の北東部、砂と草に包まれ鎮まる出雲大社の境外祭祀場。
かつては島であったと思われる。
8 月 14 日の一連の身逃げ神事、翌日の爪剥祭に神官は塩掻島にて塩を掻き、爪剥祭で神前に供えるという。

地名と風土

12

日本地名研究所

地名と風土 第12号

目次 —— 二〇一八年三月三一日

表紙・グラビア写真　板垣宏／文　関和彦
表紙写真：『出雲国風土記』神門郡条・大国主神が「滑磐石なるかも」と感歎した滑石

巻頭言

地名研究の聖典、風土記の世界

日本地名研究所所長　関　和彦

日本の地名にかかわる文献資料としての最古の情報は有名な『魏志』倭人伝の三十余国の国名である。中国の人、陳寿によってもたらされた貴重な地名情報であるが、いわゆる邪馬台国論争の中でその情報は畿内説、九州説に翻弄されて未だ正面からの検討がなされていないというのが現状である。

わが国の地名にかかわる文献資料として活用が望まれるのが風土記である。『続日本紀』の和銅六（七一三）年条に

畿内《きない》七道諸国。郡郷の名に好字《こうじ》を著け。その郡内に生ずる所の銀銅彩色草木禽獣魚虫等の物、具《つぶ》さに色目を録し。及び土地沃塉《よくせき》。山川原野の名号《みょうごう》の所由。又古老相伝ふる旧聞《きゅうぶん》異事《いじ》。史籍に載せて言上《ごんじょう》せよ。

とみえる。

その官命は地名に限定すれば、地名表記は「好字」を用い、「山川原野」の地名の由来を報告せよというものである。その主旨が活かされて現存する風土記は古老の語る地名起源の昔ばなしで彩られている。そこでは地名の命名の主体は神であり、天皇であり、時には「土人《くにびと》」でもあり、多様である。

実は『魏志』倭人伝にみえる「伊都国」は『古事記』、『日本書紀』は勿論、風土記にもその名を残している。倭人伝の時代、風土記の時代、その隔たりは五百年余にも達する。その間、地名は「地」の「命」、地命として生き続けてきたのである。

『魏志』倭人伝の諸国の名を通覧すると、「奴（の）」「邪馬（やま）」「巴利（はら）」「斯馬（しま）」「鬼（き）」などの自然用語を含むものが殆どであることがわかる。「野」を「奴」、「原」を「巴利」と書した陳寿の耳の確かさに敬服

である。千七百年余も経た現在、九州では今も「原」を「ばる」と訓じているのは文化継承の力強さであろう。

『続日本紀』和銅六（七一三）年の官命を受け、当時の六十余国は風土記の編纂を行ったが、完本に近い形で現存しているのは『出雲国風土記』だけである。実に『出雲国風土記』の完成は官命を受けて二十年の歳月を経た天平五（七三三）年であった。

老《おきな》、枝葉《しよう》を細しく思《くは》へ、詞《かんが》の源《こと》を裁《みなもと》り定《ことわ》め、亦、山野《さんや》・浜浦《ひんぽ》の処、鳥獣《ちょうじゅう》の棲《すみか》、魚貝《ぎょばい》・海菜《かいさい》の類《たぐひ》、やや繁《しげ》く多《さは》にして、悉には陳《の》べず。然はあれど、止むことをえざるは、粗《ほぼ》、梗概《おほむね》を挙げて、記の趣《おもむき》をなす。

　この「老」なる人物は出雲国造出雲臣広島のもと風土記編纂を行った神宅臣金太理である。出雲各地から集積した情報を「枝葉を細く思へ（詳細に検討し）、「詞の源を裁り定め」て、「詞」、すなわち地名の源を二十年余をかけ確定してまとめ上げたという。まさにわが国最古の地名起源集といえるであろう。

「出雲」国号の由来に関しては一般に『古事記』にみえる須佐之男命の「八雲立つ　出雲八重垣　妻籠《つまご》みに　八重垣作る　その八重垣を」で説明されるが、金太理は『出雲国風土記』の冒頭で、

出雲と号くる所以は、八束水臣津野命《やつかみずおみつぬのみこと》、詔《の》りたまひしく、「八雲立つ」と詔りたまひき。故、八雲立つ出雲といふ。

と述べる。それが金太理の「詞の源を裁り定め」た結論であった。

『古事記』では須佐之男命は出雲国の山中の須賀の地にて歌ったといい、『出雲国風土記』では八束水臣津野命は意宇の平野で言葉を発したという。その相違には深い歴史の流れがあるのであろう。

　この五月末開催の第三十七回全国地名研究者出雲大会に参加の折、出雲の大地に立ち、空を仰ぎ、雲を愛で、その流れに身を置いてみたい。出雲の大地に天空から八雲を射すように光線が降りそそぐ。それは古代びとも眺めた、こころに映した光景・・・「出雲」という国号、それは大地と天空が共作し生み出した、人々のこころに宿る、そして響く地名として愛されていくのであろう。

二〇一八（平成三十年）年一月

古代のふる里に足跡を残した異郷の人々を探る

太宰幸子

私の住む宮城県大崎市エリアの古代について、長年の調査研究から遠いご先祖様たちの中にはたくさんの異郷の人々が関わっていたことが判ってきた。それを当時の地元の人々はどのように受け取り、受け入れたのであろうか。一方的にやって来ては住みつき、集落を形成した全く未知の、異郷の人々であり、恐れおののくような出会いだったに違いない。現代人でさえ新しい隣人と仲良くなるためには、大きな努力が必要である。このようなことから考えても、大量にやって来た見知らぬ人々を受け止めるために大きく心を痛めたのではなかったろうか。

東北を辺境の地とし、律令制度の中へ取り込む政策をとった古代の日本国家は、縄文時代の延長上に暮らしていたのかもしれない宮城の古代人たちの前に、稲作と鉄器・古墳文化も含めて、未知の神々も携えてやって来ていた。現在のような交通の発達していない時代に、彼らもまた命がけであったのかもしれない。そんなふる里の古代を歩いた人々のいたことを、ここにまとめてみたい。

六国史の一つ、『続日本紀』などにも関東などからの移住者が大勢いたことが記されており、大和朝廷の文化を携えて宮城（東北）へ移住して来た人々の歴史は結構古いといえる。彼らは、太平洋を北上し川を遡ってやって来たと想定される。その中には畿内の豪族とつながる人々もいたであろうが、関東付近からの一般の人々も多く、遠く九州からもやって来た人々もいた。

しかし、そのようなことは長い歴史時間の中で記憶が薄れ、関わりのある人々からの伝承もほとんど忘れられた。当然現代の我らも学校教育で指導される歴史の内容が全てのごとく教えられてきた。ところが、彼らが運んで来た文化の足跡を、地名は身近なところで長い間伝え続けていた。そこに遺跡発掘という事業が各地で多く行われるようになり、地名が知らせていた歴史上の事実を裏付けてくれるようになった。しかも、その内容はとても興味深いものばかりである。

一、移民に関わる宮城県内の歴史

西暦	年号	事項
古墳時代前期		宮城県で方形周溝墓を築造。仙台平野で遠見塚古墳・雷神山古墳・薬師堂古墳、大崎平野で青塚古墳・京銭塚古墳などを築造。
663	天智2	白村江の敗戦。陸奥国志太評の生壬五百足らが出征し遣唐使と共に帰朝（707年）。このことにより663年以前に志田郡が建郡されていたこと、兵役を課すべく中央政府による組織化やその力が及んでいたことになる

715	霊亀元	5月　坂東6カ国の富民1000戸を陸奥国に移民。この頃黒川以北十郡を置く。
722	養老6	閏4月　陸奥・出羽国の調庸の徴収をとどめ、税布徴収を始め、在京の人を本国に返し、他国からの移民の免税期間を1年とする。8月　諸国から1000人の柵戸を陸奥に移民する
730	天平2	田夷村に遠田郡を置く。
749	天平勝元	1月4日　陸奥国小田郡から黄金900両を産出。
768	神護景雲2	9月28日　陸奥国の鎮兵3000人を500人に減らし、軍団兵士6000人を1万人に増やす。12月16日　伊治・桃生への移民を募る。
770	宝亀元	4月1日　黒川以北十郡の俘囚3920人を公民とする。
802	宝亀21	1月　坂上田村麻呂が胆沢城造営開始。浪人4000人を胆沢に移民。

（「宮城県の歴史」山川出版社より）

二、関東からの移住を伝えていた土師器

律令側が関東各地から集団で移住させた人々は、在地の人々とは違う生活用品やカマドを作り竪穴住居に暮らしていたようだ。宮城県内各地からゆかりの土器が出土しており、それらは現代の人により「関東系土師器」と名付けられた。それらの多くは作られた様子や形や色合いにより、どこから運ばれて来たのかを知ることができるという。

名生館官衙から出土の関東系土師器

時代	出土地	やって来た人々とゆかりの地
7世紀前半	主に仙台平野（郡山遺跡など）で出土	東関東地域に系譜をもつ土師器が主体 千葉県印旛沼周辺と茨城県南部の土師器と類似（利根川沿岸も含むか）
7世紀中頃	郡山遺跡（仙台市）	栃木県（下野国）のものが初めに出てくる
	清水遺跡（仙台市）	茨城、鬼怒川沿いの上流からのもの
	南小泉遺跡（仙台市）	茨城県南部を中心とした東関東地域に系譜をもつ物が主体
	名生館官衙遺跡（大崎市）	
7世紀後半	三輪田遺跡（大崎市）	北武蔵国　関東の西のもの（埼玉県の利根川沿い）
	権現山遺跡（大崎市）	深谷市周辺の土師器と類似（さきたま古墳群に近い所）「大住団」と記された木簡が出土 この時期、北武蔵地域が辺境経営における中心的役割を担っていたか
	名生館官衙遺跡（大崎市）	大崎地方で最も古い段階の関東系土師器が出土している 相模型坏の土器が僅かに出土 地元の土器と関東系土師器がほぼ同等に出土
8世紀初め	御駒堂遺跡（栗原市）	南武蔵国 住居構造を含めた生活様式が南武蔵地域と類似 集団移住による移民集落であろう。
	新田柵跡（大崎市）	北武蔵国（真似して作ったような物） 出土する土師器は崩れている物が多く完成品が少ない
8世紀半ば	名生館官衙遺跡では関東系土師器と入れ替わるように須恵器になる。役割が須恵器にかわった	宮城では移民が少なくなっていたのか出土量や出土遺物が激減している 715年に関東からの移民があったが、720年陸奥国按察使がエミシにより殺害されたことと関係があるのではないか（三輪田遺跡・権現山遺跡・南小林遺跡が火災で消失） 減るのと同時に、須恵器が多く出土するようになる 使用目的が違うのかもしれないし、どのような目的だったのか不明

それを確認するために大崎市教育委員会の高橋誠明氏よりご指導をいただいた。高橋氏のお話とその論考が掲載されている「古代社会と地域間交流・土師器からみた関東と東北の様相」（六一書房）によると、前ページの表のように時代区分ができるという。

高橋氏の論考が掲載された「古代社会と地域間交流・土師器からみた関東と東北の様相」（六一書房）を参考にさせていただくと、発掘により確認された須恵器・土師器・関東系土師器などは彼らが使用した生活用品というよりも、その多くは地元民を饗応する際の供膳具として使用されたらしいという。この時期の饗応は、先住（エミシ）の人々と各地域からの移民との親和関係を形成しながら、領域の拡大を図ったものと推測されるとある。当然、土師器もそれを作成する技術者が同伴移住してきたと思われ、出土する関東系土師器の胎土は在地のものとほとんど同じと言ってよいという。

また、八世紀初頭の集落（御駒堂遺跡）は、移住して来た人だけのもので、地元民は共住していなかったのではないか。律令国家と地元のあり方に、少しくらいは地元の人も入っていたかもしれないが、伊治城跡遺跡（栗原市築館）から出土しているものは、移住民が持参してきたものであるという。また、関東系土師器の北限は盛岡迄確認されているとお聞きした。

三、関東系土師器の出土する地

a.御駒堂遺跡（栗原市志波姫）……東京都新宿付近との関わり

東北自動車道が造られることに伴う発掘調査により大きな集落跡が発見され、縄文時代から江戸時代の集落跡が確認されている。

一九七六年（昭和五一年）に宮城県教育委員会が発掘し、竪穴住居跡41軒、掘立柱建物跡11棟などが見つかり、竪穴住居跡は伴って出土した土器によって5群に大別される。特に目を引くのは、関東からの移住があったことを示す関東系土師器と竈が見つかったことだ。

高橋氏のお話によれば、土師器は「真間式」といって南武蔵国からの土師器に類似、そこは現在の東京都新宿付近が中心であろうという。七一五年に関東からの移住者があったので、その頃にこの地に移住があったのではないかとのことだ。真間という地名は、現在も千葉県市川市にある。その後国道4号バイパス工事に先駆けて二〇一四年にも発掘調査が行われた。

『続日本紀』によれば、県内に一番初めに関東地方から移民があったのは、〈七一五年（霊亀元年）五月、相模・上総・常陸・上野・武蔵・下野の坂東6カ国の富民1000戸を陸奥国に移配。この頃黒川以北十郡を置く〉とある。

御駒堂遺跡の地は、現在の東北道志波姫パーキングエリア一帯で、この発掘調査および高速道建設のために近くへ引っ越しを余儀なくされたというお宅や、土地が削減した、或いは屋敷が狭く

御駒堂遺跡より出土した関東系土器（特別展「東北発掘ものがたり2」より）

なったというお宅があった。

御駒堂遺跡について資料を探すと横浜市歴史博物館で古代東国と横浜のつながりを企画した「ヒトが移る、モノが動く」が二〇〇七年に展示されたことを知った。横浜は横穴墓古墳群ともつながりがあり、横浜付近は当時南武蔵国に属していた。おかげで南武蔵国からの古代人の足跡が宮城県までつながっていたことがわかった。この御駒堂を調査したことにより関東系土師器とのつながりをさらに知ることができた。横浜市から送っていただいた資料のコピーには、古代の宮城県とあちらとの関連、律令化へ導かれていくふる里の古代の歴史を改めて再認識させられた。

関東からの移住者たちは国の施策により、見知らぬ東北へはるばるとやって来た。教科書では学習することのなかったその足跡が、地名や遺物から確認できていく現代、こうした事実はまだまだ発掘により見つかる可能性があるかもしれない。御駒堂遺跡は、早い時間に南武蔵国からの移住者たちが暮らした移民集落であった。

志波姫という街は迫川が流れ、支流の熊谷《くまや》川・沼地や湿地などの低地に守られるような台地になっている。あるいはこうした時代の舟運や集落を守りやすい地形であったのかもしれない。

b.三輪田遺跡・権現山遺跡（大崎市古川）……埼玉県深谷市付近との関わり

ここは水田地帯にある丘陵で、二つの遺跡は隣接し田尻川上流に位置している。古代には陸奥国の黒川以北十郡と呼ばれた郡の中の一つ長岡郡に属する地であったようだ。

三輪田遺跡の標柱が立つ丘

二つの遺跡は外郭を材木列塀で囲まれた遺跡で、七世紀後半から八世紀初頭頃の小型の掘立柱建物跡や遺跡の周囲を区画する掘跡や溝跡が確認されている。

権現山遺跡の北辺西部では4～5時期の掘跡が検出され、遺跡の西部では旧河川跡が検出された（「古川市史」3）。田尻川はつい最近まで暴れ川として知られ、水田耕作だけはなく住民も自然災害に脅かされてきた歴史がある。古代には川道が現在の水田地帯（低湿地）を幾筋にもなって流れていたのであろう。

権現山遺跡は昭和五三（一九七八）年の遺跡調査で平安時代の竪穴住居と溝跡が確認されているが、その際、多賀城創建以前の瓦が多量出土しており、付近に瓦葺きの建物があったことが想定されていた。

また、遺跡の西端で旧河川跡（江合川）から7世紀後半から8世紀前半頃の関東系土師器が多量に出土している。他に在地の土器や東北北部系のものからなるという。（『古川市史』3・6）。

三輪田遺跡の標柱が立つ丘

三輪田遺跡からは、平成一〇（一九九八）年の調査で、相模国の軍団が駐屯していたことを伝える『大住団』という軍団名と『宮万呂』などの人名が列記された木簡が出土している。『大住団』は相模国（現在の神奈川県平塚市から伊勢原市付近）の軍団で、この遺跡か、付近に駐屯していた可能性があるという。（『古川市史』6）。

権現山遺跡も城柵官衙の役目を担って築かれた遺跡であった。二つの遺跡から出土している関東系土師器から、現在の深谷市周辺など北武蔵国からの移民がその成立に深く関わっていたと想定できるという。二つの遺跡の北西には東北道建設の際に見つかった大きな城柵遺跡「宮沢遺跡」があり、この遺跡と連動していた可能性もうかがえるらしい。

三輪田の地名は、山の裾野を流れる田尻川が地形なりに曲流する水際に位置していることを、権現山はこの地に権現様と呼ばれた神社が祀られていたことを伝えている。この権現様はエリア内の斗瑩稲荷神社のことかもしれない。また、権現山は荒谷に位置しているが、荒谷は現在「アラヤ」と呼ばれているが、本来は江戸期に新田開発された「コウヤ」に荒谷の文字があてられ、後世「コウヤ」ではなく「アラヤ」と読み替えがあったのかもしれない。

これらの遺跡の付近を、現在の埼玉県や神奈川県ゆかりの人々が闊歩していたのかと思うと、その頃の地元の人々はどんな心境で暮らしていたのであろうと思われた。

四、山田寺蓮華文軒丸瓦・・・奈良県桜井市との関わり

山田寺は、奈良県桜井市山田にあった古代寺院（国の特別史跡）で、蘇我入鹿の孫にあたる蘇我倉山田石川麻呂の発願により七世紀半ばに建築が始まり、六四九年石川麻呂が自害した後に完成した。

この寺のあった地から出土する瓦、単弁八葉蓮華文の軒丸瓦と重弧文の軒平瓦の組み合わせが、「山田寺式」と呼ばれて、各地の寺院から同じ種の瓦が出土する際の建築年代を推定する指標となっている。

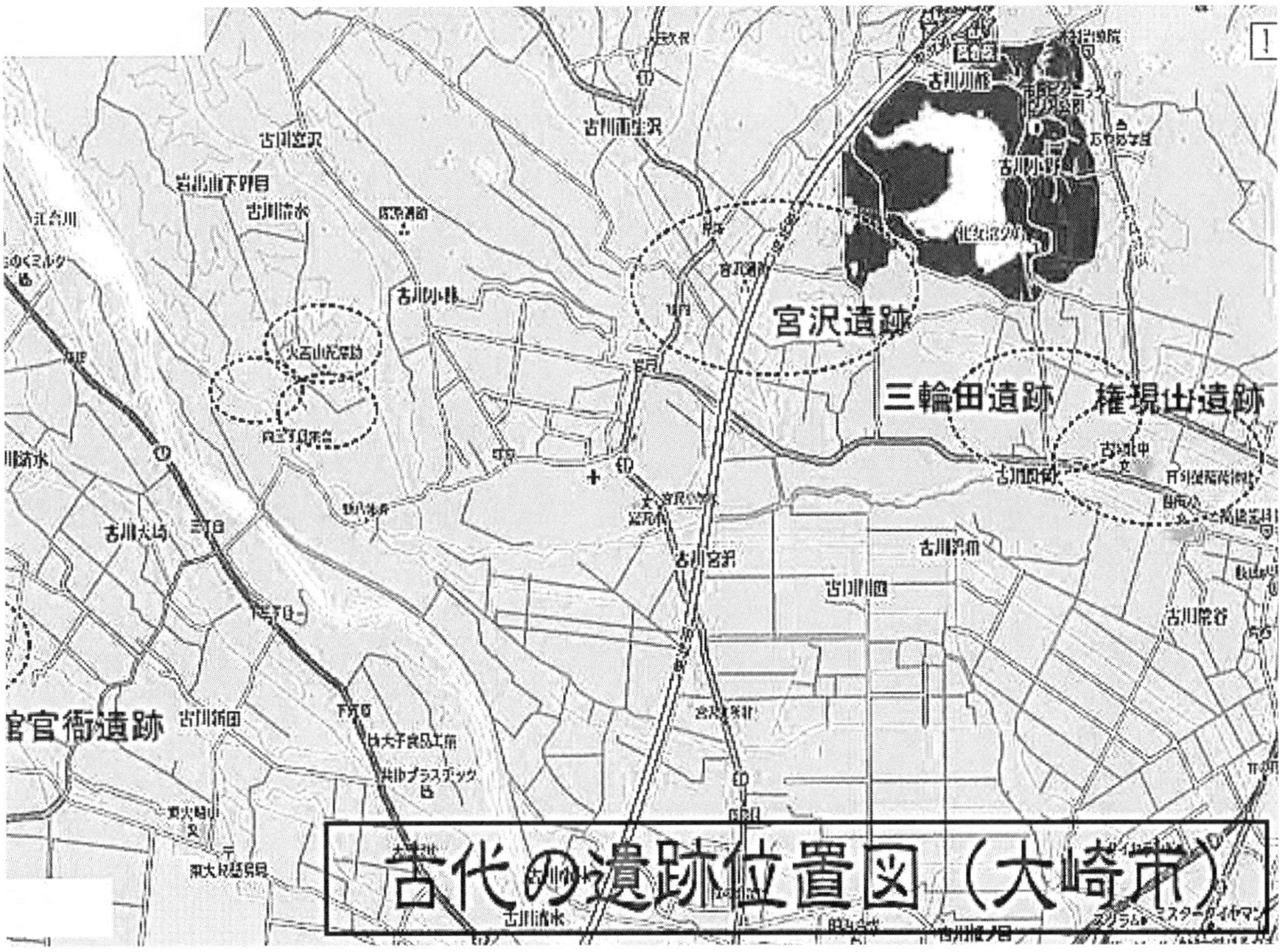

この瓦が、この宮城でも見つかっていた。高橋氏によると、この瓦には「山田寺式」と「山田寺系」があり、県内で出土しているものは「山田寺系」のもので、八世紀初頭のものであるという。「山田寺系」とは、奈良から技術や技法を携えた人がやってきて遺されたものではなく、関東などを経て、最後に行き着いたものという意味になるとのこと。

現在のところ、宮城県より以北には確認されておらず、大崎市内では名生館官衙遺跡・伏見廃寺・三輪田遺跡から出土している。また、栗原市の北甚六原遺跡（栗原市高清水）とその隣りの外沢田A遺跡（栗原市高清水）から出土しているという。七〇〇年代の初め、畿内ゆかりの人々がこの地にもやって来ていた証の一つである。

五、物部氏の足跡

物部氏は古代の豪族として知られ、かつては大きな権威と勢力を持っていたことで知られている。それが物部守屋の時代に蘇我氏との闘いで負けたが、その後その一派は東北へもやって来ていた。その足跡は秋田まで続き東北の各地に残されている。

現在の加美町中新田にある城生遺跡（城柵）から、その事実を知らせる土師器が出土している。その土師器の底には、大きく「物阝國（物部国）」と箆書きされていた。また、同じ加美町小野田エリアには、物部氏ゆかりの飯豊神社が祀られている。

加美町は黒川郡から内陸の道を歩くと出羽へ向かう途中に位置し、その先の宮崎には壇の越遺跡と東山官衙遺跡が確認されてい

「物 阝國」と篦書きされ土師器（加美町所蔵）

る。二つの遺跡は峠を越えれば出羽国という位置にあり、壇の越遺跡からは大宰府跡や多賀城国府跡にみられる碁盤の目状の道路が発掘により確認されている。かなり重要で大きな役所跡や集落跡であったことがわかる。

物部氏の足跡は中尊寺建立の棟札や丹内山神社（いずれも岩手県）などにも残され、東北を律令化するための大きな役目を持ってやってきていたことがわかる。その足跡がこの宮城にも残されていた。また、県内に鎮座している鹿島・香取の神々や飯土井の地名（登米市東和・利府町）もゆかりがあるらしい。

六、横穴墓の形態から知る各地とのつながり

a.米泉館山横穴墓古墳群の存在は

加美町宮崎米泉館山からは、三基の横穴墓が見つかっている。発掘報告書（旧宮崎町教育委員会発行）によると、昭和四六年八月に発掘調査し、3基よりなる横穴墓群を確認。第1号墓は重機により完全に削平されており、第2号墓も横穴墓の下半部のみの遺存、第3号墓は僅かに撹乱されたのみで横穴墓の全体が調査された。

池上悟著「高島正人先生古稀祝賀論文集・日本古代史叢考」（高島正人先生古稀祝賀論文集刊行会発行）や「日本横穴墓の形成と展開」「日本の横穴墓」などの著書により大崎市周辺には九州・肥後からの足跡だけではなく関東からの足跡がたくさん認められ、米泉館山横穴墓群がもつ特異性も確認できた。

池上悟氏論考の米泉館山横穴墓群について簡単にまとめると、構造の特徴として、「奥壁幅の広い玄室平面形で、入口幅の狭い羨道を伴い、玄室・羨道ともに床面には全面に礫を敷き、境にはやや大きい石を配して区画している。天井構造＝遺存した3号墓では奥壁を最高位とし、入口に向かって極端に下がるアーチ形天井であり、第2号墓も同様に想定される。閉塞はともに羨道前半部において川原石を用いる．しかし、第2号墓は入り口の様相を異にする。それは、羨道前端の墓前域の両奥に1メートル台の大

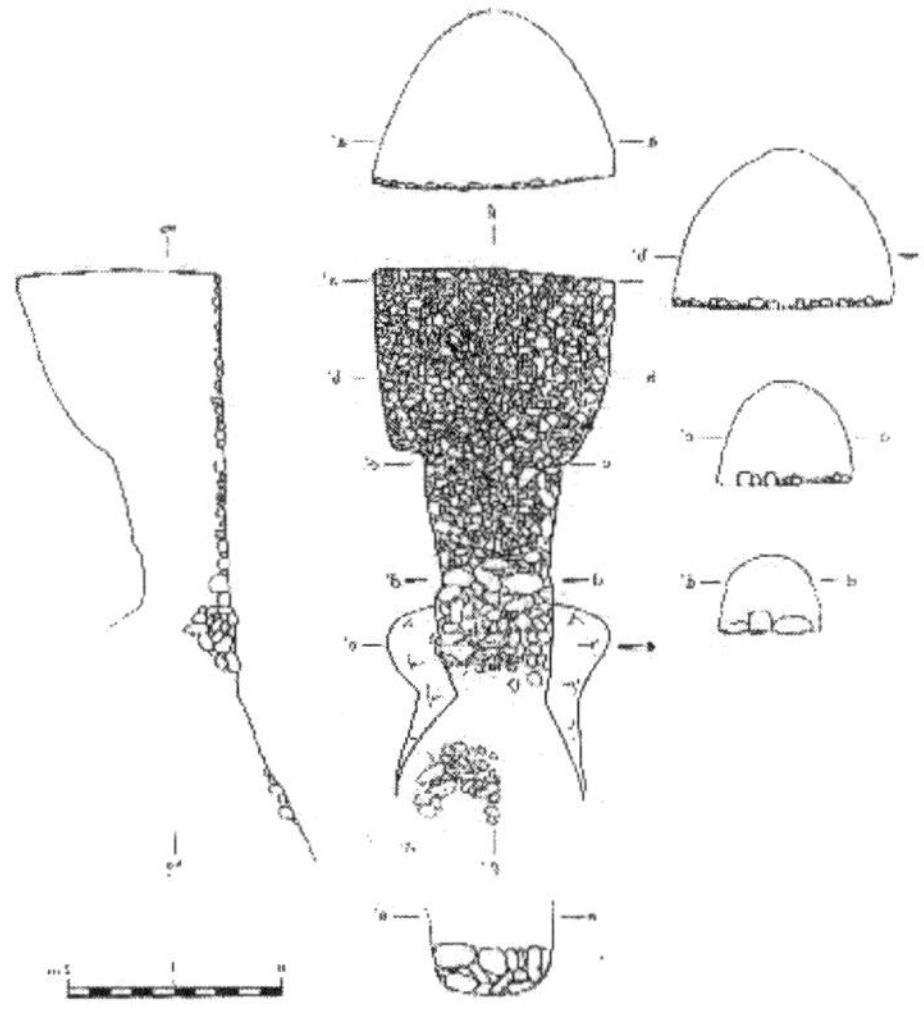

米泉館山横穴墓第３号墓図（発掘報告書より）

形の川原石を立てて門柱石とし、この全面の側壁沿いに50センチメートル大の川原石を小口積みして石積み施設を構築したように看取される点である。報告書においては、石積み施設は明確には意識されていない」とある。

さらに米泉館山横穴墓は、南武蔵・多摩丘陵地区の古墳と類似し、その中心地は横浜市（熊ケ谷横穴墓群第20号墓・市カ尾横穴墓群第9・14・17号墓・東方横穴墓群第3・10・12・18号墓）で六世紀後半七世紀後半代のもので、多摩丘陵の鶴見川流域を米泉館山横穴墓の源流地として確認することができるとしている。

ここにも現在の横浜市に関わる人々の足跡として鶴見川流域に残る墓制が伝えられていた。

この形式の横穴墓古墳群は県内の他の横穴墓古墳群にも残されていた。それらをあげてみると次のようになる。

◆大崎平野周辺の礫敷き横穴墓

①朽木橋横穴墓群（大崎市古川）

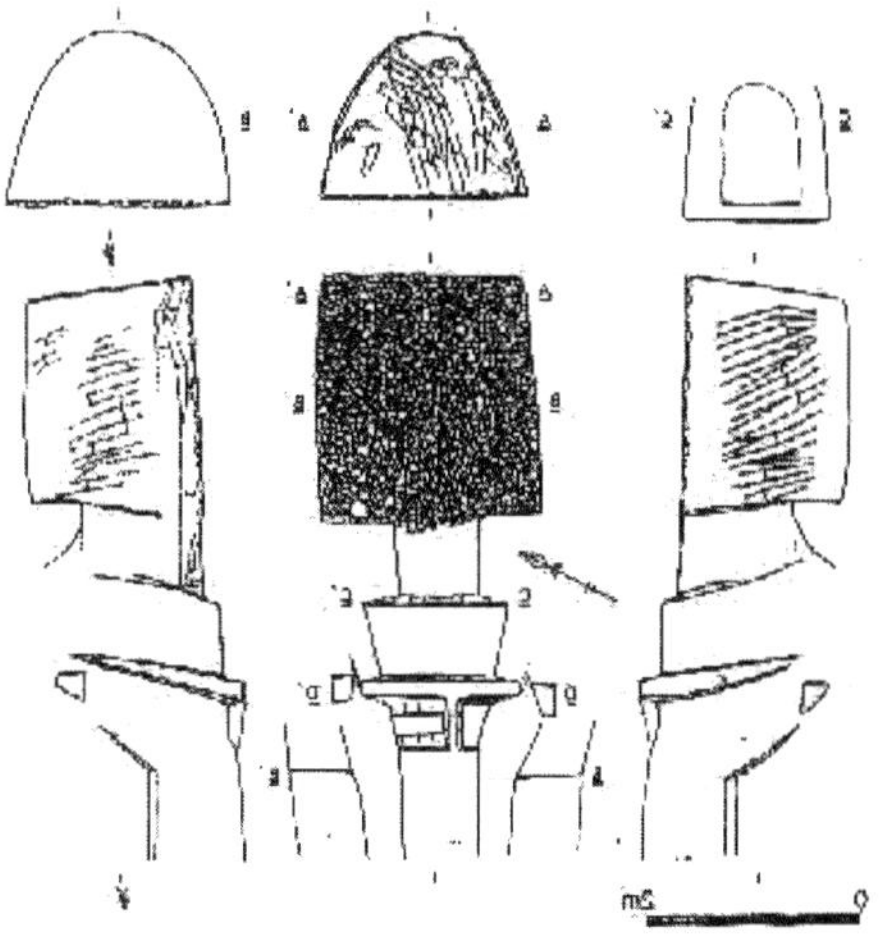

朽木橋横穴墓13号墓図（古川市史第６巻より）

昭和四八年発掘調査。米泉館山横穴墓より東北13キロメートルの大崎平野の西北縁に位置する。西および北側斜面にも群在する確認。29基よりなる横穴墓のうち13基が発掘調査されている。その中の第7・8・9号墓は、稀な複室構造を呈する。造営年代は出土土器などより、七世紀後半頃に開始され八世紀代を盛期として九世紀代に及ぶものと想定されている。しかし、出土遺物の直刀・鉄鏃など武器などより、造営開始年代を七世紀前半とすることができるという。

横穴墓内部床面に礫を敷くのは、第1・4・7・9・10・13号墓の6基にみられ、群形成の前半にのみにかたよる。

②坂本館山横穴墓群（大崎市三本木）

第6号墓．密ではない状況で礫が敷かれており、出土須恵器よりする年代は七世紀後半頃と想定されている。

③高岩横穴墓群（大崎市鹿島台）

第20号墓、第19号墓とともに、群の主体から離れて位置し、玄室平面長方形の水平アーチ形天井構造であり、床面にまばらに礫を強いている。

出土須恵器より七世紀後半の年代が想定され、20基からなる横穴墓群で、中に白と赤で珠文を彩色した装飾横穴墓を含む。横穴墓群は、寄棟妻入りの天井構造で奥および両側壁に三棺座を造作する肥後型横穴墓の東北における代表例である。

※この他、①山根前B8号墓（石越町・登米市）＝1基、②大代第22号墓（多賀城市）＝1基、③大年寺山横穴墓群（仙台市）＝3基、④茂ケ崎横穴墓群（仙台市）＝10基などで礫敷き横穴墓が確認されている。

七、　熊本県とのつながり

a.装飾古墳との関わり

県内の横穴墓古墳の中には装飾古墳と呼ばれるものがあり、横穴墓の中に絵が描かれたものや赤い色が塗られているものが、仙台市大年寺横穴墓群・涌谷町小塚の横穴墓群など多く残されている。

それらの多くは熊本県から始まり常陸や磐城からやって来た人々の足跡を伝えているという。

中でも大崎市三本木の山畑横穴墓群26基の中の10号・15号墓に見られる家形の絵や同心円文、隣町の鹿島台高岩横穴墓の絵は美しい。現在山畑横穴墓群は国指定の遺跡になっているが、これらの装飾古墳は熊本県肥後地方の横穴墓に類似している。これら古墳群の造営法や技術者の中に、遠い熊本の文化（墓制）を携えて

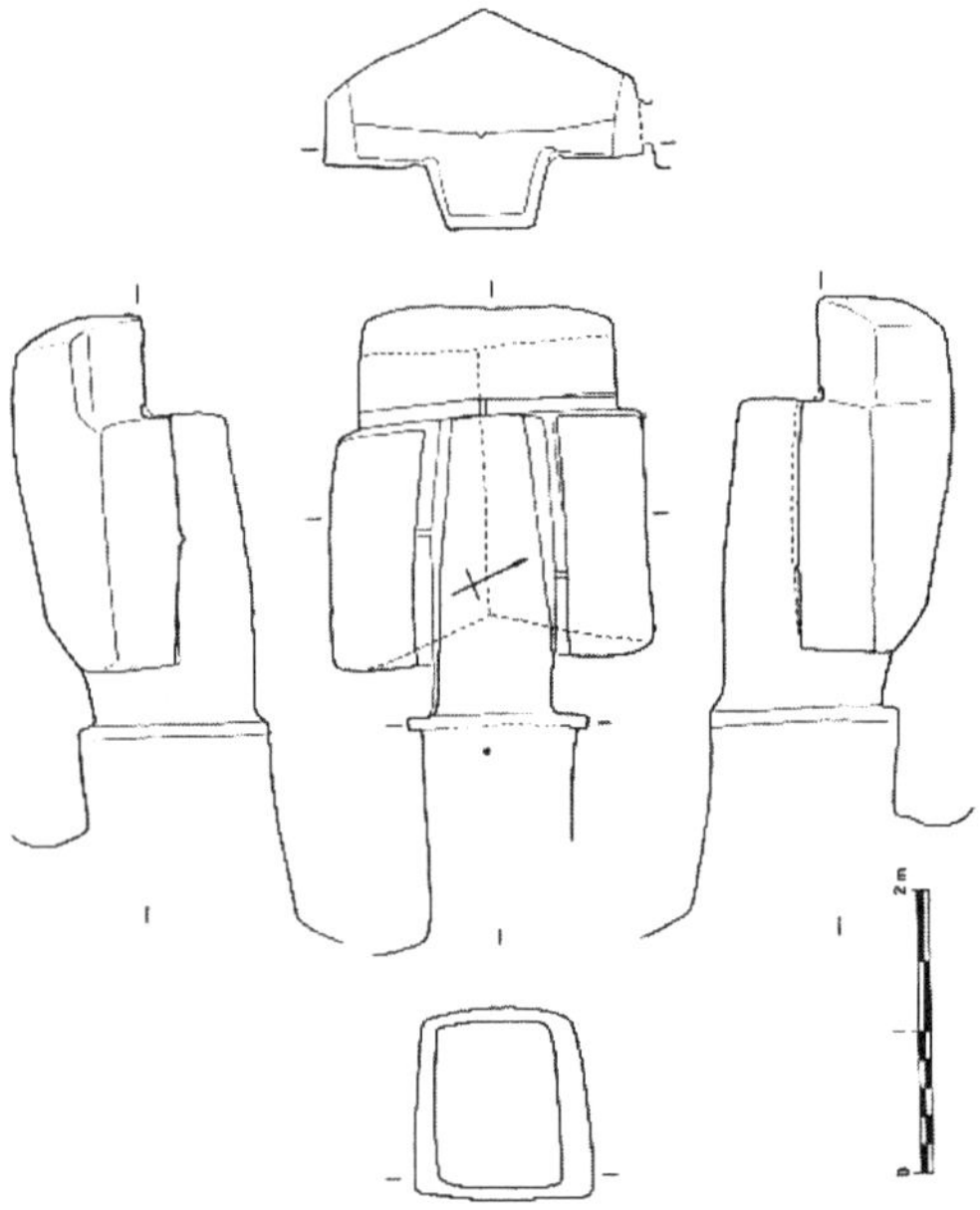

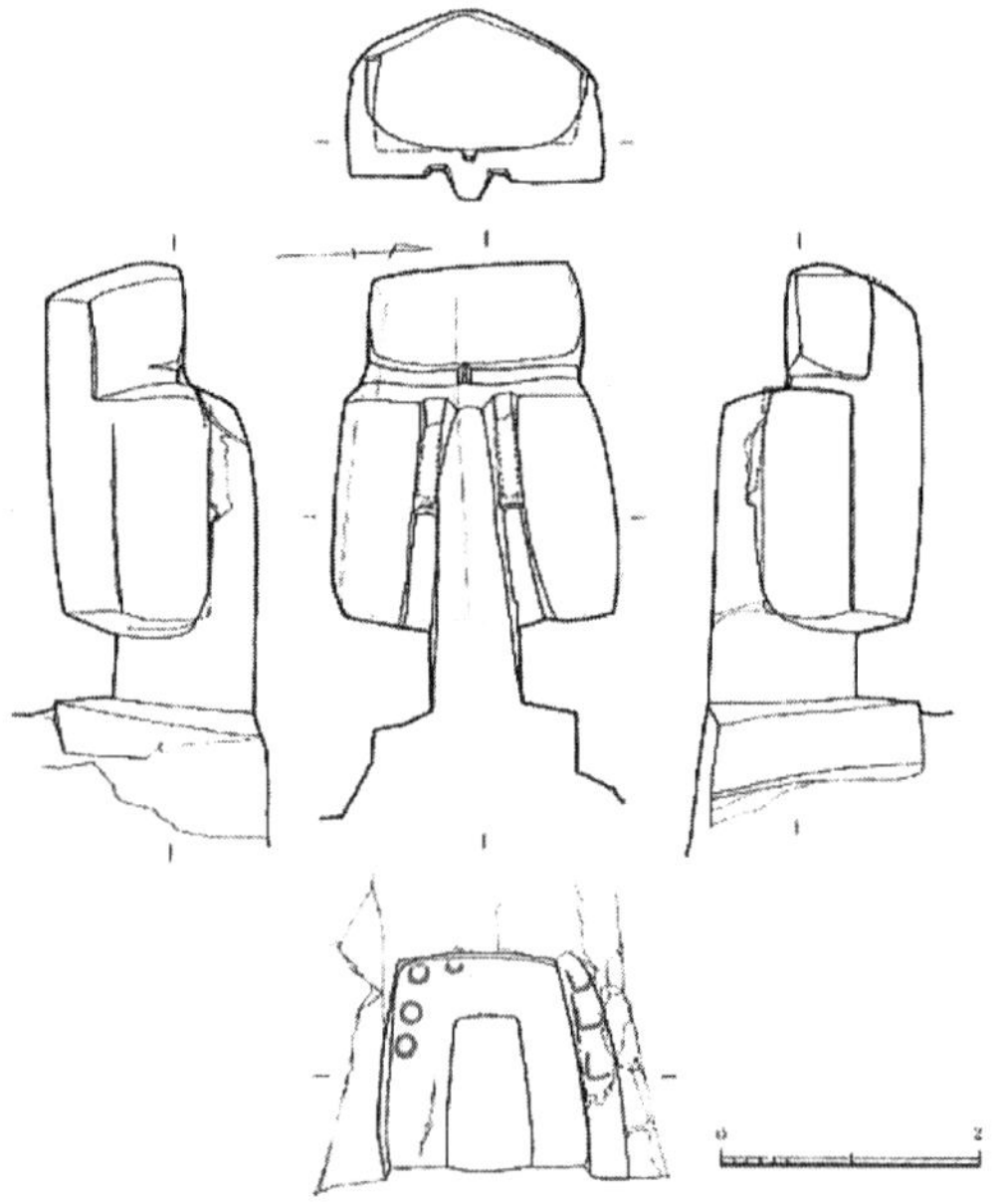

大崎市鹿島台ハツ穴横穴墓５号墳（左図）と熊本県玉名市石貫ナギノ横穴墓 43 号墳（右図）（各報告書より）

やってきた人々がこの大崎にやって来ていたことを証明している一つといえよう。

b.横穴墓古墳の形式の酷似

大崎市鹿島台（旧志田郡）には高岩横穴墓群と隣り合うように八ツ穴横穴墓群も残されているが、その中の5号墓の造り方は、熊本県玉名市の石貫ナギノ43号墓とほぼ同じであるという。発掘報告書の配置図を見ると、天井の形・台床の置かれ方・溝などがとても類似している。

c.製鉄（たたら）遺跡

平成九年「俘囚と熊本」に関係するシンポジウムが開催されることになり、鈴木前会長と共に熊本市を訪れた。そのシンポジウムの発表者の一人に、熊本県玉名市の田邉哲夫氏（故人）がおられた。氏はその発表の中で、「西日本の製鉄炉とは違うタタラ炉をいくつも発掘した」と話した。それは奇しくも古代に俘囚として移配された人々の足跡とつながるように思われた。

それは昭和六三年七月ゴルフ場建設予定地の発掘により強く確認された、熊本県荒尾市・玉名市出土の製鉄遺跡である。これは平安時代初期から鎌倉時代後期と発掘報告書に記載されている遺跡であるが、時代はもっと早いと思われるという。

当時東北のエミシは優れた製鉄技術や刀剣製作技術を持っていたとされ、それらが因となりはるか遠く九州までも移配させられて行った。延喜式掲載の俘囚稲の量がそれを明確に伝えている。

田邉氏は、昭和27年頃から恩師坂本経堯先生の指導のもと小岱

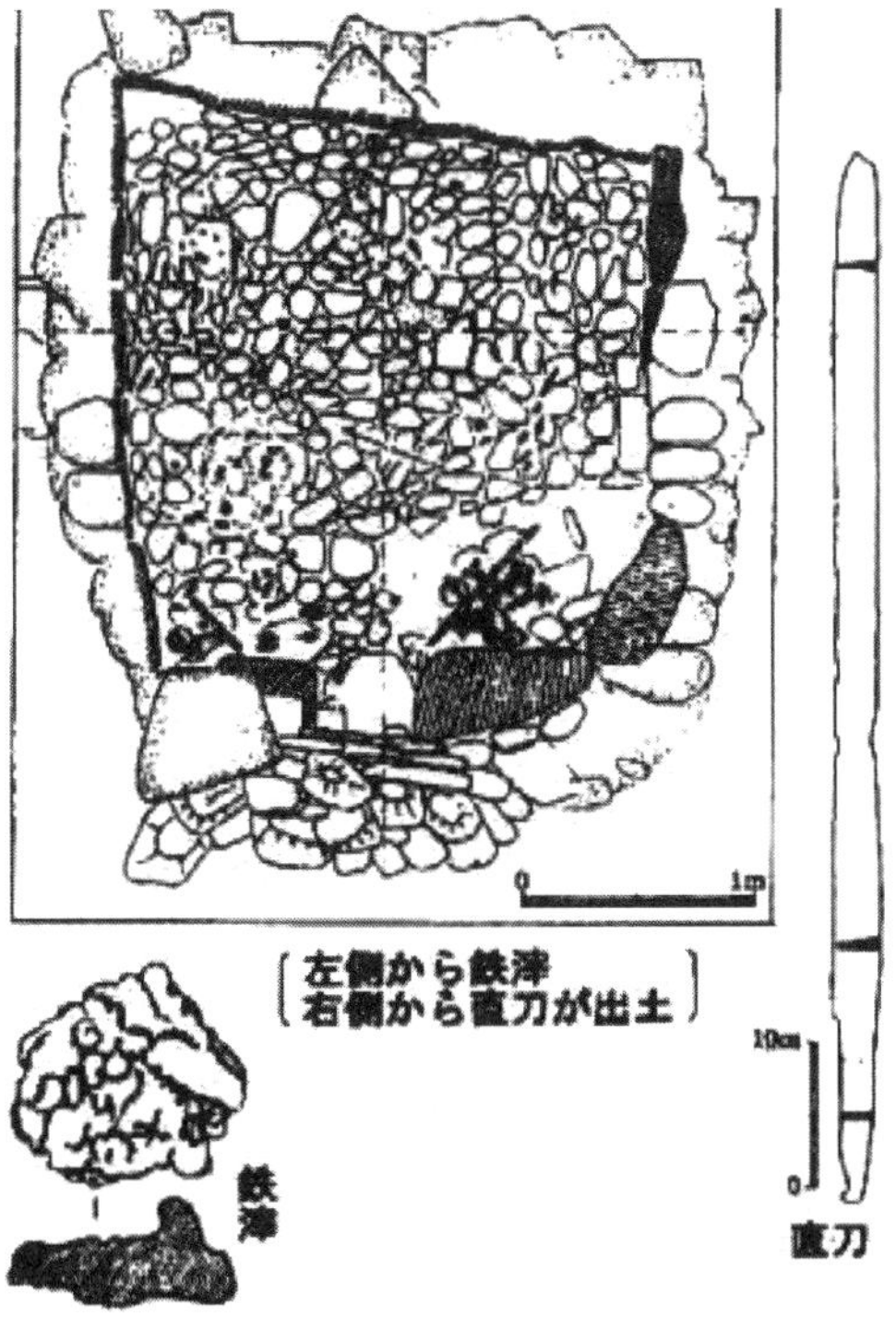

横穴式石室内の遺物出土状況（熊本県荒尾市 野原古墳９号墳）
「民俗と地名・俘囚と九州」より転載

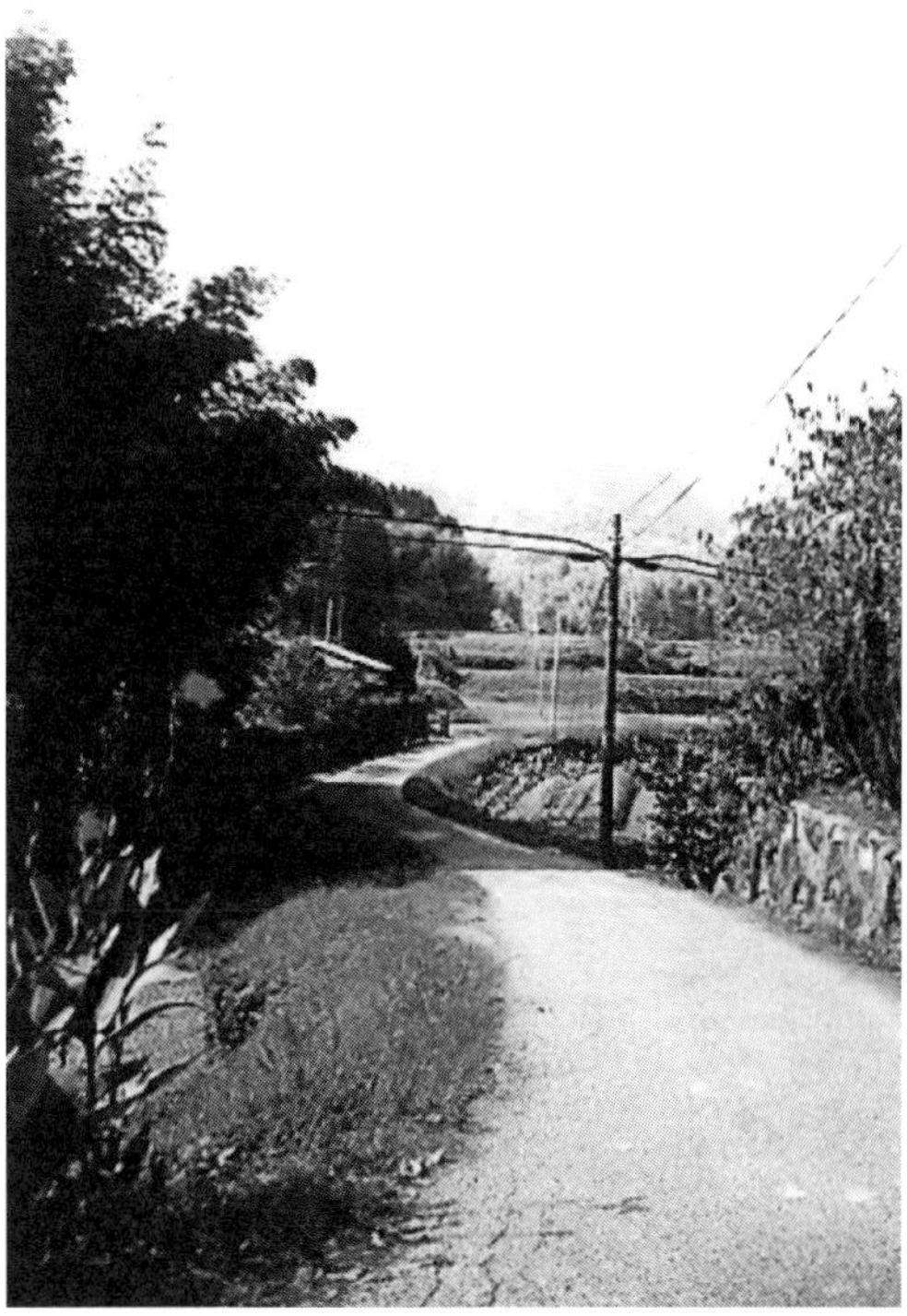
熊本県小岱山麓（平成９年９月　太宰幸子撮影）

山麓の荒尾市野原などを小規模に発掘を続けられていた。そして昭和三七年玉名市三ツ川六反で半地下式の東北ゆかりのタタラ製鉄の炉を発見し、次いで昭和四三年にも同じような炉が完全な形で見つかったという。小岱山麓には山を取り巻くように50ヵ所ものタタラ跡が見つかったという。

この炉の形式がこれまでの製鉄炉とは違う形であったことと、これらの製鉄には俘囚の力が必要で招かれたのではなかったかと第12回熊本地名シンポジウム「民俗と地名・俘囚と九州」で発表された。すでに熊本とのつながりは、蕨手刀とともに県内に多い装飾横穴墓などの横穴墓古墳の形式にも確認されている。

因みに、荒尾市には菜切川という名の川が流れており、中流域には野原古墳群・野原八幡古墳群がある。その9号玄室内より蕨手状の柄頭をもつ直刀と共に鉄滓が出土しているという。偶然かもしれないが、宮城県加美町の菜切谷とよく似た地名とともに、出土した蕨手状の柄頭は、図中の直刀なのであろうか、とても気になる。

人吉市から見つかった蕨手刀▶
（写真　太宰幸子）

◀八代市のみかん山から出土した立鼓柄太刀
（熊本県）

d.蕨手刀の存在

日本刀の原型とされる蕨手刀は東北各地から出土しており、一番多いのが岩手県内、次に多いのが宮城県内からのものであるが、その蕨手刀が遠い九州の福岡県・鹿児島県そして熊本県からも見つかっている。熊本県人吉市で出土した蕨手刀に、同じく平成九年会うことができた。古代の人々がはるばると携えて運んだものである。その姿は少々悲し気なものであったが、この時の感激は忘れられない。

人吉市内にはたくさんの横穴墓群があり、装飾古墳も多く残されているが、その付近に明治時代に鉄道が敷設されることになった。その際にこの刀は見つかったという。柄の部分が長いのが特徴で、大崎市古川などで見つかったものより時代的には少々古いものだと蕨手刀に詳しい方にお聞きした。

また、八代市内のみかん山からは、立鼓柄太刀と呼ばれる蕨手刀と同じ時期に東北で見られた刀も出土していた。同じシンポジウムのあった日、元熊本大学教授の白木原和美先生よりこの刀の存在を知らされた時は驚愕だった。俘囚の移配だけではなく、こんなに東北と九州が古い時代からつながっており、歴史とはいかに壮大なのだろうと感激したものだ。

これらの刀を運んだのは誰で、どんな人だったのか、それこそ

「相」の文字が記された瓦（一部加工）
K105　宮城県菜切谷廃寺址重弁蓮花文軒丸瓦
（写真提供・協力／東北大学大学院文学研究科）

謎のままであるが、熊本（肥後国）は、延喜式記載の俘囚稲の一覧によると、一番多く俘囚の移配された地である。このように当地だけではなく、エミシ・俘囚と呼ばれた人々の足跡は、遺跡・遺物や地名とともに、忘れられた歴史をはるか九州までもつないでいた。

八、色麻町の古墳群と相模郷とのつながり

色麻町には①念南寺古墳などの古墳群、②鹿島・香取・伊達神社の存在や③古代相模郷の伝承がある。

さらに国府多賀城へ供給した日の出山瓦窯跡があり、早くから律令化の中にあったことが確認されている。そして念南寺《ねやじ》古墳は前方後円墳であることから、その時代がぐっと早くなる。また、鳴瀬川を挟み、まるで関東のそれのように鹿島・香取が対に位置し、しかも香取神社の鎮座する地は、伊達神社が鎮座する地とだぶり、お社は前方後円墳の上にたっている。

伊達神社は、色麻という地名とともに播磨国飾磨郡（兵庫県）より射楯神社の氏子が移住し、伊達《いだて》神社を祀ったことによると伝わっている。

また色麻町大村には、古代相模郷があったという伝承が残されており、そこは「さがり」と呼ばれていると色麻町の浦山さんにお聞きした。

「色麻町史」（昭和五二年二月発行）で確認すると、「大村」の地名考として、「和銅年間、関東一帯を襲った大地震のため、山が崩れ河をせき止め、住居も埋没するなど大被害をうけ、このため、相模の住人大村某が、富民一千人余を従えてこの地に移住した。このことから相模郷とともに大村の名が生まれた。旧分校付近に〈さがり〉という地名があるが、〈さがみ〉の変語であろうと言われている」と記している。

しかし、角川書店の「地名辞書」や平凡社の「宮城県の地名」などを見ると、古代相模郷は旧中新田の広原辺りに当てられている。また、「続日本紀」の霊亀元年5月4日条に、「相模・上総・常陸・上野・武蔵・下野六国の富民千戸を陸奥国に配す」とあり、旧中新田町菜切谷廃寺出土の鐙瓦に「相」の字が刻まれているのは、相模郷の「相」であるかもしれないとも記されている。

つまり色麻町にもまた関東からの足跡がしっかり残っていた。

この瓦について、図書館で発掘報告書を開くとその瓦は確かに存在し、「相」の字は鏡文字になっていた。加美町（旧中新田町）に問合わせると、この発掘は東北大学が行ったので出土品は全て東北大学に収蔵されているという。そこで、東北大学の方へ電話などでお願いし、写真の掲載許可をいただいた。

九、古代朝鮮半島からの足跡

a.花文叩平瓦

高橋氏から大崎市名生館・伏見廃寺から出土の平瓦の花文叩平瓦・放射状叩平瓦と呼ばれる瓦の存在をご教示いただいた。早速古代の里（古川）にある大崎市埋蔵文化財センターにお邪魔し写真を写させていただいた。それはこれまで見た軒瓦や平瓦などとは違ったもので、とても美しい模様が施されていた。古代の人々の芸術性を垣間見たような気がしたものだ。

さらにこの瓦の文様は意外なことを伝えていた。この瓦の製作技術および製品は、古代朝鮮半島からの工人の流れを持ち、しかも福岡県垂水廃寺とこの大崎平野の名生館と伏見廃寺でしか出土していないという。

上）名生館官衙遺跡から出土の花文叩平瓦
下）伏見廃寺から出土の花文叩平瓦
（大崎市埋蔵文化財センター蔵）

垂水廃寺は、築上郡新吉野村（現上毛町《こうげまち》）にあり、その発掘調査報告書（一九七六年三月三一日発行）によると、優雅な瓦当文様を有する新羅系古瓦の出土で有名な遺跡であり、昭和四年吉村氏により謄写版刷りのパンフレットで最初に紹介され、昭和一〇年には森貞次郎氏によって、その性格を大宝二年の正倉院文書から「帰化人」系の人達に関係深い寺であろうと結語され、古くからその出土瓦に注目されていたが三カ年計画で発掘された。

ここは九州の東北部、瀬戸内海（周防灘）に面した中津平野の北西部に位置し、その中津平野の一大河川山国川がその支流友枝川と合流する地点の西岸海抜20メートル余を測る河岸段丘に位置している。海岸まで約4.5キロメートルの地点という。

この友枝川沿いの福岡県築上郡大平村（現上毛町）には、大正二年に二基発見された新羅系と百済系の瓦が出土した友枝瓦窯跡があり、奈良時代に建立された垂水廃寺へ瓦を供給するために造られた地下式の有階有段登り窯とのことだ。報告書記載の図版D－3の写真は、まさしく伏見廃寺跡や名生館跡から出土している平瓦と酷似していた。

垂水廃寺出土の花文叩平瓦（D-3）
（福岡県築上郡上毛町＝こうげまち　文化財課提供）

ここでも、我がふる里を異郷の人々というより全く異国の人々が歩いていた時代があった事実を知ることができた。

船形山神社の御神体（船形山神社蔵）

b.船形山神社の百済仏（大和町升沢）

我が宮城には、天平産金（七四九年）の事実があり、百済王敬福が関わった歴史があることから、この大崎平野に全く渡来人の足跡が皆無とは思っていなかったが、こんなにしっかりと古代朝鮮半島ゆかりの足跡があるとは大きな発見だったと思う。さらに高橋氏は、大和町升沢に鎮座する船形山神社の御神体のことを教示して下さった。これは、紛れもなく百済仏なのであった。

東北電力発行「白い国の詩」で特集された「みちのくの古代小金銅仏（久野健著）」に、東北地方及び新潟県に伝わる仏像の一つとして紹介されている。

それによると、「一度軽く火中したらしく、ほとんど鍍金は落ちているが、それでも右手の指の間や両足の縁の部分、および胸にはわずかに鍍金が残っている。頭部には見事な三つの花飾りをつけた宝冠を頂き、冠帯からは幅広い飾り紐が両肩に垂れている。この宝冠の花飾りの中心部から大きな花芯が前方に突き出ているのが、極めて印象的である。（中略）宝冠上までの総高19・4センチメートル、像高は15センチメートルである。」と像の様子を記している。

そして更に、この船形山神社の菩薩像を朝鮮からの渡来仏であろうと考えた理由として、①この菩薩像に見られる宝冠の形式をあげ、宝冠の上部に三つの花飾りを一平面に並べてつけ、花芯を長く突き出した様子は、日本の飛鳥・白鳳時代の菩薩像の遺品中にはみられない。②古代朝鮮および中国の遺品には、これに近いものがいくつかあり、例として百済の古都扶余の軍守里廃寺から出土した菩薩立像、中国では北魏の永安三年（五三〇）の銘をもつ青銅の菩薩立像などをあげている。

そして、「中国では山形宝冠から三面宝冠に移る中間に、この種の三花冠が現れている。この宝冠の変遷は中国から朝鮮に伝わったが、日本では七世紀前半の山形宝冠から、七世紀後半の三面宝冠へと変わり、三花冠の型式は入ってこなかった」という。

それではなぜ、このような古い形式の渡来仏がこの船形山神社に伝わったのだろうかとして、次のように記している。

①朝鮮から北九州に入り、瀬戸内海から大和地方に運ばれた、ごく普通のコース。

②朝鮮半島から日本海を経由し、潮流に乗って中部地方の日本海沿岸に上陸したコース。

そしてさらに、「東北の七世紀と言えば、蝦夷が跳梁していた時代で、仏教も伝わらず、渡来直後にこの菩薩像がこの地にもたらされたということは考えられない。やや後になり、この地に集団的に移住してきた渡来系の人々か、あるいは中央から派遣された官人や技術者らにより、この地に運ばれた可能性が強いであろう。八・九世紀における東北地方の開拓には、しばしば関東及び中部地方の住民が移住させられたことが文献に明らかであり、その中には、はるか朝鮮半島から古い時代に渡来した集団も混じっていた可能性はある。これらの人々が、自分たちの先祖が日本にもってきた礼拝像をともなって東北地方に移住し、永い歴史の中で火災その他の災難に遭い、家屋敷も焼け、仏像も土中していたのが、後世たまたま掘り出され、御神体としてまつられるようになったとも考えられよう」と結んでいる。

いずれにせよ、東北宮城の地にこの百済仏を持ち込んだ人がいたことは紛れもない事実であり、長い時間の空間をかいくぐり升沢までやってきた。それが船形山神社の御神体として大切に守られているのである。

c.横山不動尊…津山町横山

国道45号を志津川方面へ向かう途中、山を背にした静かな佇まいの中に大徳寺があり、その境内に横山不動尊は祀られている。国の重要文化財になっており、二〇一一年の東日本大震災で大きな被害を受けたが、京都の美術院国宝修理所まで運ばれて修理が行われて戻ってきた。

このお不動様も朝鮮半島は百済からやって来たという伝承があり、言い伝えでは①保元二年（一一五七）、現在の南三陸町の戸倉神社の神と一緒に波伝谷へ漂着し、その後横山へ運ばれたという。また戸倉神社の方には他にも伝説が残されており、②常陸国から船に乗って戸倉の神様がやって来たが、この地で休んでいたところ、天変地異が起こり動けなくなった。そのため戸倉の神は現在地に祀られた。その際、横山のお不動様も一緒に流れて来た。③戸倉の神が船に乗って来た時、お不動様も一緒に乗って来て、兄弟だったため、兄はこの地に祀られ、弟のお不動様はさらに奥に向かい横山へ祀られた。（「波伝谷の民俗」東北歴史博物館）

大徳寺の縁起にも、「横山不動尊（大徳寺）は、保元元年（一一五六）百済から流れついた仏像を祀って建てられた小堂（現奥の院）が始まりで、開基は橘知禅と伝えられています。日本三不動の一つに数えられ、不動堂は津山杉がうっそうと茂る山麓に威風堂々とした姿を見せています。本尊は純金製の高さ五センチメートル（一寸八分）ほどの黄金の不動明王像で、五メートルほどもある大きな木造の不動明王像の胎内に安置されています。こ

大崎市古川李埣金山に残る横山不動尊月参塔
すぐ隣の地名が横山であり、三叉路の道標であった
（享和３年　213年前のもの）

の本尊は十二年に一度、酉年に開帳されます。」とある。

二〇一七年は酉年で、御開帳の年にあたっている。

これらの伝承では百済から運ばれて来たとあり、その時期は保元元年（一一五六）あるいは保元二年（一一五七）とある。しかし、百済が新羅と協力した唐により滅ぼされたのは六六〇年とされており、これらの伝承には少し時間の違いがあるようだ。

古い時代の横山不動尊信仰についての歴史的な資料はほとんどないが、江戸期になると講が作られたりや月参りが盛んに行われるようになり、信徒も県内はもちろん岩手まで広がった。それらの足跡が大崎市内や栗原市内だけでも月参塔（石碑）として各地に残されている。

この不動尊については、庶民のための信仰、講中や月参りが盛んになる以前は、金属精錬と関わりがあったのではないかと思われた。なぜなら津山町界隈では、奥州藤原氏の栄えた時代には「本吉金」と呼ばれた鉱物資源採取のために鉱山経営があちこちにあった地であった。

百済といえばやはり小田郡涌谷から９００両の金を東大寺の大仏のために納めた時の国司は百済王敬福である。この時の採金技術者たちは何らかの形で百済との関係者がかかわっていたであろう。

そうしたことを考慮すると、不動尊が百済からやって来たこととつながるように思えるし、百済系の人々が冶金族であった可能性が大きかったのではないだろうか。

二〇一六年月参塔などの石碑を調査確認して歩いたが、その中には鉱山や金属精錬に関わる地にも多々みられた。

一〇、玉造と玉造郡の地名　玉造部との関わり

玉造の地名は、島根県玉造温泉がよく知られている。古代の職業集団玉作部が置かれた地にこの地名は残されている。大阪をはじめ千葉県と茨城県にあり、さらに福島県内にもみられる。彼らは古墳時代などに使用された勾玉などを製作するための材料の鉱石などを探し出し、その材料から製品を作り出す仕事を生業としていた人たちだった。

宮城県では石巻市と東松島市の境界付近に注ぐ定川が太平洋に注いでいる。この川は江戸時代に付け替えが行われたため現在は北上川に合流しているが、古くは江合川の注ぐ地は、ここ大曲の河口であった。

関東からやってきたと思われる玉造部の人々は、その河口の大曲に守護神であったと思われる玉造神社を祀り、そこから旧江合川を遡行し、現在の大崎市岩出山や鳴子温泉から鬼首にかけての地にやって来た。

禿岳にかけての鳴子の山々の一帯は鉱物資源の

建物の背後が小柴山

大崎市古川小野の表刀神社

豊富な地であったことから、資源を探しては歩いたに違いない。大柴山・小柴山という山があるが、ここは、「シバ金」と呼ばれる金を含む石英の豊富な地であり、この一帯では水晶を採取していたようだ。戦後しばらくまでは大柴山に登山するとまだ大きな水晶が拾えたと地元の方に聞いた。また、江合川を下った大崎市岩出山にも玉造の地名が残されている。ここが加工の場だったかどうかは不明で、発掘の際にもそれらしいものは出ていないという。

これらの地は平成の合併以前は玉造郡に所属していた。「鳴子町史」によれば、県内の玉造は日本三大玉造の一つであるという。

おわりに

古代の宮城県南には早くから国造が置かれたが、仙台以北、特に大崎市から加美郡・加美町・石巻市そして栗原市はすんなりと律令制度の中に取り入れられにくかったことは間違いない。そのため関東などの各地からの移民や各地からの人々がそれぞれの文化を携えてやって来ていた。

それらは多く地名の中に隠されるようにして残されていたが、近年盛んに実施されるようになった遺跡の発掘により、出土する遺物が確かな証のごとく証明してくれているようになった。

宮城の地に足跡を残した異郷の人々の数は想像以上だった。現代人は、今、目の前に見えるものだけに焦点を当て、遠い過去の事実を見過ごしたり感知しなくなっている。

それは地名だけではなく言葉にも残されていた。宮城の言葉は仙台弁とかズーズー弁と総称され、都会で侮蔑された心の痛みがそうさせたのかもしれないが、学校教育により滑舌のよい五十音だけで構成された言葉では伝えきれない古い時代の事実を、もう少しきちんと受け止めなければならないと思う。先人が話していた言葉にこそ、正しい歴史や地名のつけられた理由が残されており、理解あるいは解明しやすかった筈だ。そして日本語としての言語の変遷も大切になると思う。

大崎市古川小野《この》に、表刀神社が祀られている。地元ではこの神社の名前を「うえと神社」と呼んでいた。これは地元の歴史家がそのように呼ぶのだと境内の案内版に記していたことも一因らしいが、「ヲト」が転訛したものであろう。

本来は、「ヲト神社」であったはずだ。現在の五十音による「を」は、「〜を」などという風に使用していて、言葉の頭につくことはなくなった。

しかしこれは、舌を上顎に付くようにして発音すべき「wo ヲ」であって、ヲトは剣の先のような形を伝えている。人の顎を「オトガイ」とか「オトゲエ」というのと同じで、山などの形が独立丘で三角に見える地を「オオドヤマ」とか「オトヤマ」というのも同じである。

神社の場合は、刃物の尖った先をいうことにつながり、古い時代から続いたであろう、近世からの開発や稲作普及の際に必要だった農具を作るための金属精錬があったことと関係してくる。

県内には「表刀神社」の鎮座する地も、「大土森」や「大土山」も多くある。その付近には鉱山があったり、金属精錬に関わる地名が多くみられるのが特徴だ。

それらの文化や技術をすべて異郷の人々が持ってきたとは言い切れないが、大きな関わりがあったであろうことをこうしたことから知ることができる。

私たちは、改めてふる里の歴史を作り、伝え残してくれた人々が居たという証、それは地元民だけはなく、遠くはるばるとやって来た人々も、私たちの祖であり歴史を作った人々（もともとの地元民だけではなく）、どちらの人々も関わって現代への歴史が作られてきた。それらの人々が残した地名やゆかりのものをもっと誇りと自信を持って、心に意識しながら守っていかなければならないと思う。

最後に、この稿を書くにあたり、大崎市教育委員会の高橋誠明氏には多大なご教示をいただきました。心より感謝申し上げます。

〈参考文献〉
「中新田町史」・「色麻町史」・「宮崎町史」
「宮城県の地名」平凡社　「日本地名大辞典・宮城県」角川書店
「白い国の詩」東北電力発行　「東北歴史博物館研究紀要5」
「日本の横穴墓」「日本横穴墓の形成と展開」池上悟著
「高島正人先生古稀祝賀論文集・日本古代史叢考」池上悟著
「垂水廃寺発掘報告書」築上郡新吉富村発行
「米泉館山横穴墓発掘報告書」加美町　旧宮崎町発行
「大年寺横穴墓発掘報告書」仙台市発行
「古川市史　第3巻、第6巻」古川市発行
「民俗と地名・俘囚と九州」熊本地名研究会発行
「鹿島台町文化財報告書　第1集　大迫横穴群」大崎市鹿島台

〈資料提供・協力〉
東北大学大学院文学研究科　考古資料室（K105　宮城県菜切谷廃寺址重弁蓮花文軒丸瓦）
福岡県築上郡上毛町　教育委員会文化財課（垂水廃寺出土の花文平瓦）

（宮城県地名研究会会長）

古代武蔵野の風土と出雲の神々

荒竹　清光

一、はじめに

昨年五月、念願の東京で第三六回全国地名研究者武蔵野大会が開かれ、大会終了後に次回は出雲での開催が予告されました。

出雲といえば、『出雲国風土記』を中心とする神話や地名について造詣の深い関和彦当研究所所長のご専門であり、絶好のフィールドだと感じたのは私だけではないでしょう。さて、出雲大会の予告を聞いた私は、即座に武蔵野台地に点在する出雲神信仰を象徴する氷川神社や出雲（伊波比）神社を連想しました。かねてから、関東地方の古代史や古社を研究しており避けて通れない課題だからです。平成一二年に谷川健一編『日本の神々』（白水社）のなかでいくつかの古社を解説しました。中でも、出雲を冠する式内社に大変関心がありました。そこで、本論は、「武蔵野台地」を中心とする「武蔵野の風土」とそこに分布する古代出雲の神々との関係を諸先学の論説を引用して述べます。

二、武蔵野と武蔵野台地

古代の地名「武蔵野」の風土となるとその明確なる対象範囲は、地理事典にも記載されていません。柳田国男分類でいえば「地点名」と「地区名」です。氏は「限界と面積を持つ地区名に比べれば」地点名は「詳しく尋ねるとどこで終わりになるかの不確かな地名です」（『地名の研究』角川文庫、昭和四九年）。として、「武蔵野」や「富士の裾野」を例示しています。これでは、古武蔵野の風土とそこに分布する出雲の神々を調べようとする範囲がわかりません。ところが、文化一二年、一八一五年に出版された斎藤鶴磯『武蔵野話』（復刻三版有峰書店、昭和五〇年）に「武蔵野は十郡に跨りて、西は秩父根、東は海、北は河肥、南は向が岡・都築が原にいたるとなん。」として、河肥以南を武蔵野としています。『新編武蔵風土記稿』や『大日本地名辞書』もこれを踏襲しています。

『広辞苑』には「関東平野の一部。埼玉県川越以南、東京府中までに広がる地域。広義には武蔵国全部」とあります。武蔵国となれば、二一郡全部で北は利根川、南は江戸湾、南西は多摩川南岸となります。大方の解釈では河肥以南とあり、この地域は地理学的には「武蔵野台地」と全く重なります。南は多摩川、北部は荒川に挟まれた丘陵を含む広大な台地です。東北東の高麗川南岸の滝沢台地から西南西の荏原台地までの長辺約四〇キロメートル、北北東から南南西の単片約二〇キロメートルでわが国最大の洪積台地だとされています。高度は、おおむね西に高く東に低下しています。西端の青梅が最高で一八〇メートル、その東の立川で約九〇メートル、国分寺で約七〇メートル、調布や吉祥寺で五〇メートル、新宿で約四〇メートル　と次第に低下して山の手台地の東縁部で約二〇～四〇メートルとなっています。青梅から北東の入間市豊岡は約一〇〇メートル、所沢で約八〇メートル、川越で二〇メートルとなり荒川に臨んでいます。この台地を解析する支流の水系は、奈良時代から多少の変化はありますが、大体は同じだと考えて良いと思われます（図①）。

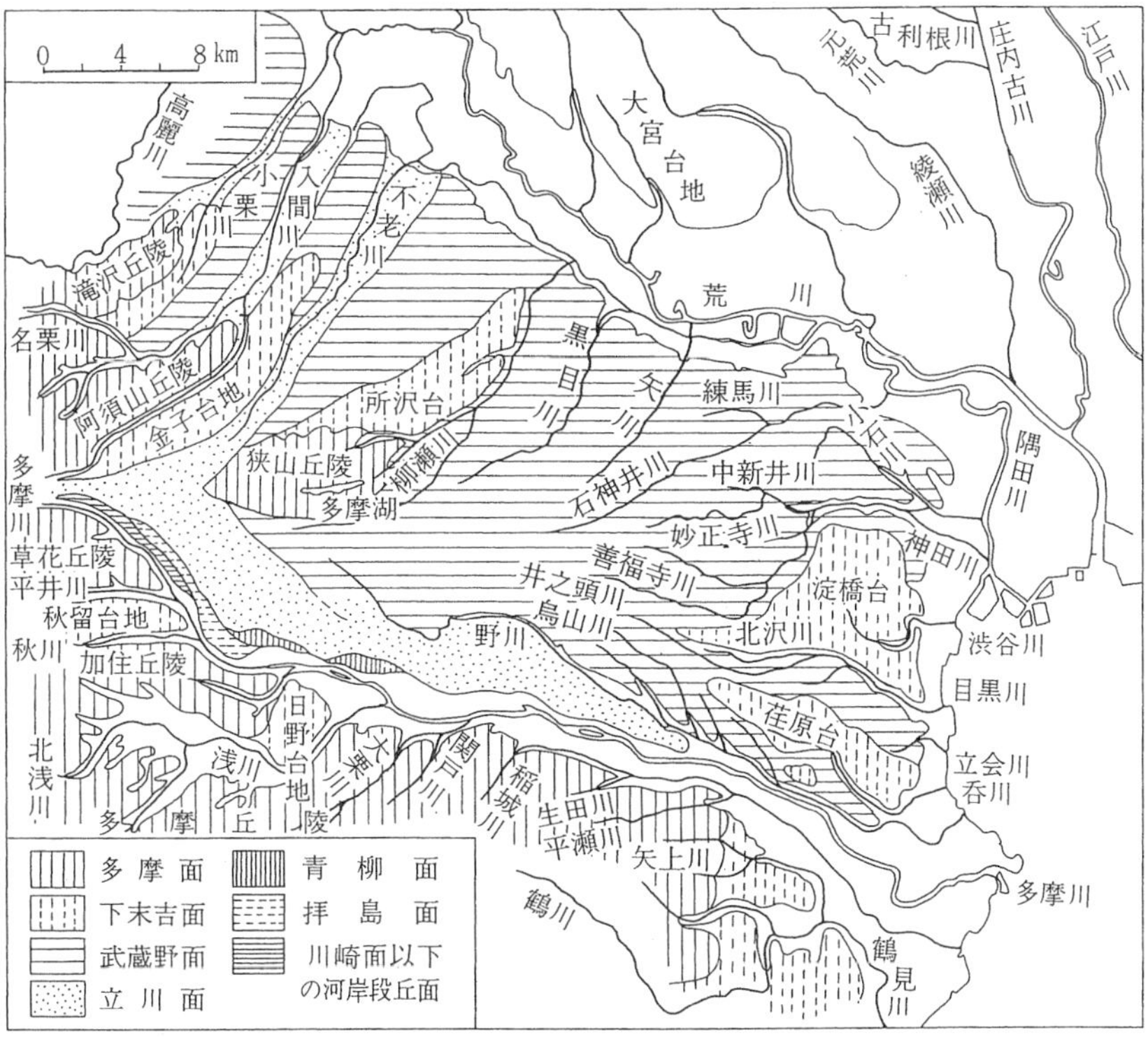

図①：山崎勤哉氏『流域をたどる歴史』関東編（ぎょうせい、昭和54年

一方、この頃の気候は奈良時代の低温期から平安時代にかけて温暖化が徐々に進行し、洪水や干害が発生していたといわれています。しかし、奈良時代は、現在より低温だとしてもそんなに大きな差異はないとしてよさそうです（山本武夫『気候の語る日本の歴史』そしえて文庫、昭和五七年）。山本氏は、万葉集の大伴家持の歌を中心に分析して、桜花季がやや遅いと判定され、さらに、九世紀になると温暖化し始め開花が早くなるとされています。そのことと、厳しい風土の中で生活する農民たちの様子と、九世紀に入間郡・多摩郡界に生活困窮者である飢病者の悲田院が設けられたとする事と何らかの関係があるかも知れません。

三、武蔵野の風土

そこで、万葉集の東歌の中で武蔵野の風土と人々の様子を表現したと思われる歌を見てみます。『万葉集』一～四（佐竹昭広・山田英雄・工藤力男・大谷雅夫・山崎福之校註、岩波書店、平成二八年）には、長短歌合わせて約四五〇〇首余りの歌が収められています。その中に武蔵野の風土や人々の様子を詠った歌があり、そこに当時の暮らしを知る手がかりがあります。巻十四の東歌の背景について、桜井満『万葉集の風土』（講談社現代新書、昭和五二年）に、大化の改新や壬申の乱との関わりが重要だとして、「東国防人専遣の意義とともに、七、八世紀における東国が、大和朝廷にとってどのような存在であり、中央の人々からどのように観想されていたか、という面から考えなければならないであろう。」とされています。

　そのことは、東歌や巻二十には、防人としての軍人供給地である東国から筑紫に旅立つ防人や家族たちの切々たる歌が数多く収録されていることで分かります。岩波文庫版『万葉集』にはこれらの巻は、武蔵が東海道に配属替えされた以後に編纂されたもので、東国特有の語があり「一般に東国庶民の民謡と呼ばれることも多いが、その実態はなお不明と言わざるをえない。」とされています。当時の武蔵国は、東山道と東海道の合流地域で、桜井氏は文化の吹き溜まりと言われています。

　当時の人々の動きや物資の輸送は、陸路だけでなく河川交通中心だったと思われます。同氏は、武蔵国は東山道から東海道へ所属変更以前から東海道と密接な関係を持っていたとされています。それを証するように、河岸の賑わいを表した歌があります。住田川河口や古荒川の崎玉の津（現行田市の小針沼あたり）を詠った歌があるからです。当時の関東平野東部は、広大な低湿地や沼地で、雨期にいったん大雨でも降れば、幾筋もの川が氾濫し一面が流水で埋め尽くされたと思われます。斎藤鶴磯氏が「東は海」としたのも理解できます。一方で、荒川や利根川とその支流は交通路として近世まで重要な役割を果たしていたことは史実です。

　歌にある埼玉の津は、武蔵国造の奥津城と言われる埼玉古墳群

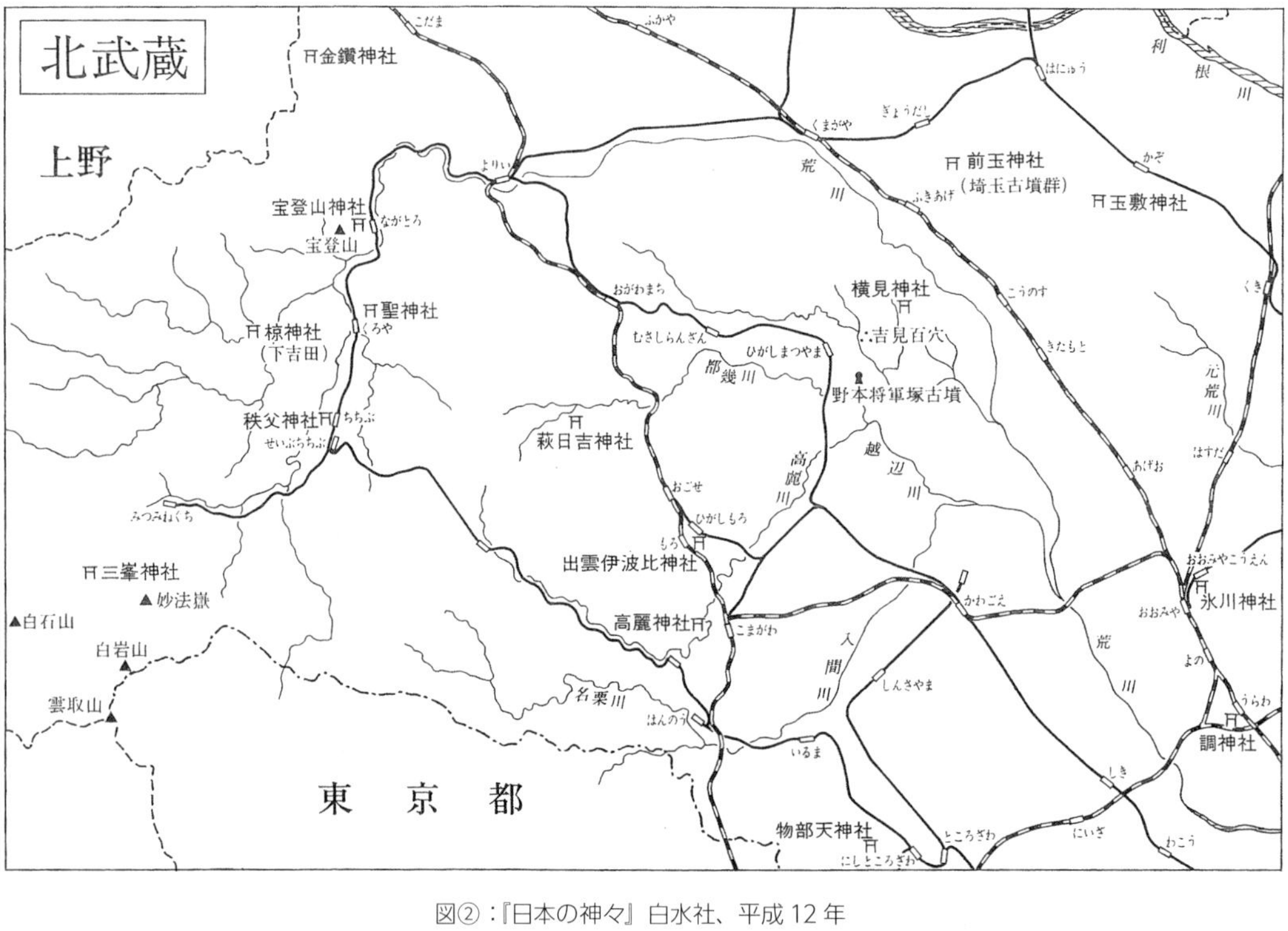

図②：『日本の神々』白水社、平成12年

と埼玉神社に接しており、古墳時代からすでに河岸が発達していたことを物語っています（図②）。

◎崎玉の津に居る舟の風をいたみ綱は絶ゆとも言な絶えそね　3380

吉田東伍作「刀禰古代水脈想定図」『利根治水論考』（図③）によれば、荒川は現在の流路よりはるか東にあり、さらにその東を古利根川や太日川が流下しています。旧利根川と荒川の間にある埼玉の津は、遠く西から渡来した人々の常陸や毛野への入り口でもありました。近くは、埼玉古墳群の中の石室古墳の石材に秩父の緑泥片岩や房総半島の房州石が使われており、これらを運搬した古代の人々の交流の証しです。こうした河川交通と陸路である東山道や東海道が人々の移動や生産物や馬の移動を支えたものでしょう。大化前代、滔々たる西からの人々の流れがあったことは最近考古学的に指摘されました。（若狭徹『古代の東国1』（吉川弘文館、平成二九年）。

次に、武蔵野での麻布など調布製作が盛んだったころを彷彿とさせる歌があります。古代の武蔵野が麻布の産地であったことは知られています。例えば、宝亀八（七七八）年六月紀に次のような記録があります。「武蔵国入間郡人大伴部直赤男、以二神護景雲三（七六七）年一献二西大寺商布一千五百段一」とあり、布やそれ以外の品々を献じた記録です。入間郡安堵郷あたりにいた武蔵国造族の大伴氏が大量の商布を西大寺に献じるだけの経済力をこの地に維持していた証しでしょう。台地は工芸作物である楮や麻のほか桑畑だったのです。次は布作りの歌です。

◎多摩川にさらす手作りさらさらに何そこの児のここだかなしき　3373

武蔵野台地西南部の多摩川流域には、旧都筑郡の高幡・幡屋、久良郡の服田などと現存地名に調布・砧などの布製作に関わる地

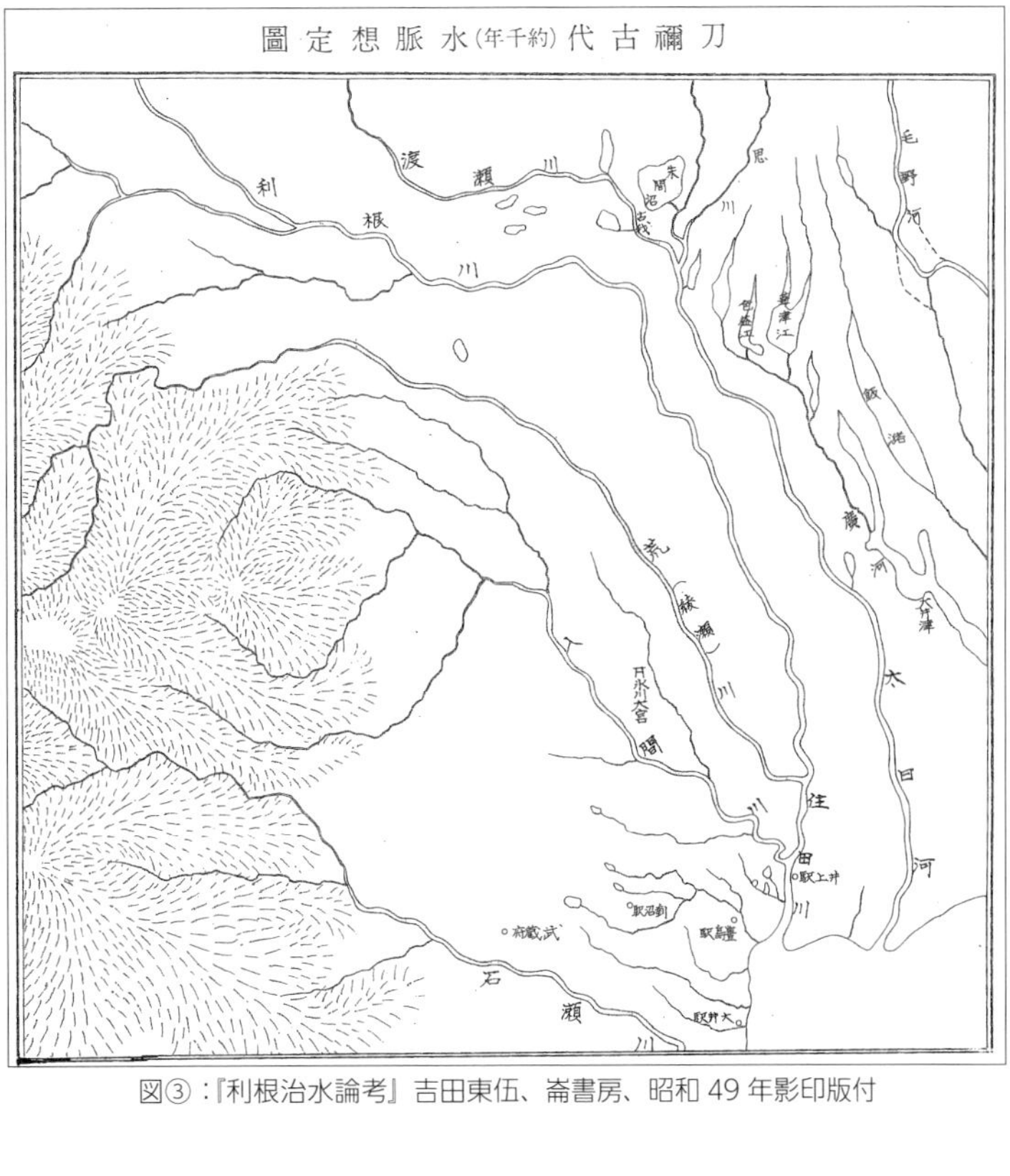

図③：『利根治水論考』吉田東伍、崙書房、昭和49年影印版付

名が湧水点に近く現存しています。この歌も当時の生活が湧水や河川と深いつながりを持っていたことを表しています。大伴氏もまた、入間川流域を根拠地にしていたのでしょう。現入間川はかつて古利根川河口近く（住田川）で合流したようですから、入間川を遡上した人々がその支流の柳瀬川や不老（としとらず）川をたどって、狭山丘陵の海抜五〇メートルから六〇メートルあたりの湧水地点にたどり着き、そこに拠点を置いて台地の開発をしたのでしょう。神々もまた、そこに奉祭されました。

平城宮木簡に、无耶志（武蔵）国男衾郡と同秩父郡などから大贄を献上したことが記録されています。そこには、鮒や野蒜・鼓（くき＝浜納豆）などが贄として差し出されています。（川尻秋生著『古代の東国2』（吉川弘文館、平成二九年）。木簡から、武蔵野台地で生産される畑作物には、工芸作物だけでなく食用や薬用作物も確認できるのです。木簡にある贄としての鮒や野蒜は理解できますが、鼓（くき）は聞きなれません。川尻氏は、薬効があったのかもしれないといわれ、調味料のようなものだとも指摘しています。こうした台地上の畑作物は、おそらく焼き畑が基本だったのでしょう。次の歌がそれをしめしています。

◎おもしろき野をばな焼きそ古草に新草まじり生ひば生ふるがに　３４５２

武蔵野台地の本格的開発は、江戸時代からであることは知られており、万葉時代、大部分は荒漠たる原野が広がっていたといいます。台地や丘陵地帯に「サス＝指」や「ソウリ＝反」なる地名が散見されます。武蔵野西部にある、サスやソウリ地名について、柳田国男は前掲書で焼き畑だとしています。歩く民俗学者宮本常一氏も、ムサシやサガミの語源と絡めて、武蔵や甲斐の「焼き畑をサシまたはサスといって来たことだけは間違いない」（『日本文化の形成・焼畑・』（講談社学術文庫、平成一九年）と断言されています。「サス」や「ソウリ」が焼き畑地名なら、この歌が、武蔵野の荒野に火入れして、畑地を何年かおきに交代させながら耕作する古代の焼き畑が点在していたことを証明しています。

◎入間道の大屋が原のいはゐつら引かばぬるぬる我にな絶えそね　３３７８

さて、右の歌にある「いわゐつら」がどのようなものか、畑作物か自然の植物かも私にはわかりませんが、トロロアオイのようなものであれば、古代の入間郡郡家周辺で行われた製紙に必要な「ねり」の原料かもしれません。紙は槻川上流の都幾山一乗法華院慈光寺など、この地の古くからの仏教文化の写経には欠かせないものでした。しかし、他にも薬草などいくつかの説があります。歌の「大屋が原」は入間郡越生町大谷付近とされています。隣接する旧比企郡の小川和紙は、宝亀五年の正倉院文書でも確認されます。さらに、武蔵根と言われる荒野では、御牧の石川牧・由比牧・小川牧・立野牧・小野牧と檜前牧・神崎牧の諸国牧がつくられ馬や牛の放牧が行われていました。よく引用される歌に、次の、武蔵国豊島郡の上丁椋椅部荒虫の妻宇遅部黒女が多摩の横山で詠った歌があります。

◎赤駒を山野にはがし捕りかにて多摩の横山徒歩ゆか遣らむ
4417

多摩川付近の横山という丘陵を徒歩でゆかせたのであろう。と『万葉集』武田祐吉氏校註（角川文庫、昭和四六年）にあります。かつて、山野に馬を放牧しておいて、必要な時に捕獲して調教使役したのです。馬は動力であり情報伝達の手段でもあり、朝廷にも献上されていました。この地域の馬が後の武蔵七党の源流でしょう。

次も防人の歌です。武蔵国那珂郡の上丁で檜前舎人石前の妻大伴部真足女の歌で、夫の帰りを待つ妻の様子が分かります。

◎枕大刀腰に取り佩きまかなしき背ろがめき来む月の知らなく
4413

檜前舎人といえば、承和七年十二月紀に武蔵国造族の直姓である武蔵国加美郡の檜前舎人直由加羅男女十人が左京に貫符される記事があります。そこには「土師氏と同祖也」とあります。土師氏といえば出雲氏と同族です。武蔵国最北端の那珂郡や加美郡に檜前一族がいたことがわかります。那珂郡の郡衙近くには、諸国牧である檜前馬牧があったことが分りますので、土師氏同祖の「檜前」氏が牧に関わっていたことになります。次も武蔵国橘樹郡の上丁物部真根の筑紫に到る歌です。橘樹郡が旧屯倉の遺名であり、早くから開けていたことは事実でしょう。現在の川崎市にある影向寺周辺を指すことはすでに指摘されています。

◎家ろには葦火焚けども住む良けを筑紫に至りて恋しけもはも
4419

この物部真根の居住地は、旧橘樹郡坂戸の坂戸物部かと太田亮の『姓氏家系総覧』にあります。次の歌も防人を送り出す歌です。

◎防人に行くは誰が背と問ふ人を見るがともしさ物思ひもせず
4425

以上、いくつかの庶民の生活や防人に関わる歌を見ました。河川交通や牧場の存在、調布生産や防人の様子は想定できますが、残念ながら、出雲の神々に関わる歌はありません。しかし、やや信仰的な歌といえば、次のようなものがあります。これは、出雲族の信仰と無関係ではないと考えます。

◎武蔵野に占へ象灼きまさでにも告らぬ君が名占に出にけり
3374

◎天地の神に幣置き斎ひつついませ我が背な我色し思はば
4426

この歌が、具体的には防人を送り出す時の素朴な占いを詠ったことは分ります。また、筑紫に就く無事を天地に祈る姿も彷彿とさせますがそれ以外は分りません。さらに、歌人の中に「物部」

や「大伴」氏が何人も確認できますから彼らが防人として筑紫に送られたことを物語っています。

四、出雲族と武蔵野

以上、万葉歌を中心に武蔵野の風土とかかわる歌を見てきました。歌の中に具体的な出雲人の足跡について同族の土師氏や檜前氏以外は見られません。しかし、以下述べるようにこの古代武蔵野の風土のなかに出雲の神々を奉祭する相当数の人々が、居住していたことは間違いありません。そのことは、すでに、松尾俊郎氏が『日本の地名』（新人物往来社、昭和四九年）の中で武蔵野における出雲系氷川神社の存在を詳論されています。同年、古代学者大和岩雄氏が、「出雲とオホ氏について」『日本古代試論』（大和書房、同年）の中で「関東の国造の八割を占めるのは天穂日を祖とする出雲氏・オホ氏・凡河内氏で、三氏は完全に色分けできない」と分析されています。また、古代史の水野祐氏も、「出雲文化の東遷」（『古代の出雲と大和』大和書房、昭和五〇年）で、武蔵国における出雲系式内社の存在を指摘し、武蔵国の式内社四四座のうち四割強が出雲系だと論断されています。先学の指摘通り古代武蔵野の基盤には、出雲からの移住者がいたことは間違いないことです。

武蔵国全体の式内社の分布を、菱沼勇『武蔵の古社』の図④でみると、古利根川や元荒川の流域とその支流が武蔵野台地を解析して流下する水系流域に立地していることがわかります。おそらく具体的には、谷戸やハケでの湧水や水田との関係が、神社立地

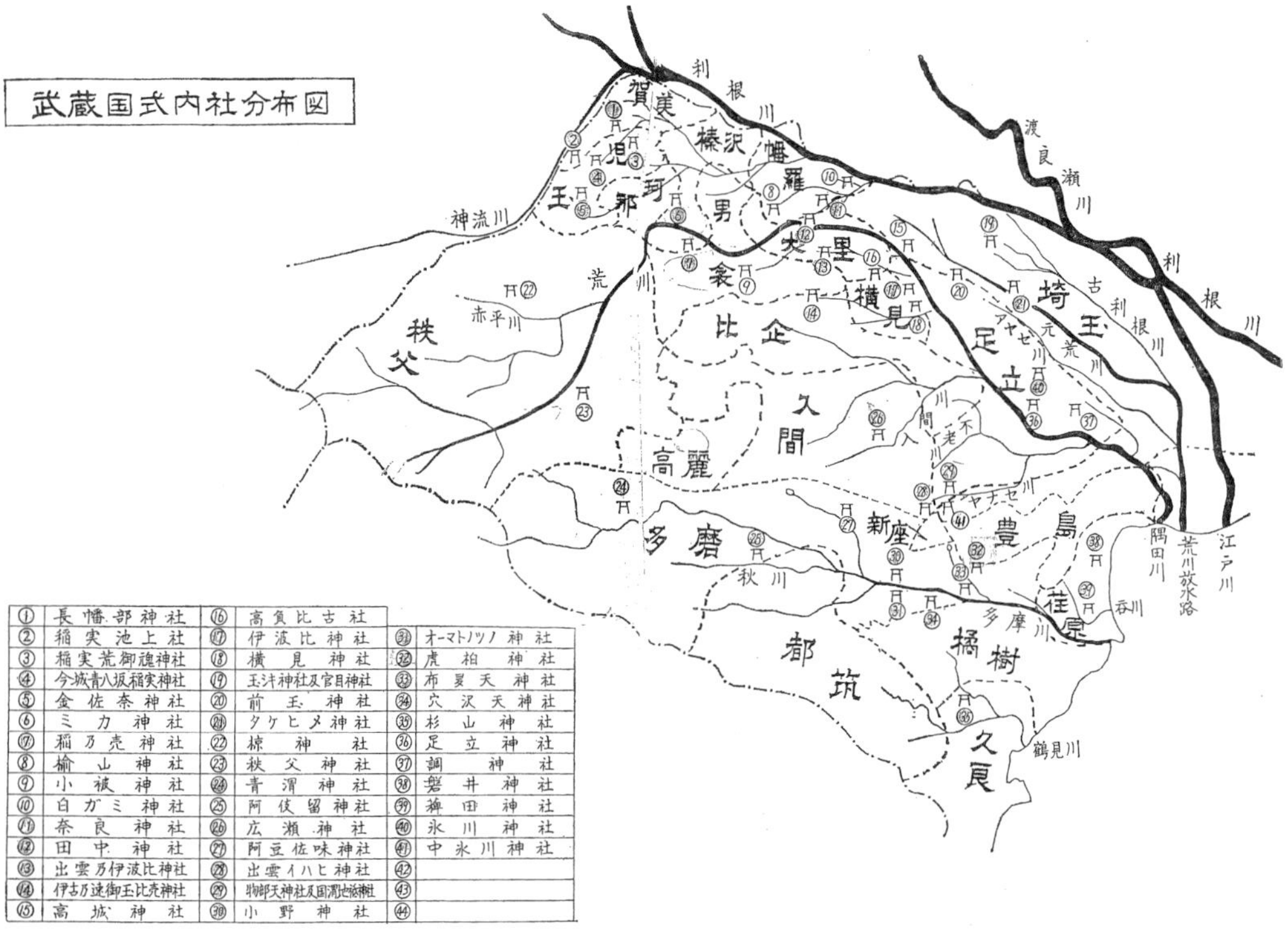

①	長幡部神社	⑯	高負比古社		
②	稲実池上社	⑰	伊波比神社	㉛	オーマトノツノ神社
③	稲実荒御魂神社	⑱	横見神社	㉜	虎柏神社
④	今城青八坂稲実神社	⑲	玉シキ神社及官目神社	㉝	布冥天神社
⑤	金佐奈神社	⑳	前玉神社	㉞	穴沢天神社
⑥	ミカ神社	㉑	タケヒメ神社	㉟	杉山神社
⑦	稲乃売神社	㉒	椋神社	㊱	足立神社
⑧	楡山神社	㉓	秩父神社	㊲	調神社
⑨	小祓神社	㉔	青渭神社	㊳	磐井神社
⑩	白ガミ神社	㉕	阿伎留神社	㊴	簸田神社
⑪	奈良神社	㉖	広瀬神社	㊵	氷川神社
⑫	田中神社	㉗	阿豆佐味神社	㊶	中氷川神社
⑬	出雲乃伊波比神社	㉘	出雲イハヒ神社	㊷	
⑭	伊古乃速御玉比売神社	㉙	物部天神社及国渭地祇神社	㊸	
⑮	高城神社	㉚	小野神社	㊹	

図④：『武蔵の古社』菱沼勇、有峰書店、昭和47年

の条件にあると思われます。出雲系の神々との関係を述べた水野祐氏は、武蔵国に残る足跡を方形古墳の墳形は出雲発祥だとして、前方後方墳が出雲族の墳墓だとしています。しかし、前方後方墳は、最近の研究で狗奴国の残した墳形だとする学者も現れ確定していません。大和岩雄氏も方形墳を出雲族と結び付け、「天円地方の方形は、地祇神を表し、ヤマト政権から前方後円型の墳墓築造を規制されていたからだ」として、本来非ヤマトの地祇が出雲族（方形墳）だとしています。菱沼勇氏は、式内社の原型が古墳時代に遡るとされ古社の立地点にある多種類の古墳を例示して説明されています。諸氏が「古墳時代」に遡るとされたことは認められるでしょうから、出雲系の人々が方形（地祇）の墳墓を残したことは間違いないと思われます。なぜなら、そこに出雲を名乗る式内社があることは重要な証拠だからです。

五、出雲臣と武蔵国造

そこで、武蔵野の出雲の神々に関わる手がかりになるのが、出雲臣の祖武蔵国造任命記事です。平安時代に完成したといわれ、一般的に利用されている古代の国造配置を記録した『国造本紀』という文献をみてみます。内容に一部不安はありますが、その中に「无邪志国造」に任命された氏族の出自が次のように二種類記録してあります。「无邪志」は、大宝四年に「武蔵」と表記されたとされていますので（川尻秋生『古代の東国2』）、ここでは、地名「无邪志＝武蔵」が重要な手がかりです。

「无邪志国造　志賀高穴穂朝の世　出雲臣の祖　名二井之宇迦忍之神狭命十世孫　兄多毛比命を　国造と定めたもふ」

「胸刺国造　岐閇国造の祖　兄多毛比命の児　伊狭知直を　国造と定めたもふ」

両国造は親子であり、无邪志と胸刺をどのように見るかは諸説あります。一般的には、前段が通用しています。とすれば、「兄多毛比」なる氏族が武蔵国造に任命されたことになりますので出雲臣の祖が武蔵野に来て最高位の国造という地位にいたことは認めなくてはなりません。それがいつの頃かといえば、先にあげた諸先学の説では六世紀代の国造時代に相当します。六世紀といえば、五四三年、『日本書紀』に安閑天皇時代に武蔵国造をめぐる一族の内乱が記録されています。北武蔵を根拠地にした笠原直使主と南武蔵を中心にした同族小杵の争いの結果、使主が朝廷側と組んで国造の位を手に入れたとされています。敗者側の小杵は、上毛野小熊と結んだが敗れたので、その見返りに南武蔵の橘樹屯倉他三カ所を朝廷に献上したことになっています。その時の武蔵国造の奥津城が現在の埼玉古墳群の中にあるとされており、埼玉古墳群の南東に現在確認できる旧笠原村が国造族の遺名と言われています。古墳は、厩戸王の舎人である物部連兄麻呂氏が武蔵国造時のものだとする説（川尻秋生）もあります。さらに、この出来事と『国造本紀』にある出雲臣の国造任命記事との時代関係は、確定できませんが、その後の文献に登場する物部氏や大伴氏など国造族の前身だと考えられます。六世紀時代の国造争いも、朝廷直属の地が多い東国では中央政権の圧力が屯倉献上という形で地方豪族層に及んだ結果の鬩ぎあいと解釈されています。

六、出雲の神々と武蔵野の式内社

次に、出雲臣と武蔵野との関係を紐解く手がかりを平安時代に指定された式内社に辿ってみます。出雲臣以外では出雲連もその祖を天穂日命としており『新撰姓氏録』に確認されますので出雲を冠する神社と出雲系氷川（簸川）神社を調べてみます。九世紀の『国造本紀』に登場する出雲臣を名乗る氏族は、太田亮著・丹羽基二編『姓氏家系総覧』（秋田書店、昭和四一年）によれば、「出雲神族は、出雲中心に本州の西半・四国・九州北部に勢力を奮った強族で記紀の伝えるところによれば伊弉諾尊、素戔嗚命より大国主命に至って全盛を極めたが天孫降臨されるに及んでいわゆる国譲りして大和に移り、三輪山を中心とする三輪氏となった。（略）その出雲族に代わって出雲地方を治めた豪族が出雲臣である。」と説明されています。太田氏は、東国の武蔵国をあげていませんが、出雲臣と土師連の祖である「天穂日命」は同時に武蔵国造の祖でもあるとされていますので武蔵にも出雲臣がいたわけです。それ故に、この天穂日命を祖先にする出雲の人々の足跡は武蔵野の地名や神社名でも確認できるはずです。なかでも同じ天穂日命を祖とする土師連は、「浅草寺縁起」に出てくる檜前氏を含む三社権現の一人「土師（真）直中知」と無関係とは思われません。姓が不明ですが武蔵国造族であることは間違いありません。土師氏の足跡は、古利根川の隅田川河口を根拠地に上毛野国佐伊郡や武蔵国那珂郡に至る上流へ移動したと思われます。その足跡として、古利根の中流域に位置する旧北葛飾郡鷲宮町の天穂日命を祀る鷲宮神社にあります。式外の鷲宮の「鷲＝わし」は「土師＝はし」だとされています。また、『新編武蔵風土記稿』には、天穂日命について、「此出雲臣、武蔵国造土師連等遠祖也と是なり、故に土師宮と号すべきを、和訓相近をもて、転じて鷲明神と唱え来たれりといへり、云々」とあります。吉田東伍著『大日本地名辞書』でもこの説を認めています。この鷲神社には有名な一社相伝の鷲宮催馬楽神楽があり、これを土師一流催馬楽神楽と称しています。その根拠地が、現東京都台東区千束にある熊手で有名な鷲神社で大鳥神社といわれています。一般には「おとりさま」と呼ばれて酉の市で有名です。鷲と書いて大鳥とよませています。いつ（土師＝ハシ）氏が「鷲＝ワシ」へ変化したのか、疑問は残りますが、かなりの時代が経過していることだけは間違いないようです。その源流は、日本武尊を祀る旧和泉国一之宮の大鳥神社だと思います。

そこで、出雲族の足跡を裏付けるために、武蔵野台地に出雲を冠する社名を手掛かりに出雲神族の足跡をたどってみます。古社名と言えば、九二七年成立の古代法典『延喜式』神名帳に搭載されているいわゆる「式内社」が有力な手がかりになります。平安時代、全国に分布する神社の中から選ばれた二八六一社が搭載されています。その中の武蔵国は、四四座（埼玉神社のみ二座）で、名神大社が氷川神社と金佐奈神社の2社、他は小社で合わせて四三社が記載されています。当然のことながら全国で一番多いのが大和国の二八六社、二番目の山城国一二二社で、それに比べれば武蔵国は少ないと思われるかもしれませんが、都からはるか遠い東国地方では一番多いのです。平安時代にそれだけ武蔵国が中央に知られていたことは間違いないでしょう。冒頭で引用した水

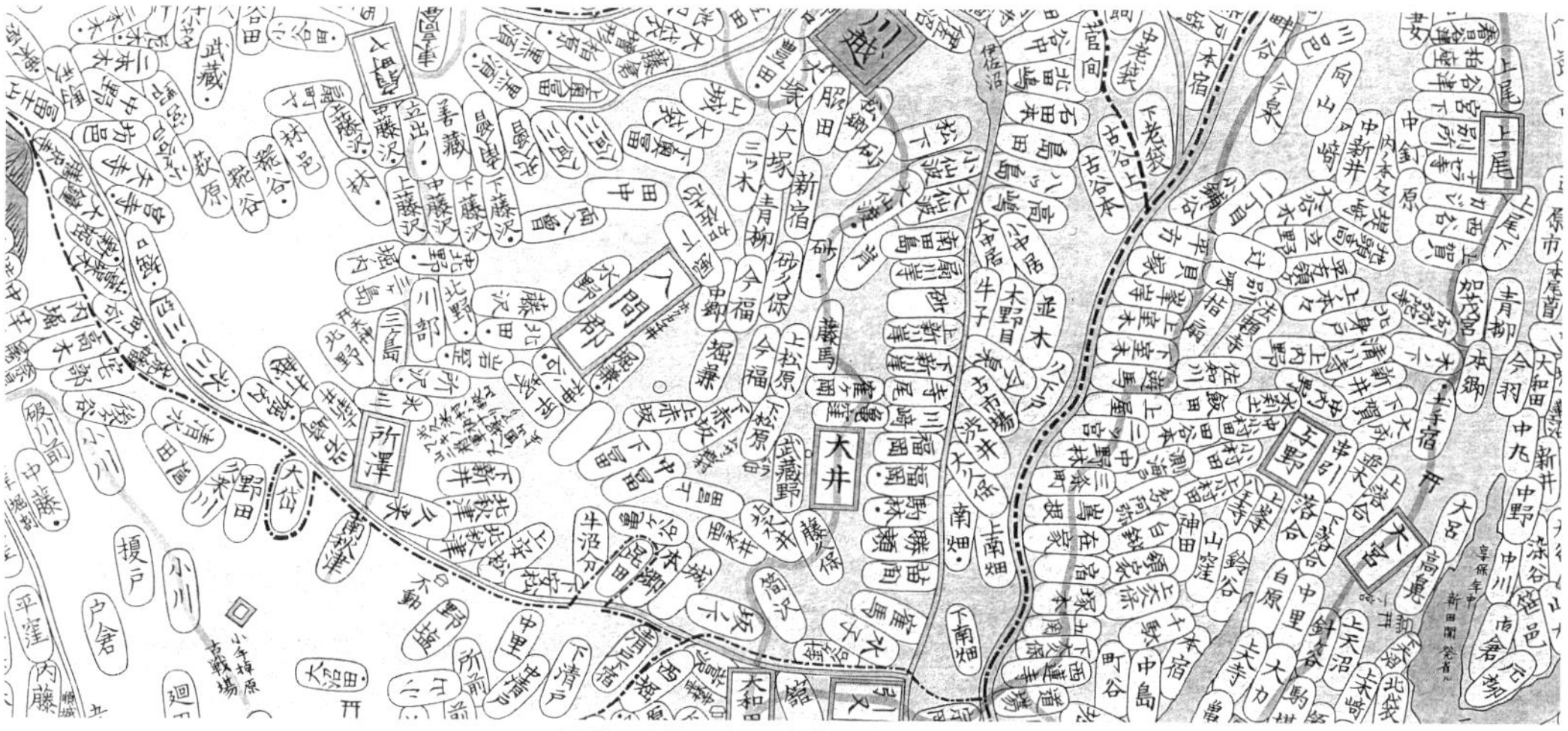

図⑤：安政三年　武蔵国全図（部分）

野氏の前掲書では、武蔵国内にある出雲系神名から一八社の式内社を例示されています。しかし、『記紀』や『出雲風土記』では、中央王権の成立過程で出雲の神々の名前や在り方も大きく変えられています。

　『延喜式』及び『倭名類聚抄』によると武蔵国二一郡内における四三社は、次のような順序で記載されています。武蔵国南部から、荏原郡二座、都筑郡一座、多麻郡八座、足立郡四座、横見郡三座、入間郡五座、埼玉郡四座、男衾郡三座、幡羅郡四座、賀美郡四座、秩父郡二座、児玉郡一座、大里郡一座、比企郡一座、那珂郡一座の合計四四座四三社です。その分布は、当時の郡の面積や人口の大小によって異なるとは思われないのです（図⑤）。やはり、奉祭する氏族の力が反映していると考えます。そのことは、武蔵国北部の比較的面積の狭い郡にも分布しており、早くから先住の人々と渡来系の人々による開拓が進んだ郡が多いのです。数多くの古社から由緒や霊験、そして何よりも奉祭する氏族の力が反映して延喜式内に選ばれたのでしょうから、武蔵国四四座は、そのまま由緒のある氏族の力が反映していると考えて差し支えないと思います。「延喜式内社」に選ばれた神社は毎年の祈年祭に神祇官より供物と班幣を受けることができ、「官社」と呼ばれます。しかし、平安時代のことですから、今日までの社会の変化は想像以上で神社の在り方や祭神も大きく変遷していると思います。特に、立地場所も変転したことが『新編武蔵風土記稿』などでも確認できるほどです。

七、氷川神社

　現在のさいたま市大宮区高鼻にある氷川神社は、旧足立郡四座の一つで、元官幣大社は旧荒川の残した三沼と言われる河跡沼に面する台地上（高鼻）にあります。延喜式の名神大社で、武蔵国一之宮です。須左之男命、稲田姫命、大己貴命を祭神としており、社伝によれば、孝昭天皇の時に出雲国杵築大社から勧請したといいます。文献的に確認できるのは、奈良時代の八世紀末で新しいと宮瀧交二氏は指摘しています（「氷川神社」『歴史と旅』新人物往来社、平成二五年）。本来、元男体社、女体社、簸王子社の三殿からなるとされており、以前には順位と祭神争いもあったとさ

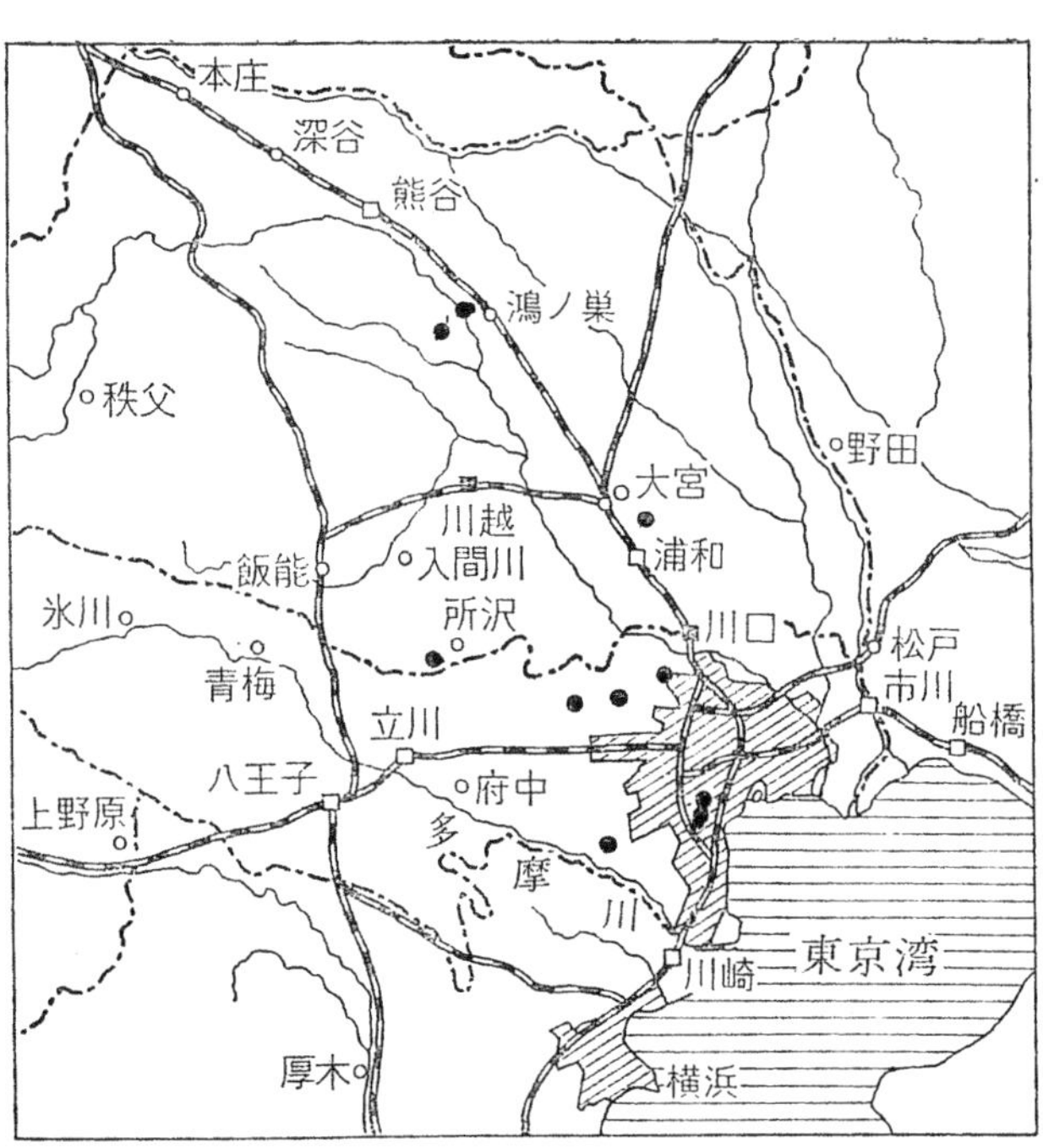

氷川神社（黒点は郷社以上）の分布

図⑥：松尾俊郎『日本の地名』新人物往来社、昭和49年

れていますが、現在は一社殿となっています。地名的に、氷川神社の「氷川」と「簸川」王子のヒ川は、出雲の「簸川」に通じるとする説もあり、国造が同族とすることと相通じます。ところが、菱沼は前掲書で「ヒカワ」は「凍った川」で神池信仰から北名称だとしています。しかし、出雲を冠する古社との関連については触れていませんので受け入れられません。この神社は、氷川神社文化圏と言われるくらい荒川と多摩川の間に広がる武蔵野台地に分布しています（図⑥）。

また、菱沼勇氏の前掲書によれば、西角井正慶氏発表の資料で、埼玉県一六二社、東京都五九社、神奈川県一社の二二二社、それ以外では、千葉県一社、茨城県二社、栃木県二社、北海道一社で旧武蔵国以外では極めて少数しかないと述べられています。また、松尾俊郎氏は、前掲書で郷社以上の氷川神社を次のように例示しています。官幣大社・氷川神社（大宮市）、県社・氷川神社（川越市）、・川口神社（川口市）・中氷川神社（入間郡）、府社・氷川神社（都赤坂）、郷社・氷川女体神社（三室村）・氷川八幡神社（箕田村）・横見神社（吉見）・氷川神社（都麻布）・氷川神社（都喜多見）・氷川神社（都板橋）、氷川神社（都練馬）、氷川神社（都上石神井）、の一三社です。武蔵野台地に氷川文化圏とも云うべき信仰圏があったのです。これらの分布状況から、旧荒川（大宮の氷川神社の東側を流下していた）流域から入間郡・足立郡を挟んだ多摩川流域までの武蔵野台地の柳瀬川、不老川、入間川流域、さらに、越辺川、和田吉野川などの流域や湧水地帯に氷川文化圏の存在が考えられます。また、入間郡五座の中に、出雲伊波比神社と並んで中氷川神社があります。立地場所は諸説ありますが、現所沢市三ヶ島の江戸時代に長宮明神と言われていたものと同じ所沢市の山口にある、中世に山口党の氏神とされていたものです。もう一つは、西多摩郡氷川町・今奥多摩町の奥氷川神社のものが候補です。松尾俊郎氏は、大宮の氷川神社から中氷川神社を経由して奥氷川神社に出雲系信仰が拡大したとしています。とすれば、柳瀬川・不老川・入間川を遡上して湧水帯に定着した出雲系の人々の神となるのでしょう。しかし、今ここでは、所在地を確定する主旨ではありませんので、青梅を中心とした東に広がる狭山丘陵の湧水地点にあることだけで充分です。なぜなら、現在の入間郡西に延びる入間川や柳瀬川などの支流を通じて、入間郡の中氷川へさらに西多摩郡の奥氷川町へ拡大したものと考えられます。もちろん、一方で、元利根川中流域の鷲宮（土師の宮）を経由して武蔵野の北部から旧上野の国佐伊郡へと進出した分れもあったことはすでに述べまし述べました。

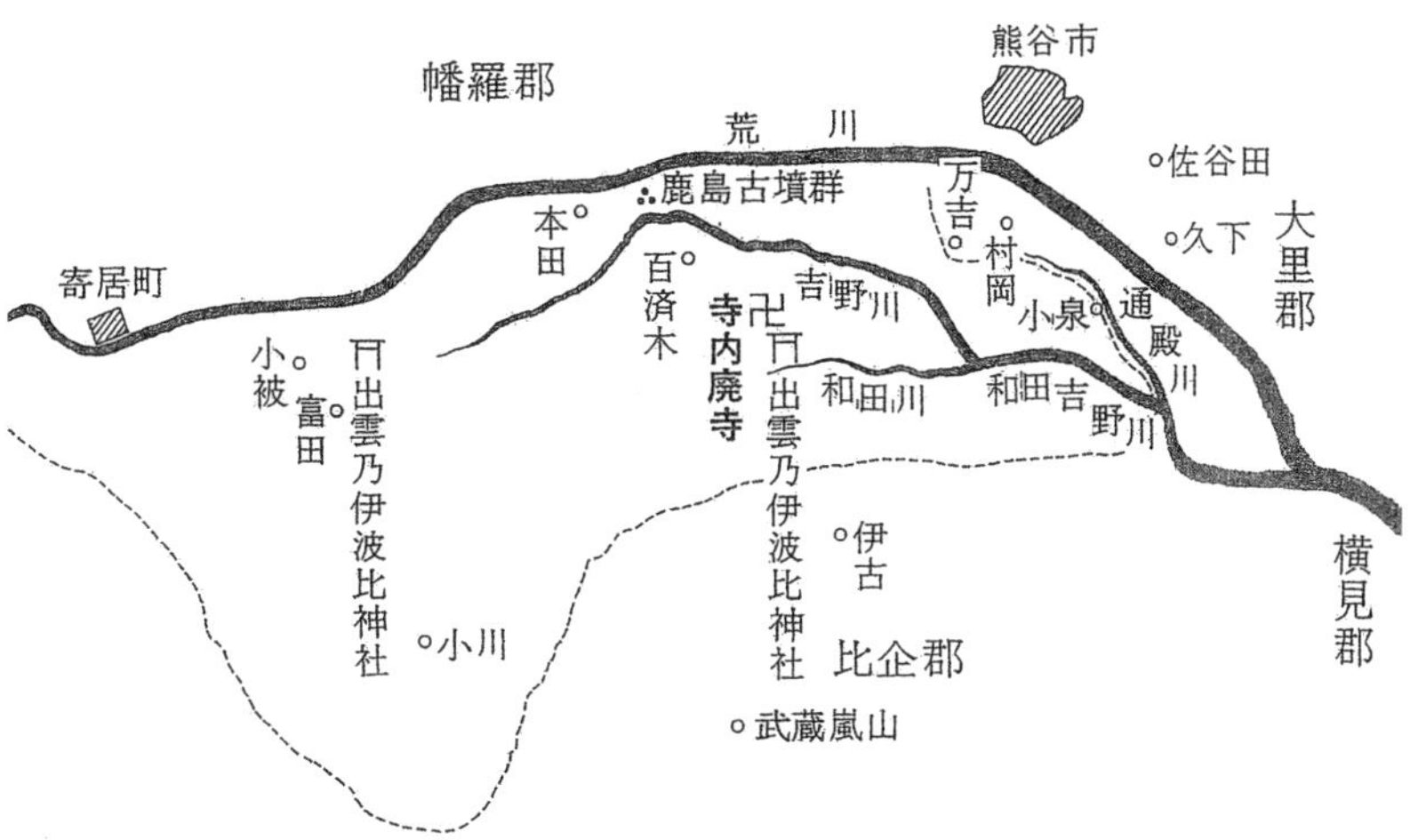

男衾郡概略図

図⑦：柳田敏司・森田悌編『渡来人と仏教信仰』（雄山閣 1994 年）

の中氷川神社や出雲伊波比神社が旧入間郡内に存在することで古代武蔵野に出雲神を奉祭していたと思われるからです。旧武蔵国一之宮の氷川神社の「簸川」王子社と出雲「簸川」沿岸にある出雲（杵築）大社が「氷」と「簸」の言語学的異論もありますが、地名でつながることも重要です。大宮高鼻から元荒川の

八、出雲（之）伊波比神社

改めてこの式内社を見ると、旧武蔵国入間郡と男衾郡に一社ずつ、式内の名神小社で「出雲（之）伊波比神社」が確認できます。吉田東伍氏は、天穂日命を祖とする入間宿祢の祝いだから出雲伊波比と云うとしています。この男衾郡と入間郡に確認できる二社については、その具体的な立地場所は確定しえない論社です。しかし、有力な手がかりになることは間違いありません。まずその一つがあるのは、旧男衾郡、その後、行政変更となり埼玉県大里郡江南町大字板井の出雲之伊波比神社です。もう一つの大里郡川本町赤濱にある三島社とする説より、この神社の地名と位置は、古代からほぼ間違いないといわれていますが確定はしていません（図⑦）。男衾郡の立地は、明治二二年の地図では、男衾郡小原村板井となっており、荒川の支流和田吉野川の上流に当たります。男衾郡は明治二九年に大里郡に併合されました。現在の大里郡と比企郡の境界に近く古代の郡界が混乱している場所で、低い丘陵地帯を流れる上流域の板井です。和田吉野川がこの丘陵地開拓に大きく貢献したことは想像に難くありません。祭神は、武甕槌命とされています。この神は本来、物部氏の神であり剣の神であり、甕の神です。おそらく、ここでも出雲神の上に重なっていると考えます。この神社は、昔から麻疹平癒に霊験があり、多くの参詣者が訪れて社前の八雲橋の下を「八雲橋かけてぞたのめ、あらもかさ、あかき心を神につくして」と唱えながらくぐれば効能があるとされていた（菱沼勇著『武蔵の古社』）といいます。出雲の神々が今でいう健康をつかさどる神々であること関係するかもしれま

せん。また、吉田東伍氏によれば、板井には、板井山薬王院長命寺があり、開山法印元阿圓長とされています。菱沼勇著の前載書では、平安時代の源阿法印開山の法灯が明治時代まで続いていたと説明されています。

　男衾郡と二つめの入間郡の出雲伊波比神社の具体的な立地場所は未確定とするしかありませんが、ここでは、詳細な立地場所を確定することが主題ではありませんので、先学の論説を踏襲します。それにしても、入間郡内であることが重要です。この式内社は、埼玉県入間郡茂呂山町前久保と入間市宮寺字南中野にあるどちらかが真の出雲伊波比神社だとされています。その独特な名称を一千年以上守り続けていることから出雲神と関係することは間違いありません。また、入間郡が古代の武蔵国の中で最重要な郡であったことは、国造族が居住拠点にしていたことがわかるからです。例えば、『続日本紀』神護景雲二年七月条に、「武蔵国入間郡人正六位上勲五等物部直廣成等六人に姓を賜り入間宿祢と称す。」とあります。入間宿祢が天穂日命を租とすることは先に述べました。入間宿祢は、この地に確認できる式内社の物部天神社を奉祭していたことがわかります（荒竹清光『日本の神々』白水社、平成一二年）。物部氏は、武蔵野に入植し、渡来人達を組織して開発に従事していたのでしょう。その足跡は神社だけでなく万葉集の歌に数多く確認できます。さらに、武蔵国造族としても活躍していました。しかも、入間郡の出雲伊波比神社がこの物部天神社に合祀されたのではないか（原島礼二『日本の神々』白水社）とされています。出雲族の伊波比神社と物部天神の両社とも狭山丘陵の北側を流れる柳瀬川や不老川の上流域にあり、式内社の中氷川神社や國渭地祇神社と同地域です。ここは、縄文時代から遺跡があり、人々の住むに適した狭山丘陵東端の湧水地帯で重要な拠点でもありました。青梅を中心に扇形に東に広がり紡錘形に残る狭山丘陵は、比高二〇～五五メートルです。現在でも柳瀬川を堰きとめた多摩湖は東京の水瓶となっています。こうした基本的自然条件にある古代の武蔵野台地の中心地にある入間郡・比企郡・男衾郡などは、朝鮮半島系の渡来人の足跡が濃厚で、埴輪、土師器・須恵器・瓦などの製作、さらには金属加工や木工・製糸・製紙などが早くから行われていたことは明らかです（拙稿「古代武蔵の渡来人地名」『地名と風土』一一号（日本地名研究所、平成二九年）。

九、まとめ

　古代武蔵野の風土を知るために、万葉集東歌を中心に、風土と絡めて詠われた歌をみてきました。また、出雲臣と武蔵国造が同族であることを述べてきました。さらに、出雲系の神々が奉祭されていることを、先学の説とともに、式内社中心に述べました。具体的には、氷川神社、出雲（之）伊波比神社を例示して、その祭神や立地村名を探索しました。その時代は、諸先学が古墳時代だとされています。出雲神の奉斎は、おそらく歴史時代前夜のことでしょう。縄文時代から弥生時代を経て古墳時代に至る長い時間的経過の中で、出雲の神々を奉祭する人々が移住してきたことは間違いないのです。

（古代史研究「丹生の会」主宰・元田園調布学園中等部・高等部教諭）

『おもしろ半島ちば』の紹介

読みやすくわかりやすい千葉の地理的話題

昨年（二〇一七年）一一月に、千葉県の地方紙である千葉日報社から、『地理から学ぼう　おもしろ半島ちば』が発行された。執筆にあたったのは、千葉県の地理に興味をもつ人から組織された千葉地理学会（教員が多い）のメンバーである。『千葉日報』で毎週水曜日に連載中の「おもしろ半島　ちばの地理再発見」（二〇一三年四月から開始）の一二〇回分を書籍化したもので、現在も連載は二〇〇回を超えて続いている。

ほぼ八〇〇字、写真や図表、地図のどれかを必ず入れて地理的な視点から県民にわかりやすく、おもしろく紹介する趣旨で企画されている。中学生を主読者として想定し、中学生に呼びかける形式で書くことにより、地理的知識をあまり持たない一般の大人も興味を持って読める「地理入門レベル」の記事として執筆されている。

新聞連載では、テーマや地域はランダムに掲載されているが、書籍化にあたっては、全県的な三五テーマを第一章とし、以下の章は県内五地域ごとに各一二〜二一のテーマをとりあげている。すべてが見開き二ページで構成され、一話完結型のため、どこから読んでもよい構成になっている。

この本でとりあげられた地名

地名が扱われた主なものをあげる。「千葉県の難読・おもしろ地名」「校歌にうたわれる地名」「順番に数字のついた地名」「〈京葉〉の名称」「地名からみる四街道─トーチカが遠近に」「東西南北の〈総〉エリア」「〈九十九〉と〈白〉─〈長い〉を表現する地名」「千葉にある〈東京〉。」

難読・おもしろ地名は地理ではよくとりあげられるテーマであり、千葉の難読地名一覧表の他、木下《きおろし》や白井《しろい》、西登戸《にしのぶと》のように、読み間違えられやすい地名も紹介している。

校歌にうたわれる地名では、高校の校歌で特定の地名が登場する分布を示す四枚の地図を提示。読者にどこか問いかけている（答は富士山、筑波山、利根川、江戸川）。読者は地図の有効性を実感したと思う。

「京葉」や「東京」では、千葉県と東京との関連や、地名の成立の背景、千葉県内の施設に「東京」が使われる意味に触れている。日常なにげなく接している地名からも、地名のおもしろさを感じることができるように多彩な話題が盛り込まれている。

この他、「県域と県名の推移」「房総3国と市町村」「合併していない市や町」も地名と関連したテーマといえる。「県境を越えて行き交う人々」では、利根川を越える国道で他県ナンバーがよく見られるという話題が冒頭で紹介され、地名が人の動きを把握するツールになることがわかる。

郷土を紹介する本は一般に、歴史や産業や観光名所の紹介になる傾向があるが、本書は千葉地理学会による新聞連載がきっかけになったため、バラエティーに富んだテーマで地域を理解し、把握するという地理らしい視点で構成されている。千葉の本だから当然、千葉県内の地名ばかりが紹介されているが、身近な地名を題材に、多面的に考察するおもしろさも感じていただくこともできるはずであり、千葉県にお住まいでない方にもぜひ読んでいただきたい。

（関信夫　千葉地理学会会員　千葉県立長生高校）

『地理から学ぼう　ちばの魅力　おもしろ半島ちば』千葉地理学会著／千葉日報社　定価：本体1200円+税

「佐渡地名解」新考

長谷川勲

一、「佐渡」語源説の検証

流人の島、金銀山の島、おけさの島、この島は何ゆえに「佐渡」と書かれ、「さど」と呼ばれてきたのであろうか。私の解釈論を述べる前に、従来の語源説を簡単に紹介したい。何よりも最初にあげるべきは、本居宣長の「狭門」説である。『古事記伝』には、次の一節がある。

「佐度島、名義は狭門か、此島へ舟入るる水門のせばきにや、凡て海に島門（しまと）・水門（みなと）・迫門（せと）など云ること多し。」

「さ（狭）」は文字通り狭い意で、「と（門）」は家の門などからも理解できるように、地名では山岸などが両側から迫っている地形を指す。実際ミナト（港・湊）などは「水門」に由来し、川口付近の陸地に挟まれた地形から来ているのである。しかし、水門でなく狭門ならば川や海とは関わりなく陸上にも広げて考え得る表記でもある。「舟入るる水門のせばきにや」とあるから水門と取るとしても、此の説の弱いところは具体的に佐渡のどこの水門を指していったものか分からない点であろう。宣長が佐渡に渡ったということは聞かないから、ただ机上での文字だけからの推考で、江戸期の明和～寛政という時代からすれば、これで良かったし自他ともに納得していた説だったのかも知れない。

次に「迫戸（せと）」また「迫門（せと）」説がある。迫戸は「瀬戸」とも書かれ、セト→サド（佐渡）の転訛があり得ないことではないが、この説をとる「類聚名物考地理一」『日本書紀通証』は「越後と佐渡の間の水路が狭いことから」と説明している。原文には「佐度与迫門通、言海路之狭也」とある。しかしたとえば、瀬戸内海ならば、セトは、大畑瀬戸（山口県）・加茂ヶ瀬戸（香川県）・津和地瀬戸（愛媛県）・音戸ノ瀬戸（広島県）ほか、数々のセトがある。だがいずれも水路幅は広くても一キロメートル程度、音戸ノ瀬戸のごときは幅わずか八〇メートルに過ぎない。これに比べ佐渡海峡は最狭部の佐渡市松ヶ崎と新潟市西蒲区角田岬の間でも三二・一キロメートル、航路の最短部は寺泊～赤泊間で四五キロメートルである。これで「迫戸」とは。これも机上の空論の域を出ないと考える。

次は『諸国名義考』のいう「さかど（離所）」説である。これは佐渡が本土や越後から遠く離れた所と見る説で、前項のセト説とは逆転の発想である。「遠ざかる」の「さか」に所をいう「と」をつけて「さかと」と考えた。島根県の「隠岐島」のオキには「沖」

と「奥」の意があり、遠く沖にある島の意ととれる。たしかに佐渡も地理的に似ているからその推理は認めるとしても「さかと」が「さど」に転ずるには、カが脱落してトがドと濁音化しなければならない。この音韻転訛は不可能にちかい。今ひとつ、全国に類似地名を地名索引などで探索しても、本県南魚沼市の「坂戸城」などの「さかと」、つまり地形名で「坂のある所」の意の「さかと（坂戸）」はあるが、遠ざかる意の「さかと（離所）」はもちろん、それを推測させる地名は見あたらない。つまり、これも佐渡の地を踏んだことのない人の、夢想の推論と言える。

次は、『日本神代史』が言う「さち（幸）」が「さど（佐渡）」になったのではという説である。理由は佐渡が漁業に適しており、それで「さち（の島）」、これが訛って「さど」と説明するが、転訛についてはあり得ない転訛ではないけれども、かなり無理がある。また地名が産物につく場合はあっても、その逆はあまり聞かない。サチが特定の産物を指しているものでもない。さらにまたサチであったと推測させる地名も佐渡には存在しない。なによりも山のサチもあるのに、海のサチと決めてサチ→サドに持って行くあたり、発想が安直に過ぎないか。それもあってか、語源説としてサチ→サドの陰はうすい。

次は、「さわた（雑太）」説である。これは『佐渡事略』などに載る説であるが、サワタがサドになったのだという。これはこの島が佐渡国となったときに雑太郡（評）ができた。一国一郡で、「和名抄」（高山寺本）は、「雑太」は「佐波太」と読むと載せている。つまり佐渡国は「さわた」一郡だったのである。筆者は、かつてこれが佐渡の由来にもっとも妥当と考えていた。しかし、国名の「佐渡」は、郡名の「雑太」より発生は古いと見なければならない。とすれば、サワタがサドになる、つまり地名（語）が縮約されるならそれは自然だが、サドからサワタになるのは、極めて不自然なことと気づき、この説には賛同できないと考えるようになった。柳田国男は、『地名の研究』の中で「昔では国名に一郡一郷の地名から出たものが甚だ多い」としている。これに対し、吉田東伍は、『大日本地名辞書』の中で、「佐渡」の地名は分からないと兜を脱いで、次のように述べている。

「今按ずるに国名を郡名に転ずるは其の例多し、然れどもこのサドとサハダは語言自ら判別す。雑太は澤田の義たること瞭然たれどサドは未だ決め得ず。」

そして「或いは里（狭処を原義とす）の訛りにて越路よりのぞみて人家村落の在る島なりとて、里之島と云へるが、後其のトを濁れるにや」と窮余の説を補足しているが、あくまでも仕方なし説で、今、誰もこのサト（里）がサド（佐渡）の語源であるなどと考える人はいない。これをみても「佐渡」の地名がこの大家をしても解きえず、ほとほと手を焼かしめた地名であることがよく分かるのである。

こうした閉塞した状況を、打開しようとする考えを発表する人が現れた。当会（新潟県地名研究会）の役員でもあられた故本間雅彦氏である。氏は、平成五年十月、『佐渡郷土文化』七十三号の中でその見解を四ページにわたって述べている。氏の論点を同書から挙げてみたい。

「「佐渡」はサドと音で読むとは限らないのです。たとえば越後の燕市にある佐渡はサワタリですが、同じように、三重県熊野市佐渡《さわたり》、高知県檮原町佐渡《さわたり》（註）、岐阜県の佐渡川《さわたりがわ》、名古屋市瑞穂町佐渡町《さわたりちょう》、水戸市佐渡村《さわたりむら》などがあります。

（注）高知県檮原《ゆすはら》町佐渡《さわたり》　檮原川中流左岸に位置し，標高四〇〇メートル前後の丘陵地にある。沢渡とも書き、転じて佐渡となったと推定される。」

「渡」は「渡り」と読む場合の例を、佐渡《さわたり》をあげて述べているのである。さらに、「渡」をワタリもしくはワタと発音する公称地名の多いこと、それに対してドと発音している地名は少ないなどを述べ、続いて次のように展開している。

「問題の島名に、サンズイのある渡をあてて佐渡としたのは、（中略）『日本書紀』では七ヵ所にこの島の名が記されていますがそのうち巻一の「神代」の国生みの部分では六ヵ所で「佐度洲」としながら、巻第十九の欽明紀の粛慎人のことを記したときには「佐渡島」としていちどだけながら文字を違えています。これに対して『古事記』は「佐度嶋」としてサンズイのない「度」をあてて記しており、「渡」の字はみえません。このことから、島名ははじめ「佐度」であったのが、『日本書紀』の編さんの途中で「佐渡」の表記に変わったということになります。」

「渡」と「度」の表記に注目し、「度」の表記が「渡」よりも古いとすると主張するのである。つまり神代の国生みのところに「佐度」とあるのだから、佐渡のそもそもの始まりは「佐度」であり、しかも「佐渡」の読みはサドとは限らないと述べるのである。

佐度の「度」は、ワタあるいはワタリと読むのが通常であることは、他地の例からも解る。

他地でなくても、当国の一の宮こと度津《わたつ》社の例もある。神職名で知られる度会《わたらい》の姓は当地にもあり、佐が音読みで、度が訓読みである点を訝る方があるかもしれませんが記紀ではさほど珍しくないので疑義をはさむ理由にはならないと論を進めるのである。

本間氏の主張の要点をまとめてみると、次の二点になろう。

「佐渡」ははじめ「佐度」と書かれた。理由は国生み神話では「古事記」も「日本書紀」も「佐度」と表記されている。

「佐度」は「サド」と読むのではなく「サワタ」と読むべきであろう。読みはサワタであるが、最後のタは「太」と書かれていることからも分かるように「田」の意味ではない。

氏はサワタのワタには「渡る」意が込められていると心の底では考えておられる。だが、このあと、サワ・タ（雑太）として「太＝田の可能性がないわけではありません」と迷い、サ・ワタとした場合、「サ」は「何かの形容詞的でもあるのでしょうか。そのあたりの判断は容易につけられそうにもありません」と悩んでおられるのである。そして「結び」は、こうした問題提起をしておかないと、佐渡史研究は混迷するだろうと次のように述べている。

「『古事記』と『日本書紀』（除巻第十九）が、「佐度」の文字でこの島を表記した点を、従来のサド語源探究者が無視してきたのが私には不思議でなりません。（中略）狭門やサットの時点に満足してしまって、学問的に怠惰に陥ることがないように、ここですくなくとも問題を提起することぐらいはしておかないと、佐渡史は出発点においてすでに昏冥に迷い込んでしまうのを杞憂するのです。」

『古事記』『日本書紀』の初見がいずれも「佐度」であり、その数をねばり強く数え上げ、それと「さわた」を関連付けて問題提起をされた点、長年の累積を資料として筆をとられた労苦の稿であることに敬意を表したい。

二、神話のなかの「佐渡」

歴史的な佐渡の初見は『日本書紀』の欽明天皇五（五四四）年の条の「佐渡嶋の北の御名部（みなべ）の碕岸に粛慎人有りて、云々」であることは周知のことである。しかし『日本書紀』には、これ以前に「国生み神話」が載っていてそれに「佐度」とあることが、本間雅彦氏のそもそもの論拠であったこともすでに見た通りである。その国生み神話部分をみてみよう。

「陽神《おがみ》先ず唱えて曰く「妍哉《あなにゑや》、可愛少女《えをとめ》を」とのたまふ。陰神《めがみ》、後に和《こた》へて曰く「妍哉《あなにゑや》、可愛少男《えをとこ》を」とのたまふ。然して後に宮を同じくして共に住まひて児を生む。大日本《おほやまと》豊秋津州と号《なづ》く。次に淡路州《あはぢのしま》、次に伊予二名州《いよのふたなのしま》、次に筑紫州《つくしのしま》、次に億岐三子州《おきのみつごのしま》、次に佐度州、次に越州《こしのしま》、次に吉備子州《きびのこじま》、此に由りて、之を大八州国《おおやしまのくに》と謂う。」

ここに「佐度州」が現れるが、筆者の手もとの『日本書紀』（岩波書店）では、国生み神話部分だけで、サドは五度現れるが、いずれも「佐度」である。

それならば、『古事記』の場合はどうか。

「如此《かく》言ひ竟《を》へて御合《みあひ》して、生める子は、淡道之穂之狭別島《あはぢのほのさわけのしま》。次に伊予之二名島《いよのふたなのしま》。（中略）、次に隠伎之三子島《おきのみつごのしま》。（中略）、次に筑紫島《つくしのしま》。（中略）、次に伊伎島《いきのしま》。（中略）、次に津島《つしま》。（中略）、次に佐度島を生みき。次に大倭豊秋津島《おほやまととよあきづしま》を生みき。（中略）、此の八島《やしま》を先に生めるに因りて、大八島と謂ふ。」

とあり、『日本書紀』の「越州」や「吉備子州」はここにはないが、佐渡はたしかに「佐度」と書かれている。これら記紀の「佐度」をサドではなくサワタと読むのではというのが、本間雅彦氏の着眼点であった。しかし、筆者の引用している日本古典文学大系は、岩波書店が当時（昭和三〇〜四〇年代）の第一線の国語学者の執筆・校注・監修によって発刊されたものである。そのルビが記紀ともに「さど」であって、「さわた」や「さわたり」ではない。もちろん、サドを疑問視する頭注・補注等も見当たらない。たしかにサワタからサドへの転訛は音韻的には可能性は十分考えられるけれども、現実にそのことは起こらなかったと見るのが妥当であろう。

ここで誤解のないように付記するならば、『古事記』は和銅五（七一二）年の献上、『日本書紀』は養老四（七二〇）年の撰であるから、いずれも六世紀。したがって神話も表記も六世紀当時のものと受け取るべきで、欽明五（五四四）年の粛慎の記録などより、むしろ新しいのである。

また、サワタからサドに転訛したとしたらそれはいつであったか、これについて本間氏は触れておられない。すでに見たように、天平宝字八（七六四）年の「正倉院文書」に「佐土国々分寺」とあり、八世紀の佐渡が「佐土」と記されている。これは明らかにサドであって、サワタとは読めない。古代の佐渡は「佐度」とも「佐渡」とも、また「佐土」とも表記されたが読みは「さど」であって「さわた」ではなかったと見るべきであろう。

また、平安期に入って、延長五（九二七）年の「延喜式」民部省によれば、佐渡は北陸道七ヶ国の一つで中国。羽茂・雑太・賀茂の三郡である。また兵部省によれば、駅家は、越後国の渡戸駅から船で海を渡り佐渡国の松崎駅に着き、三川駅・雑太駅を経て佐渡国府に至るとしている。さらに神名帳によれば式内社は、加茂郡に、度津・大目の二座、雑太郡に、引田部・物部・御食・飯持・越敷の五座、賀茂郡に、大幡・阿都久志比古の二座が載る。承平年中（九三一～三八）成立の『和名抄』によれば、佐渡国は三郡で二二郷、総田三九六〇町余とある。

三、江戸時代の「佐渡」の発音

ところで、ここで、我々は今まで見落としてきた「佐渡」の発音の実態を直視しなければならないと思う。

岩波文庫、昭和十三年発刊の『日本切支丹宗門史』という日本歴史書が存在する。著者はフランス人のレオン・パジェス（Leon Pages）、時代は一五九八年（慶長三年）から一六五一年（慶安四年）に至る、徳川家康、秀忠、家光の時代の政治・社会・日欧交渉史上の主な出来事の中に切支丹に関わる事項を細大漏らさず記述した編年史である。たとえば、その第1編第1章、一五九八～一五九九年の冒頭は、「一五九八年（慶長三年）、太閤様は臨終に、六歳の世子秀頼に天下を譲らんがため、人為の及ぶ限りの策を尽くして、その安全を計った。」

と、日本の内政を直視した、歯に衣を着せない書き方ではじまる。が、ここで「太閤様」には、「タイコーサマ」とルビをふるが、「秀頼」には「フィンデヨリ」とルビをふっている。今、中高校生が歴史の時間に、かりに秀頼を「フィンデヨリ」と読んだら教室内は爆笑の渦であろう。しかしこの訳書はどこでも「秀頼」は「フィンデヨリ」なのである。これは当時の外国人が日本人の口から聞いた発音がそうであったことを物語っている、つまり当時の日本人は秀頼を「フィンデヨリ」様と呼んでいたのである。いぶかる方のために、同書・同章からいま少し例をあげてみたい。

（大　名　等）	（読み・ルビ）
柳川殿（立花宗茂）	ヤナンガワドノ
藤四郎殿（毛利秀包）	トシロンドノ
主計殿（加藤主計頭清正）	カンズヱドノ
修理殿（京極高知修理大夫）	シュリンドノ
内藤飛騨殿（内藤飛騨守如安）	ナイトフィンダドノ

以上で、およそ分かることは、「藤四郎」、「内藤」などのトーがトとなっていて、現在もそうであるが、当時の外国人も長音は苦手であったことが分かる。また飛騨の「ヒ」、秀忠の「ヒ」が「フィ」となっている。これは当時、ハ行の発音が現代のように「ハ・ヒ・フ・ヘ・ホ」と発音されていたのではなく、「ファ・フィ・フ・フェ・フォ」と発音されていたことによるものである。この例は、日本イエズス会が長崎で一六〇三年（慶長八年）に刊行した日本語・ポルトガル語の『日葡辞書』にも見え、「林・Fayaxi（ふぁやし）」、「髭・Figue（ふぃげ）」など、数多くこの類の語が収められている。

いま一つ、重要な発音は、「川・ガ（ga）ワ」、「騨・ダ（da）」、「主計・カズ（dzu）」の前に「ン」が入ることである。これは煎じつめれば［g］［d］音の前には「n」が入るということである。

柳川殿・主計殿・内藤飛騨殿の「殿」の前に「ン」が入っていないのは、「殿」が接尾語であるため、入っているが、聞き取れないほどであったか、あるいは聞き逃しによるもの、と見るべきであろう。ここが言葉をかな表記することの難しさである。この「ン」は必ずしも一拍（一音節）とは限らない。［g］［d］音を発音する際に習慣的に誘発される音で、正規の発音ではないので、日本人は表記しないのが通例だが、外国人からすれば、耳に聞こえるから正直に表記したのである。

ここで第六章、一六〇四年（慶長九年）の「内府様の政策」の佐渡銀山の項を見てみよう。内府様とは徳川家康のことで、次の文中では「公方」と記されている。

「愛されると同時に怖れられてゐた公方が、穏健且つ賢明な施政のために、日本は平和の中にあった。諸侯が、各々その財政に心を砕きつつあった中に、公方自身は合法的な策を用ひ、着々莫大な富を蓄積しつつあった。（中略）彼は、近頃の発見にかかる幾多豊富な銀山、就中北方十五リュー乃至二十リューの処にある、佐渡の島に莫大な額を得てをった。」

（注）ちなみに、佐渡に初めてカトリック宣教師が入ったのは、一六一九年（元和五年）という。当時キリシタンに対する弾圧は、全国的に広がっていたが、一六三三年（寛永十年）島原の乱がおきると、幕府は従来にもましてきびしく取り締まるようになった。当時佐渡にも一二〇余人の信者が発見され、打ち首にされた。その塚が「百人塚」と呼ばれ、相川と国仲を結ぶ中山峠に残っている（写真1）。

ここに、「佐渡」が見えるが、このルビが「サンド」である。

写真1：キリシタン百人塚・中山峠

これはすでに見たように「ド（do）」の前に「ン（n）」が入る当時の発音の慣習を示すものである。つまり、江戸初期の「佐渡」は「さンど」と発音されていたのである。そして現代は「さど」である。それなら何時からサドになったか、これはむずかしい。それは筆者が方言採集をしている岩船地方では、村上の町中は「さど」だが、旧郡部は「さンど」である。その中でも若者はサドで、高齢者はサンドなのである。だから何時からという時点は確定できない。徐々にである。ついでに言えば、ファ・フィなどの古い発音も岩船地方には残っている。木の葉は「きのファ」で、日の出は「フィので」である。だから秀頼が「フィンデヨリ」でも格別驚かなくてもよいことになる。

それならば、「西洋人の描いた日本地図」には日本や佐渡や越後がどう描かれているか見てみよう。

マルコ・ポーロが一二九八（永仁六）年に著述した『東方見聞録』は、中世ヨーロッパで最も重要な旅行記でもあるが、中国やモンゴルのことはもちろん中国の東岸にある島国ジパング（日本）についても「ジパングは、七四四八の島に囲まれた王国で、人々は礼儀正しく、金や真珠に満ち溢れた国である」と書いている。日本の地図については、百余年後になるが、一五〇六年のものでは、海上に縦長の島が浮かんだ形で描かれている。

これに比べ、一五九五（文禄四）年の宣教師テイセラによる地図は、蝦夷島（北海道）は描かれてないが、本州・四国・九州が描かれ、今日の日本地図に格段に近い形になる。何よりも「佐渡」が、出羽の海上にではあるがしっかりと描かれている。ただ島名は「Ｓａｎｄｏ」と記されているのである。いま一枚、一六一七（元和三）年のブランクスによる地図は、蝦夷島（Ｙｅｚｏ）も描かれ、本州・四国・九州の関係位置、バランスもよく地名の記入も次第に明確になって来ていることがわかる。「佐渡」も「越後」の沖合いに位置し、阿賀野川らしい大河の川口には「新潟」らしい地名も記入されている。そして「佐渡」は前の図に同じく「Ｓａｎｄｏ」になっている（地図1）。ちなみに、越後は「Ｙｅｃｈｉｎｇｏ」と例の「ｎ」音が、こちらにも入っている。つまりヱチンゴである。参考までにその後の日本図の作者と佐渡・越後の表記を見てみよう。

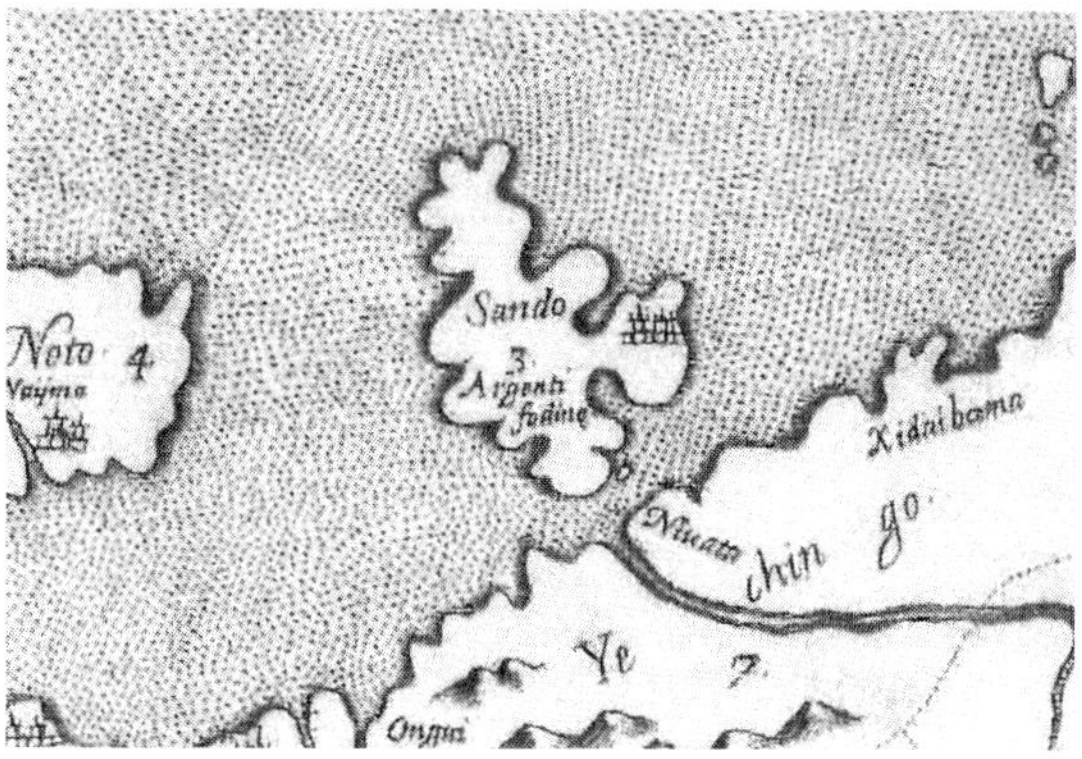

地図1：ブランクスによる佐渡・1617年

年号	日本図作者	佐渡	越後
一六六二年（寛文二年）	サンソン	Sando	Yechingo
一六六三年（寛文三年）	ブタツ	Sando	Iecingo
一六七九年（延宝七年）	タヴェルニエ	Sando	

こう見てくると中世末から江戸初期にかけて、佐渡は「さンど」と発音されていたことがさらにはっきりしてくる。越後は「ゑちンご」である。それなら地図上で「さど」となるのは何時だろうか。ある日突然ということはありえないし、はっきりは分からないが、手もとの資料では、一七一五年（正徳五年）のレランドの日本図に、佐渡は「ＳＡＤＯ」、越後は「ＪＥＴＳＩＧＯ」とあり、どちらも「Ｎ」音が消えている。また、漢字も「佐渡」、「越後」と併記されている。およそに見て、十七世紀までは「さンど」、十八世紀あたりから「さど」になってきたと見てよさそうである。越後も同様の推移で「ゑちンご」から「ゑちご」に移行したものと思われる。

さて、この佐渡・越後の「ン（ｎ）」だが、発音している人の癖（習慣）のようなものだから、本人には、ほとんど発音しているという意識はないと思われる。このことはかつての日本人も同様で、従って「佐渡」を「さンど」と発音していても「佐ン渡」とは書かなかった。この「ン（ｎ）」が一拍（音節）を保つうちはいいが、これが短くなっていく中で、たとえば、1／2〜1／4拍（音節）となった場合「ン（ｎ）」とは書きにくくなる。そこで、これを小文字の「ン」で書く人もあるが、筆者は「˜」の記号を用いる。これを鼻音という。ガ行の鼻音を特に「ガ行鼻濁音」というが、放送のアナウンサーになるにはこれがマスター出来ないといけない、というほど大切な発音だ。古い日本語の発音がしぶとく現代に生き残って美しい日本語として通用している現実なのである。

ではこの「さンど」の発音はどこまで遡るか。この発音が中世末から江戸初期には存在して、次第に「さど」に移行したのは分かった。ところで、古代に「さど」であったものが中世に「さンど」へ転訛したものであろうか。そうとは考えられない。前述のように、これは［g］［d］などの前に［n］を介在させるというのは、いわば日本語の古い発音習慣であるから、古代も「さンど」であったと考えるべきであろう。ただし表記は、「佐度」・「佐渡」・「佐土」なのである。「ン」を表記しない理由はすでに述べた通りである。

縄文海進の海水が引いてサワド（沢渡・水たまり）ができ、これがサワンドを経てサンドとなった。この転訛は六世紀にはすでに終わっている。その始まりは不明であるが、上越市頚城地区の「さんべ」（川跡）の場合、昭和五十九〜六十年のボーリング調査の結果、二九八〇年前までは、今サンベと呼ばれる古保倉川川跡に川水が流れた痕跡が認められるという（『頚城村史』）。であれば「さわべ」「さんべ」の呼称はその後であろう。ここからは、まったく推測の域を出ないが、たとえば今から二〇〇〇年前後頃には、古保倉川は完全に水たまりになり、それらがサワンベ・サンベ（沢辺）と呼ばれていたかと考えられる。佐渡島の「さんど」も同じ低湿の地名であり、地理的にも語形も近いから、転訛も類似して同じころ同じように起こったとしたら、この島の「さわど（沢渡）」も弥生時代中期ころには、「さわんど」「さんど」となり、六世紀の『古事記』『日本書紀』には立派に「佐度」「佐渡」と表記されて登場することになった、と考える。ちなみに神話に出てくる「佐度」も、六世紀の所産で、「佐度」「佐渡」の表記の新旧は言えないことになる。

四、佐渡調査再考

（1）佐渡貝塚調査から

佐渡にただ一本だが国道が通っている。両津の夷から旧金井・佐和田・真野・羽茂の各町を経て小木町に至る、三五〇号線だ。私は平成十六年五月、両津から車で佐和田町へ向かって走った。どこへ行っても電柱の町名やバス停の文字はまたとない地名の案内なので、探しながら走るのが習慣になっているのだが、金井町に入ってしばらく行ったとき道路の左側に「貝塚」というバス停の標識が目に飛び込んできた。車を止めて、本当に貝塚があるのかな、と南側の小路に入っていった。誰か教えてくれる人はいないかと見渡すがそれらしい人はいない。仕方なく下り気味の坂道を一人で降りていくと、荒地のような原っぱに一本の白い標識を見つけることができた（写真2）。「堂の貝塚（縄文遺跡）縄文中期」、側面に「昭和四四年七月……」とある。「なんでこんな所に」と、あたりの土を見つめても貝殻らしいものは見えない。なおも坂道を降りてみたが、時間も気になるので途中で引き返した。これではあまりに頼りないのでこの貝塚の概略を「新潟県の地名」（平凡社）に見てみよう。

「国仲平野に臨む標高一六メートルの通称貝塚の四八沢の沢

写真２：堂の貝塚

頭にある。半鹹半淡の古国仲ラグーンに面する。表土より三〇センチで、破砕貝層・混土貝層である。厚さは三センチから三〇センチの列点貝塚であるが、ほぼ一〇〇メートルの広がりを持ち、全体は馬蹄形となる。サドシジミガイ主体の主淡貝塚でカキが数個混じる。」

専門用語があり、難解な部分もあるが凡そは理解できよう。なお出土した遺物の中には縄文中期の土器、石鏃・石槍などの石器、骨角歯牙製品などもあり、さらに人骨が八体出土しているという。

「堂の貝塚」に出会った後、平成二十年五月の本会の定期総会に新潟大学の橋本博文先生から「佐渡における考古学関係の地名」のご講演をいただき、古代の真野湾は大きく国仲平野に湾入し、そのため国仲平野の縁辺に貝塚がみられるとの再度の知見を得た。さらに新潟日報の拙稿「にいがた地名考」が、越後の低湿地名をたどる中で、それなら佐渡はと考えると、この湾入と貝塚が大きな存在感をもつようになったのである。以下は、『新潟県の考古学』（新潟県考古学会編）の地形概観から「佐渡」の項である。

「佐渡の国中平野では、新潟平野・高田平野と異なり、珪藻化石の分析からはっきりとした海成層が認められる。遺跡の分布は、縄文時代の遺跡が主に内陸の段丘上や、開田により消滅した最も内陸の小規模な砂丘上にのみ存在しており、弥生時代後期に初めて国中平野の沖積面や大規模な砂丘上に遺跡が立地するようになる。これらのことから、縄文時代の国中平野は、一部を除き真野湾に開けた海岸平野であり、国中平野の海成層は、縄文海進に堆積したものと考えられる。」

国仲は「国中」とあるが、国仲平野にははっきりと海成層が認められる。そして、この海成層は、縄文海進時代に堆積したものと考えられるとしている。ここで縄文海進とは、縄文の中期、今から五～六千年前、地球は暖かく、ために海水面が現在より五～六メートル高くなったといわれる海面上昇のことである。資料はやや古いが、日本古典文学大系の『日本書紀』の国生み神話の「佐渡」の頭注に、次のような研究があるとして、歌代勉氏の説を紹介している。こちらは地質学的な佐渡島の成り立ちである。

「第三紀層（六千万年～百万年前）から成る大佐渡・小佐渡の間には国仲平野があり、国仲平野は平坦な台地の部分（国仲層）と低い平地の部分に分かれる。共に第四紀層の地層で、前者は洪積世（氷河時代）に属し、後者は沖積世に属し縄文以降の遺跡・遺物を多く包含している。国仲層は平均四〇～八〇メートルの高度を持つ海岸段丘（中位段丘）の物質によって構成され、典型的に発達している。これによって、現在の佐渡島が、古くは大佐渡・小佐渡に分かれ、少なくとも氷河時代（ウルム氷期—洪積世後期）までは海峡があり、海水の流通があったと解せる。」

この歌代勉説によると、氷河時代までは、国仲平野に海水の流通があり、佐渡島が大佐渡・小佐渡に分かれていた時代があったという。この地形に対し縄文海進期には海水の湾入があったとす

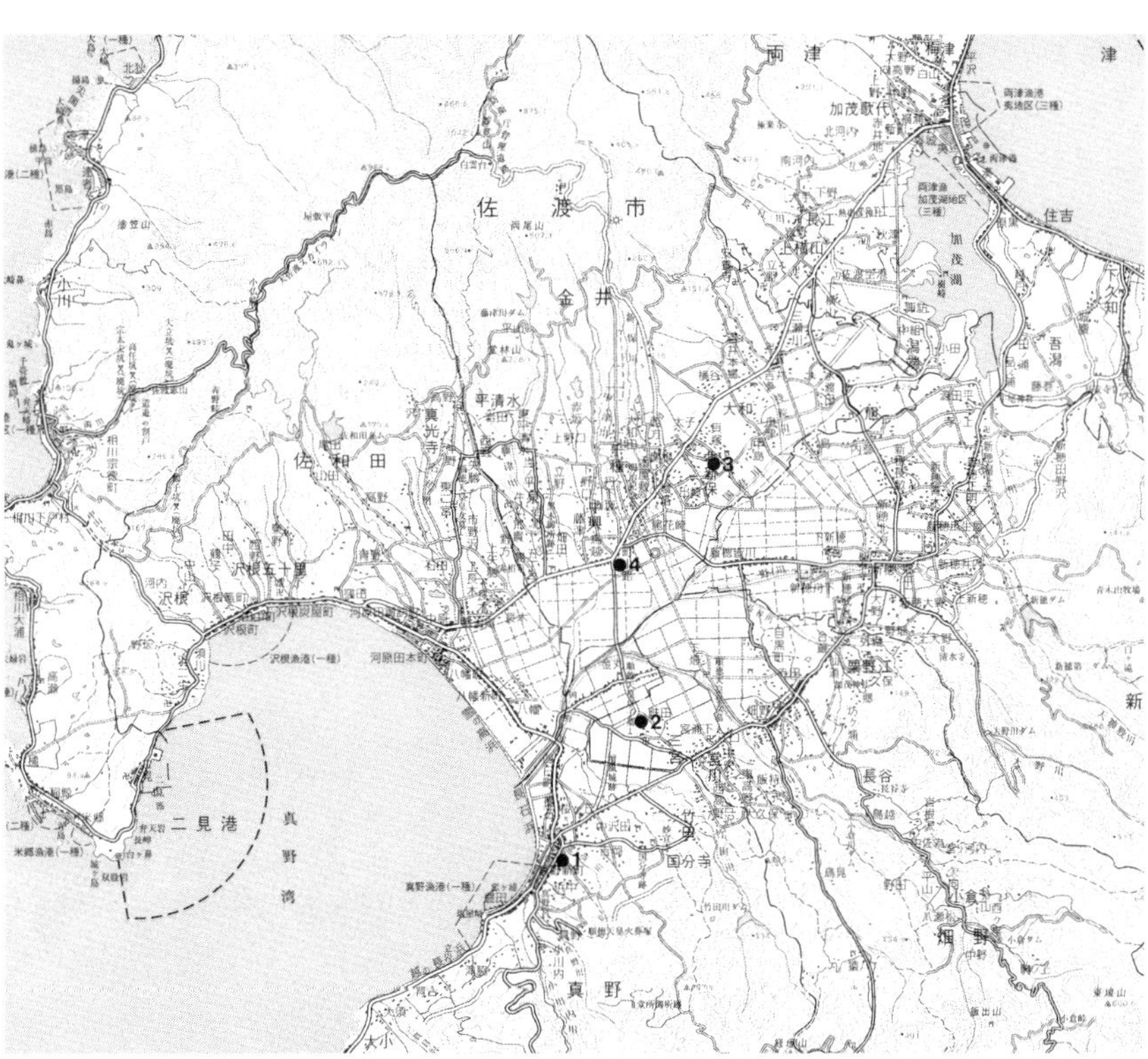

地図２：佐渡の貝塚（佐渡市教育委員会提供）

るのは理に適って理解しやすい。「佐渡」の地名は、住む人が名づけたのであるから、当然この湾入がかかわることになる。（地図２）

縄文海進の最も海面の高くなった時代は縄文中期、このとき国仲のどこまで海水が湾入したかは、明確な解がないとしても、「堂の貝塚」が旧金井町貝塚にあり、縄文中期の遺跡であることに驚かされる。つまり、縄文中期、五～六千年前、この貝塚遺跡の台地の足下には豊かな海水が淡水の流れを受けて存在し、縄文人たちの食と生命を支えていたことになるのである。また、現在の真野湾に近い「藤塚貝塚」（縄文中期）の場合の堆積物をみてみると、「動物の骨＝イノシシ・（猪）・ニホンジカ（日本鹿）・ほか。鳥類の骨＝いろいろ雑多。魚類の骨＝同右。貝殻＝サドシジミ（佐渡蜆）・カキ（岩牡蠣）・ほか。」である。縄文期、佐渡にも猪・鹿がいたことがわかり興味深い。鳥や魚の骨もあるが、主体はサドシジミであるという。この貝は真水と海水の混じる汽水の水域に生息する貝なのである。国仲平野の貝塚は、他にもあってこれらを一覧にすると次のようである。

1	藤塚貝塚	旧真野町新町	縄文中期
2	三宮貝塚	旧真野町三宮	縄文後期
3	堂の貝塚	旧金井町貝塚	縄文中期
4	城の貝塚	旧金井町泉	縄文後期

前述したように、これら貝塚の主体はいずれもサドシジミである。また四つの貝塚の位置を地図に落とすと地図２のようになる。このほか吉岡（旧真野町）などにも貝塚はあったらしいが、これら南と北の各点を線で結ぶと、かつての真野湾の湾入、つまり縄文海進時代の海岸線が浮かび上がって見えてくる。湾入は、現代の地図で、およそに見て真野町・宮川・畑野・新穂・旭・舟津・金井・河原田を結んだあたりと思われる。太古の国仲平野は、海だったのである。

(2)「さわど」地名調査から

この海岸線がその後の地球の寒冷化とともに海水が引き始める。このとき、きれいに一斉に引くはずはなく、長い年月をかけて徐々に引いてゆくのであるから、あちこちに水たまりが残ったであろう。この水たまりは基本的には「さわ」であるが、これをこの島では「さわど」と呼んだと考える。「ど」は「所」の意で、場所のこと。つまり「さわど」は「沢の所」「水辺の所」の意である。国土地理院の地形図にこの「さわど」と、これが清音化した「さわと」もあるので挙げてみると、

沢渡　さわど　長野県木曽町・長野県白馬村
沢渡　さわと　鹿児島県村田町
沢戸　さわと　長野県大鹿村・宮城県村田町・埼玉県吉田町・埼玉県児玉町・愛知県東栄村

などがある。この中には平場でなく山谷の「さわ」にかかわるものも当然あると考えられるが、名づけの心は同じで「沢の所」である。ところが「沢渡」と書いて「さわんど」と発音しているところもある。

沢渡　さわんど　長野県伊那市沢渡　天竜川左岸、三洲街道沿い
JR飯田線［岡谷〜飯田］の沢渡駅（写真3）
沢渡　さわんど　長野県松本市安曇沢渡
（旧南安曇郡安曇村沢渡）
梓川右岸、国道一五八号沿い

（注）「渡《ど》」は「所・処」とも書くべき語で「わたる」意はない。（写真3）

写真3：JR飯田線沢渡

これらサワンドはサワドの古い発音を今に残したもので、古い地名を考える上では極めて重要な事例である。これは、越後に多い「さんべ」地名が、かつては「さわんべ」と発音されていたとする考えと規を同じくするものである。「さわべ」については、『新潟県の地名』（野島出版・一九九六年刊）の拙稿「新潟県の古代地名」3.山辺《さんべ》に、阿賀北のサンベ・頚城のサンベ・各地のサンベ、と詳述しているので参照されたいが、「さわべ」は「沢辺」で、「水のほとり」のことと、説明するにとどめたい。県下各地に存在する地名である。その「さわべ（沢辺）」と「さわど（沢渡）」の転訛の仕方を併記してみると、

呼称	呼称の転訛	転訛後の表記
沢辺（さわべ）	さわんべ→さんべ→	〈さべ〉（三辺・山辺・三兵など）
沢渡（さわど）	さわんど→さんど→	〈さど〉（佐度・佐渡・佐土など）

（注）サベ地名には、村上市の《山辺里《さべり》》などがある。

のようになる。結論まで導いた形になったが、「さわんど」はやがて「さんど」となり、そしてついに「さど」となるのである。「さんど」→「さど」の転訛はすでに、「西洋人の描いた日本地図」で見た通りで、「ＳＡＮＤＯ」→「ＳＡＤＯ」と明確である。問題は古代の「佐度・佐渡・佐土」であるが、これも耳に聞こえる

音は「SANDO」であったと考える。
余分な「N（n）」音が何ゆえに介在するのか。すでに述べたこととも重複するが、本稿のカギとなる事項なのであえて再考すると次の通りである。
われわれは「D」音を発音しようとするとき舌の上面を硬口蓋に押しあてて呼気を停止する。同時にそれを鼻から漏らすのである。このとき自然に発する音がこの「N（n）」音で、意図的な発音ではない、言い換えれば言葉ではない。従って日本人はこれを表記しなかった。しかし西洋の人たちはこれを聞こえたままに「N（n）」と表記したのである。この呼気の停止と鼻からの漏れは、言葉をゆったり発音するときに起こるもので、古代には存在し、せわしない今日の会話などでは消滅したと考えられる。これは、現代の人たちは呼気を漏らす間もなく「D」音が発音できるよう早口の訓練をつんだ結果と言ってもよかろう。この「N」音有無の時代的な境目は、中央（京都など）では十八世紀の初頭ごろ、人により地方により異なるから、岩船地方などはいまも「SAnDO」と発音する老人は少なく無い。村上市大栗田の「鳥追い」のわらべ歌でも「さンどしまへホーイホイ」と歌われている。この鼻にかかる発音（鼻音）は、東北方言の特徴でもあるが、後述する秋田県昭和町大字佐渡の地元発音は現在も「さんど」である。

（3）「佐渡」以外の佐渡地名調査から

それならば、「佐渡」という地名は他にはないのかと問われそうなので、ここに書き添えたい。県内に類似の地名では「佐渡山」と「佐渡小屋」がある。

［県　内］
佐渡山　燕市旧吉田町。地名辞典には、戦国期に見える地名などとあるが、地名の誕生はもっともっと古いと考えられる。小さいが、中世の城跡などもある歴史を感じさせる集落である。「山」はつくが山などはない。耕地を「やま」という方言もあるので、その意からかとも考える。一方、河流に押し出された小山のような土塊などが、かつてあったのかも。そこはよく分からない。だが一帯は、現在は全くの水田地帯で低湿地、西川と大通川に挟まれているという「さわど」の地が「さど」に転訛して生まれた地名であろう。
佐渡小屋　弥彦村矢作《やはぎ》の中の小集落。古い西川、御新田川の落ち合いのような低湿地に立地する。その「さわど」に生まれた田小屋を佐渡小屋と呼んだものであろう。

［県　外］
佐渡山　長野県戸隠村にある標高八二七・六メートルの山。妙高山と戸隠山のなかほどにある。由来は地元でも分からないらしいが、東麓に「大ダルミ」の名をもつ湿地帯があり、春にはミズバショウが咲くという。北麓の、霧ヶ峰牧場から信濃に延びる遊歩道東側にもかなり広い「赤ヤチ」と呼ばれる湿地帯が見られる。山名はこれら湿地帯の「さわど」から、サワドを持つ山の意で付けられたものではあるまいか。
佐渡　山形県鮭川村大字佐渡。最上川の支流鮭川中流左岸にある（地図3）。地元誌は中山襄太のサト（狭門・迫門）説を挙げるが、集落の北を沼前川（沼の前を流れる川の意）が流れ、集落西南にはかつて白髭沼（白髭は洪水の霊神）があり、沼前川は、その沼の北側のへりを流れていたのである。旧沼の南岸に白髭神社があるが、奥の院は田の中（旧沼の中）にあるという。また『角川地名大辞典』（山形県）は「穀倉地帯である鮭川はしばしば洪水に襲われ、流路もたびたび変わって今日に至っている」とし、地元役場によると白鬚沼跡の耕地整理は平成に入ってからと言う。佐渡集落はそうした低湿地（平常時は田地）「さんど」に囲まれた高台に位置する集落なのである。（地図３）

谷内佐渡　秋田県秋田市広面字谷内佐渡《やないさど》　広面は秋田市の東部、秋田大学医学部などがある。谷内佐渡は同医学部の南五〇〇メートルにあり、蛇行して流れてきた大平川の右岸、同川の旧支流とおぼしき枝川との合流点の近くにある。大平川の蛇行はかなり甚だしく一帯がこの川の氾濫原であったことを思わせる。それにかかわると思われる地名は谷内佐渡の北と南に「碇《いかり》」（注）があり、谷地沖・蓮沼・前谷地などの湿地地名が碇を含めておよそ径五〇〇メートル地内に点在している。谷内《やない》自体、湿地を意味する「ヤ」をもち、信号の谷内佐渡が２箇所、バス停に谷内佐渡上丁・

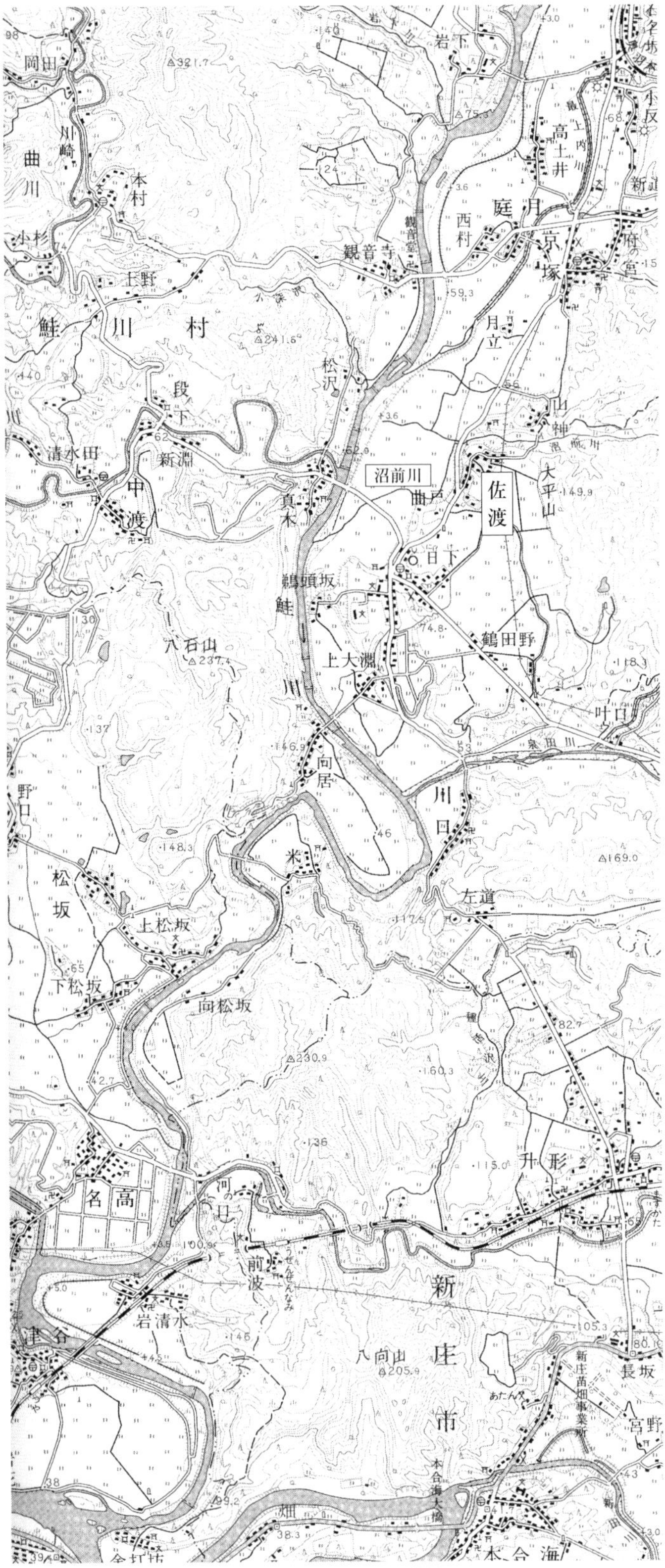

地図３：山形県鮭川町佐渡

谷内佐渡中丁が見える、かつての湿地のただ中に位置するのである。この佐渡も湿地（それ以前は水辺）を呼んだ「さわんど」「さんど」の遺した地名であろう。

（注）イカリは、増水また水のあふれる意で、「碇」は当て字、湛水地・冠水地のこと。

佐　渡　秋田県潟上市昭和八丁目字家ノ後。　馬踏川《ばふみ》中流左岸に位置し戸数十三戸の集落。馬踏川は川幅六〜七メートルだが改修前は暴れてよく集落を水に浸した。集落出身の同市職員K氏（昭和39年生）によれば、昭和五十年ころの洪水で、自家は床下浸水、隣家は床上の浸水だったという。かつての川跡か付近に小沼も残る低湿地（地図4）。地名は「さわんど」の転訛であろう。この集落では今も佐渡は「さんど」である（K氏直話）。

参考までに付言すれば、アワビ（鮑）を秋田ことばではアンビという。これは、はじめ「あわんび」と呼んでいたものが、のち「あんび」となったものである。

（4）「雑太郡と雑田郷」再考

最後に、わが佐渡の「さわた（雑太・雑田）」について触れておきたい。

すでに見たように当初、佐渡国は初め「雑太《さわた》郡」一郡であった。これが佐渡は雑太に由来するのではと考える人の多かった理由である。しかしサワタがサドになっても、サドはサワタにはなり得ない。だから「佐度」があってその郡として「雑太」が後出することは、サドはサワタからではないと考えるのが自然である。それならサワタの由来は何か。

縄文海進の海水が引いてサワド（沢渡・水たまり）ができ、これがサワンドを経てサンドとなった。この転訛は八世紀にはすでに終わっている。その始まりは不明であるが、上越市頚城区の「さんべ」の場合、昭和五十九〜六十年のボーリング調査の結果、二九八〇年前までは、現在サンベと呼ばれている古保倉川に川水が流れた痕跡が認められるという（『頚城村史』）。であれば「さわべ」「さんべ」の呼称はその後であろう。ここからは、推測の域を出ないが、たとえば今から二〇〇〇年前後頃には、古保倉川は完全に水たまりになり、それらがサワンベ・サンベ（沢辺）と呼ばれたかと考えられる。佐渡島の「さんど」も同じ低湿の地名であり、地理的にも語形も近いから、転訛も類似して同じころ同じように起こったとしたら、この島の「さわど（沢渡）」も弥生

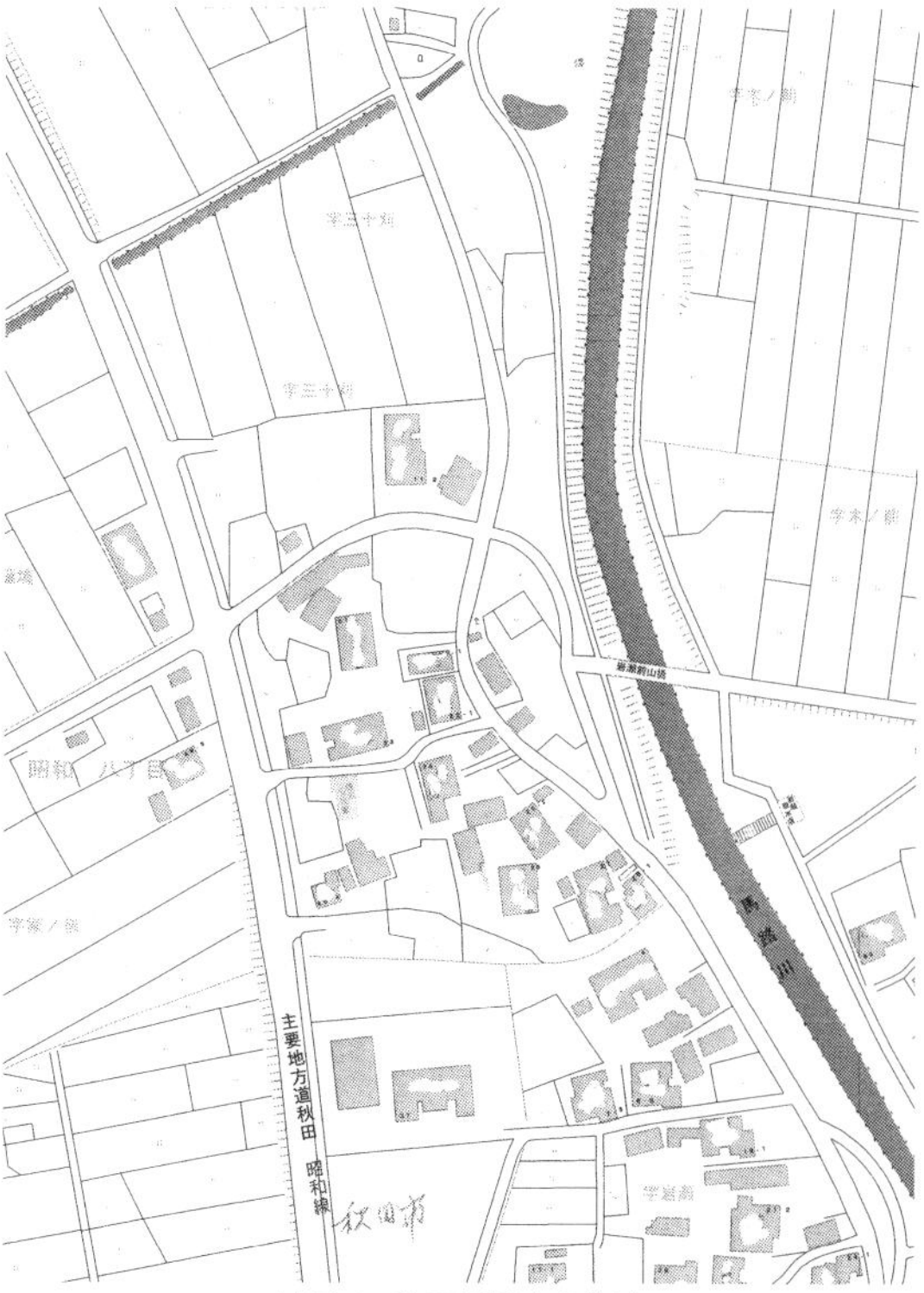

地図4：秋田県潟上市佐渡

時代中期ころには、「さわんど」を経て「さんど」となり、八世紀の『古事記』『日本書紀』には立派に「佐度」「佐渡」と表記されて登場することになった、と考える。ちなみに神話に出てくる「佐度」も、八世紀の所産で、「佐度」「佐渡」の表記の新旧はいえないことになる。

この「さんど」の命名者は貝塚を作った縄文人ではなく、縄文人がむしろ苦手としていた低湿地に関心をもつ弥生人であったろう。農耕民族であった彼らは、米作りのできる低湿地を求め、これに住み着き開田したのである。これが「さわた（沢田・雑太）」であり、『日本書紀』に佐渡国が現れる文武天皇四（七〇〇）年には「雑太郡」も成立していたと考えられる。その後『続日本紀』養老五（七二一）年の条に「佐渡国雑太郡を分けて始めて賀母、羽茂二郡を置く」とあり、佐渡はここで三郡となる。一〇世紀の『和名抄』には雑太郡八郷が載り、そのなかに雑田郷があるが、「雑田」には「佐波多（さはた）」と訓みが付されている。ちなみに『広辞苑』に「さわだ」を引くと、

> さわだ【沢田】 冬・春の頃、水のたまった田。沢辺にある田。

とある。まさに、そうした田地が「さんど」の地に出現したのであろう。なお雑太郷の雑田を「大日本史国郡志」は旧真野町竹田の中沢田を遺称地としているが、『大日本地名辞書』は、「雑太郷」にかかわって「竹田郷」を次のように述べている。

> 此郷は中世雑田郷と混じ、府中の邑内たり。府中は国府川の南北に渉り、後世惣名沢田府中と呼び、竹田の郷名亡びたり。然れども和名抄二郷の区分は大略東南を竹田、西北を雑田とせる者とす。竹田蓋し高田の義、雑田は沢田の義なれば、地形を見て其の往昔を想うに足る。

竹田・雑太二郷を混じて、後世惣名を「沢田府中」と呼んだことが見えている。雑田郷は、竹田郷の北、三宮（旧畑野町）・八幡（旧佐和田町）・金丸（旧真野町）の辺りであるとも推考するが、サワタを一地点でなく広くとらえているところが、すばらしい。と言うのは、「さわど（水辺の所）」は、海水の引いたあと、現在の国仲平野にできた無数の水辺の総称とも受け取れ、原初の国仲の呼称ともとれるから、それを耕して田地とした雑田も当然、ある広がりをもっていて然るべきで、旧真野町の中沢田などと限定して考えない方がよいように思う。「雑田（さわた）」は「数多くの田」の意とも取れる和語でもあるからである。

国仲平野には国府川が流れる。流域には条里制の遺構が見られ、新穂玉造り遺跡があり、佐渡国府関連遺跡として下国府（しもこう）遺跡が存在する（写真4）。また国分寺（旧真野町）には佐

写真4：史跡・下国府遺跡

渡国分寺跡も遺る。佐渡の古代は国仲から起ると言うがごとくである。よって、佐渡は、「さわど」からくるとの地名解が成り立つのである。

五、結論

以上、従来説を検証し、考古学、地質学の成果を取り入れて、筆者が、どのように「佐渡地名解」の新考「さわど」説に至ったのかを論じてきた。分かり易くその要点をまとめると以下の通りである。

縄文海進のころ国仲平野には海水が大きく湾入していた。それは、地質学、考古学、また多くの貝塚の分布が証明している。その後、地球は寒冷化し、海水湾入の後退をもたらした。海水後退のあとにはあまたの沼沢が残った。

この沼沢帯を「さわど（沢処）」「さわんど」と呼んだと考える。これが「さんど」と詰まり、後に「佐渡・佐度・佐土」と表記された。

江戸中期以降、中央では表記は変わらず、発音は「さど」となった。

郡名雑太は、「さわど」が開田された田地「さわた」による。

会員の皆様の大方のご批判をお待ちします。

（なお、本稿は、『佐渡郷土文化』第１４４号の拙論「「佐渡」という地名　新考」をもとに加筆修正したものである。快く転載を許可していただいた同誌主宰の山本修巳氏に感謝申し上げる。）

（新潟県地名研究会会長）

地名と地域

―地理学・地理教育の立場から

特集企画にあたって ―― 編集担当からひとこと

小林 汎

「地名」と「地域」は切っても切れない仲にある。地域を離れて地名は存在しえないからである。「地域」と「地理学・地理教育」は、身近な地域、日本、世界とスケールが違っても、ごく自然な関係、いわば兄弟・姉妹のような関係にある。

「地名」と「地理学・地理教育」の関係はどうであろうか？当然のことながら地名の出てこない地理学・地理教育は考えにくいが、「地名」をどのように扱っているかを考えると検討すべきことが多々ある。地理教育での地名の扱いが、一言でいえば、場所を示す記号としてしか扱ってこなかったきらいがある。地名から地域を読み解くような実践がされてきたかといえば心もとない。地名が発するメッセージを受け止めた「生きた地名」の扱いではなく、記号いわば「死んだ地名」として扱ってきたきらいがある。もし、疑問に思う向きがあれば、地理の教科書を読んでみると氷解するであろう。

一方、地理学者は、千葉の言葉を借りれば「これまで地理学の側では二、三の先人をのぞいて積極的に地名を地理学的に研究しようという試みは乏しかったといってよかろう。……他方で郷土史の研究で地名が重んじられるために、また、その一部の研究にどう見ても牽強附会に近い論がみられがちなために、地理学のように科学の一部門であろうとする立場で研究する若い学徒からは、回顧的情緒に動かされた老人のなぐさみのようにみなされるきらいがなかったとはいえまい」（千葉徳爾『新・地名の研究』（古今書院、一九九四・八））と述べているように地理学者特に若手の研究者は地名とは無縁であったようだ。

地理学、地理教育が、地名を「死んだ地名」としてではなく、「生きた地名」として扱うことは、今日的な課題である。

今回の特集は、以上に述べた問題性を、地理学、地理教育関係者から切り込もうとする企画である。

北海道大学名誉教授小野有五は『Active Geography たたかう地理学』（古今書院、二〇一三・四）を著した〝たたかう地理学者〟であり、行動する環境学者である。市民とともに、マイノリティの立場に立って地理学の社会的役割を果たすべく活動してきた。小野の論考「アイヌ語地名の併記を求めて二〇年」は、アイヌ語地名を「並記」すればよしとする日本人の一般常識に鋭く問いかける。日本人のなかに意識化されずに存在している差別意識を問い直す必要を語る。わが心に問いかけながら熟読して欲しい。

谷川健一は「アイヌ語地名の特色は、土地の形状や生活がきわめて忠実に描かれているということである。アイヌ語地名には文飾がない。比喩や言い換えもない、つまり、日本の地名の中で、最もウソをつかない地名ということができる」と述べ、「北海道や東北地方の北半分は、おびただしいアイヌ語地名で埋めつくされている。このアイヌ語地名はそこで、かつて日常的に使われていたものであり、アイヌ語を話す人々が生活していた時代があったことを明らかに示している。このことは日本列島には日本語のほかにアイヌ語を話した民族が住んでいたことの証明である。心ない政治家が日本は単一民族国家と発言したが、それが事実に反することは一目瞭然である。単一民族国家という謬論を打破できる最大の武器は、北海道や東北地方のアイヌ語地名である」（谷川健一『列島縦断 地名逍遥』冨山房インターナショナル、二〇一〇・五）と語る。

日本の近代化、明治政府はまさに欧米列強が行った植民地支配と同様なことを北海道や沖縄に対して行ってきた。北海道についていえばアイヌ民族を消し去ることである。「消し去る」には二重の意味がある。文字通りアイヌ民族の生存を否とするだけではなく、アイヌ民族の文化、アイデンティティを消し去ることに熱心であった。アイヌ語地名を漢字に置き換えていったこともその一つであろう。

蟻川明男は、外国地名研究の代表的研究者である。『世界地名語源辞典』（古今書院）をはじめ地名語源に関する著作を世に出している。今号ではインドシナ半島の地名について、その語源を丁寧に論じている。世界地理や世界史学習で登場する地名なので、読者も聞き覚えがある地名があると思うが、その地名の由来から地域を見直すと新たな発見があることを読者も読んで感じることであろう。学校教育において、教える側の不勉強もあるが、地名の由来と地域の歴史や地理を結びつけてダイナミックに扱う実践は少ない。世界の人名と同様に地名への関心を持ってほしいものである。これまで『地名と風土』において、世界各地の地名を正面から扱った論考はなかったのではないか。日本地名研究所の活動も日本国内だけではなく世界に視野を広げての地名研究が、グローバル化した社会において大切なことであろう。

藤本一美は、日本の鳥瞰図研究の第一人者である。自らも鳥瞰図を描いている。「地図と地名—鳥瞰図の魅力からわかること—」は、タイトルが示すように読者に鳥瞰図の魅力を知ってもらうことにある。鳥瞰図には地名をはじめ様々な情報が描かれている。しかも描き手によってさまざまなデフォルメ（誇張）があり、それが読者の想像力を掻き立てる。国土地理院発行の地形図などとは違う地図を眺める楽しさを感じ取ってもらえればと思う。

相原正義は流山市立博物館友の会の活動

をはじめとして、流山や柏の地域に根ざした活動を続けている文化人、地理教育研究者である。社会人講座で流山市の歴史的地名改変を具体的に展開しながら地名改変の問題性について論じる。この問題は流山固有の問題ではなく、日本全国での地名改変にも通底する問題である。

谷川は「日本の地名は場所を示す記号として出発したのではなかった。日本では地名には土地の精霊が、つまり地霊が宿るものと信じられた。地霊の表白が地名であった。……したがって、その地名を尊重することはその土地に畏敬を払うことと同じ意味を持っていた。このような地名への敬意が失われたのは、近代になってからがいちじるしい。」（同上）と述べるが、日本社会が地域への敬意を払わなくなって久しい。その間、日本各地で「地域の地方化」が進行し、地域の衰退・崩壊が進行している。

竹本伸は、広島県人であり、広島カープの大ファンである。それはさておき、二〇一四年の広島市安佐南区の土砂災害は記憶に新しい。昨年の『地名と風土』一一号において「特集1 災害地名とまちつくり―地形研究者としてどうかかわるか―」を組んだが、その続編と思っていただきたい。竹本は今回のために現地調査を行い「広島土砂災害地域に残る地名と伝承」を執筆してもらった経緯がある。（地名談話室に掲載）

谷川は、「こうした地名の警告に真摯に耳を傾けることは、われわれが自然的存在であることを確認することにほかならない。自然は人間にとって、恩恵にみちた相手である一方では、ときには抗し難い暴力で襲いかかる脅威を兼ねた存在である。このことをあらかじめ知っておくことは、自然に対する人間の驕慢を防ぎ、人間を謙虚にするのに役立つであろう」（谷川健一『地名は警告する 日本の災害と地名』（冨山房インターナショナル、二〇一三・三）と述べたが、安佐南区の土砂災害を教訓として、異常な自然現象に対して災害を繰り返さぬように防災意識を高めて欲しいものである。

コラム「沖縄の地名と文化」の松永和子は、沖縄を愛する人である。沖縄に数えきれないほど通い、第二の故郷となっている。本土の人に現在の沖縄をどのように知ってもらったらよいかの視点で書いてもらった。地名から沖縄の歩んできた道が見えてくるし、北海道のアイヌと同様な問題や戦後の米軍による統治がもたらしたこと等が浮かび上がってくる。一度沖縄を訪ねてみようと思ってもらえれば幸いである。

関信夫のコラム「『おもしろ半島ちば』の紹介」は、関らが中心となって地方紙「千葉日報」に連載してきた記事を本にまとめたものの紹介である。普段見慣れた地域でも見過ごしていることを再発見して、地域をとらえなおすきっかけになっている。千葉の地名の焦点を当てて紹介してもらっているが、地名から千葉の「地域再発見」を実感できると思う。機会があったら本を購入して読んでほしい。

今回の特集は、大学で地理学ないし社会科教育を教えてきた者、高校の現場で地理教育を教えてきた者に執筆してもらった。地理学会や地理教育関係者全体から見ればマイノリティの地理学者、地理教育者であるが、地名と関わってどのような実践をし、どのようにとらえているのかを各論考から読み取ってもらえれば幸いである。これまでの『地名と風土』とは一味違う地理関係者からの地名に関する論考になっていると自負しているが、読者の方の判断を仰ぎたい。

沖縄の地名と文化

地名と姓の名称の一致は、全国的には八割程度といわれる。沖縄の場合、その一致はさらに高いと推定される。沖縄の姓のランキングの上位を占める比嘉、金城、大城、宮城、新城、上原などは、沖縄でよくみかける地名でもある。地名（姓）のなかでも、「城」（グスク、グシク、スク）がつくものが多い。城《しろ》を示すだけでなく、御嶽《ウタキ》＝祭祀の場や聖地を意味することもある。また、島々には地名の最後に「間」がつくものもみられる。場所や島という意味があり、波照間島、慶良間島、多良間島、鳩間島、池間島などで、波照間島は「果ての島」の意味をもち、最南端のイメージが表れている。

沖縄の地名は難読か

沖縄の地名は、発音に漢字をあてたものが多い。そもそも琉球語は日本語と異なり、母音が「a」「i」「u」の3つで、「e」は「i」へ、「o」は「u」へ変化することが多い。「心」は「kukuru」に、「雨」は「ami」となる。又、東西南北の読みも、東《アガリ》、西《イリ》、南（フェー、ハエ）、北《ニシ》と特徴ある読みである。東崎《アガリザキ》、西表島《イリオモテ》、南風原《ハエバル》、北山《ニシヤマ》などである。ルールを知れば、想像を働かせることができるだろう。

日本への同化政策と地名

沖縄ではかつて日本への同化政策が進む中、地名・姓名の読み方を琉球語読みのままにするか、日本語読みに変えるかの議論があった。難読地名の一つ「北谷＝チャタン」は琉球語読みが残された地名である。日本語読みに変更されていれば、「キタヤ」「キタタニ」となっていただろう。一方、普天間飛行場が位置する宜野湾市は「ギノワン」と読まれるが、日本語読みに変更された例である。元々は「ジノーン」と琉球語読みであった。強制ではなかったが、日本への同化を急ぎ、あえて変更した地名もあった。「ジノーン」は現在ほとんど使われないが、筆者もよく利用する宜野湾市内の品揃えの多い古本屋の名前「じのん」に残されている。琉球語読みの響きは柔らかく、暖かささえ感じられる。

アメリカ世《ユー》でうまれた地名

国内唯一のカタカナ自治体が沖縄にはあった。コザ市（一九五六年七月〜一九七四年四月）である。第二次大戦後、沖縄は米軍統治（一九四五〜一九七二年五月一五日）となる。極東最大の嘉手納基地のメインゲートがある越来（ゴエク、ゴイーク）村は基地の街に様変わりし、「コザ市」と名称が変えられた。そもそも「コザ市」の語源は何だろう。越来村の中心地の胡屋《ゴヤ》を米軍が聞き間違え、ローマ字のスペルも間違えて「ＫＯＺＡ」と表記し、漢字をあてず「コザ市」としたといわれる。嘉手納基地のゲート〜胡屋十字路周辺はゲート通りと呼ばれ、飲食店・衣料品店など米軍人相手の店が軒を連ね、アメリカ世（米軍支配）の象徴的な存在となっていった。ヴェトナム戦争の時期（一九六〇〜一九七五）、コザ市の収入の八〇％近くを基地関連収入が占めていたといわれる。そんな中、一九七〇年一二月二〇日、米軍人が民間人を負傷させた交通事故の処理に端を発した米軍車輌焼き討ち事件「コザ事件」は「コザ」の名を日本中に知らしめた。米軍占領下の沖縄県民の怒りが爆発した事件であった。一九七二年の復帰後、一九七四年一月コザ市は美里村と合併して、新しく「沖縄市」が誕生した。基地依存経済からの脱却を図ることをねらいとしていた。ただ、現在もコザ高校、コザ十字路、銀行などの支店名として残されている。

（松永和子　法政大学非常勤講師）

参考文献：
「地名を歩く」南島地名研究センター編著
「沖縄　地理・地名・地図の謎」安里進著
「南島地名考」田名真之著

アイヌ語地名の併記を求めて二〇年

小野有五

一、はじめに

北海道の主要な河川には、北海道や北海道開発局により、写真1に示すような看板が設置されてきた。まず漢字で河川名を大きく示し、その下に小さくアイヌ語地名とその意味が書かれている。「この看板はいい看板ですか?」と聞くと、ほとんどの人は、「アイヌ語もちゃんと書かれていて、意味もわかるし、いい看板ですね」と答える。確かに、アイヌ語の表記などまったくなかった昔の看板に比べれば、これはアイヌ民族にも配慮した「いい看板」ということができよう。しかし、実はそこに、現代の日本社会における「見えない差別」があることに多くの人は気づいていない。

世界の先住民族が三年に一度、集まり、先住民族の立場から、先住民族の教育について議論、交流するWIPCE（World Indigenous Peoples' Conference for Education）という大きな催しがある。

写真1：アイヌ語地名を小さく表示している現行の差別的な看板

二〇〇六年に、アオテアロア（ニュージーランド）で開催されたこの催しに参加し、アイヌ民族の権利回復についての発表のなかでこの看板の写真を見せたとき、マオリの人たちが口にしたのは、"institutional discrimination"という言葉であった（1）。直訳すれば「制度的な差別」という意味である。それは、条文化された「制度」による差別という意味ではない。多数派（マジョリティ）によって暗黙のうちに当然とされ、あたかも制度化しているような差別という意味である。

日本ではアイヌはつねにマイノリティ（少数派）であるが、大多数（マジョリティ）の日本人は、自分たちの文化や言語や優先されるのが当然であると暗黙のうちに考えており、それがそのまま、このようなかたちで表現されるのである。つまり、日本では日本人がつけた日本語の地名だけを使えばいいのであり、アイヌ語地名は付け足しのように書いておけばいい、ということだ。そこには、アイヌ語地名は現在の日本語地名の「語源」に過ぎない、という含意もあるだろう。アイヌ語地名を名付けたアイヌも、地名に使われているアイヌ語も、日本においてはすべて「過去」の存在であって、いまはもうアイヌもアイヌ語も（公には）存在しないのだという、多数派日本人による集団的な含意が。

それがすなわち、現代における「アイヌ差別」ということだ、ということに多くの人は気づいていないのである。だとすれば、まず、アイヌ語地名を日本語の地名と対等に併記することが、平等な社会を実現するうえでの第一歩になるのではないだろうか。地名というものは、大人でも子どもでも、誰でも日常的に使うものである。それをまず平等に扱うことが、先住民族であるアイヌの言語や文化、そして権利を回復するうえでも最初に求められるのではないだろうか。

そのような思いで、「アイヌ語地名の併記」を求める運動を始めたのは一九九七年秋のことであった(2)。その年の五月には、一八九九年から百年近くの存在していた差別的な法律、「北海道旧土人保護法」がようやく廃止され、新たに「アイヌ文化振興法」（正式には、「アイヌ文化の振興ならびにアイヌの伝統等に関する知識の普及及び啓発に関する法律」）が設定された。この法律の第三条第二項には「地方公共団体は、当該地域の社会的条件に応じ、アイヌ文化の振興等を図るための施策の実施に努めなければならない」と書かれている。それを受けて、北海道が施策の一般公募を行ったとき、アイヌ語やアイヌ文化の専門家でもない自分に何ができるだろうと考え、地理学の立場から、まずはアイヌ語地名を併記してほしい、と提案したのである。実際、先住民族マオリと英国系植民者の子孫たちとの平等が実現されつつあるアオテアロア（これも、英語地名のニュージーランドに対して使われるマオリ語地名である）では、写真2のように、完全に平等な地名表記・表示がなされている。

それから、二〇年が過ぎようとしている。運動を初めたとき、ちょうど谷川健一さんが釧路に講演に来られていることを知って、駆け付けてご意見を伺ったこともあった。初対面で、事前のお約束もないまま、お休みになっているホテルのレストランにおしかけてお目にかかったのだったが、大いに賛同してくださり、その後も、いろいろと力になってくださったことは忘れられない。本論は、そのような谷川さんへの、二〇年後のご報告のようなものである。

二、アイヌ語地名を併記した看板の実現

一九九七年に始めた運動は多くの人の賛同を得、北海道や開発局に働きかけた結果、北海道は、一九九九年に「アイヌ語地名普及会議」という委員会を設置して、アイヌ語地名を調査、今後、看板には必ずアイヌ語地名を入れる、という方針を決定するに至った。しかし、その調査にはわずか一年半しかかけられず、きわめて不十分なものであった。そのうえ私たちが求めた「平等な併記」は、密室のなかの会議で否定されてしまい、実現しなかったどころか、その後も写真1のような不平等な表示が定着化してしまったのである。

しかし、二〇〇〇年になると、旭川市が、同じく「アイヌ文化振興法」の第三条第二項に応えるために、旭川市における「アイ

ヌ文化振興基本計画」を策定する委員会を立ち上げ、そこに私を委員として呼んでくれる、という出来事があった（3）。委員会のなかの互選により座長に選ばれたので、旭川市内にアイヌ語地名を平等に併記した看板を設置することを提案し、さいわい多くの委員の支持を得ることができた。その結果、設置にむけての作業部会をつくることになり、当時、旭川博物館におられたアイヌ語学者の魚井由吉さん、旭川在住のアイヌ語地名研究者、由良　勇さん（4）、アイヌ語地名研究の第一人者だった山田秀三さんに師事され、「旭川新聞」に「旭川のアイヌ語地名研究」という連載をされている高橋　基さん、北見の伊藤せいちさん（5）、そして、地元のアイヌである川村兼一さんと杉村フサさんに委員になっていただいた。アイヌ語地名の併記を提案した私自身は、地理学の研究者ではあっても、アイヌ語地名についてはそれまでまったくの素人であったから、長年、アイヌ語地名に関わってこられたこれらの方々に参加していただけたことは、まことに僥倖であった。

二〇〇一年七月に開催された第一回目の委員会では、併記を優先すべきアイヌ語地名として、「確実なアイヌ語地名」、「日本語地名との違いが大きく、とくにアイヌの人たちが、もとのアイヌ語地名にもどしてほしいという要望が強いアイヌ語地名」、「人の目にふれやすい場所のアイヌ語地名」をあげた。市の担当者からは、「市の土地に看板を立てられるようなアイヌ語地名」を優先したいとの要望もあった。看板を立てたくても、民有地などでは勝手に看板を立てられないからである。

委員会で問題になったのは、当然のことながら、「確実なアイヌ語地名」とは何か、ということであった。高橋さんからは、「歴史的・資料的に確認できる地名」、「位置が特定できる地名」、「アイヌ語法に合致した地名」、「意味や由来が説明可能な地名」、「古老などからの伝承があり、旭川市のアイヌ語地名として妥当な地名」という五つの条件が提案された。ここにいう「資料」には、松浦武四郎の著作（とくに『丁巳日誌』、『戊午日誌』、『東西蝦夷山川地理取調図』）、永田方正の『北海道蝦夷語地名解』、知里真志保『上川郡アイヌ語地名解』、陸地測量部の明治30年『北海道仮製5万分一図』、『旭川市史』（第1巻、第4巻）、『新・旭川市史』（第1巻、第6巻）、山田秀三『アイヌ語地名の研究』などを含めるべきである、というのが由良さんからの意見であった。これらを基本方針として、まず約30のアイヌ語地名を選定し、それらの優先順位を議論しながら、順次、看板をつくっていくことになった。

最初につくった看板が、「チカプニ・近文」

写真２：先住民族のマオリ語地名と、英語地名を平等に併記しているアオテアロア（ニュージーランド）、アオラキ（マウント・クック）国立公園；テ・ワヒポウヌム（南西ニュージーランド）世界遺産地域の看板

（写真２）と、「チュペッ・忠別川」（写真３）の２つである。二〇〇三年のことであった。ちょうどこの年は、チカプニで暮らした知里幸恵の生誕百周年にもあたっており、アイヌ語、アイヌ文化の復権に命をかけた彼女の生誕百周年を祝うにふさわしい出来事にもなった。予算が限られていたため、「チカプニ・近文」の看板は、地下から支柱を立てた正規の看板にすることができず、近文小学校の校門わきのフェンスにくくりつけて作る、という苦肉の策で対処することになったが、結果的には、毎日、登校してくる子どもたちに見てもらうには、それが最適な場所であった。その後も、やはり予算の制約から、１年に１〜２基というゆっくりしたペースであったが、二〇一七年までに35基の看板を立てることができた。これらのすべての看板は、それが建てられている場所の地図とともに、旭川市のウエッブサイト（６）に掲載されている。

「確実なアイヌ語地名」といっても、実際には研究者によって複数のアイヌ語地名が提唱されていることが多く、看板にどの地名を載せるかは常に議論になった。アイヌ語地名のように、はるか昔につくられ、古い文書記録もなく、たとえあったとしてもアイヌ自身による記録は限られ、しかもその後の同化政策や、日本人の発音などによって大きく変えられてしまった地名を本来の形に復元することは、そもそも原理的に不可能とさえいえる。地名もまた、言語と同じく時代とともに変化し、またその記憶や発音も、人によって異なるのがアイヌ語地名である。異なる意見が出るのは当然であり、どれが正しいかを判定することが困難ななかで、最終的に選ぶべき地名や解釈を決定することはいつも大変な作業であった。

写真３：アイヌ語地名を平等に併記した旭川市の地名表示看板（チカプニ：近文）

座長としての私の役割は、それぞれの研究者やアイヌ自身の意見を聞き、多数意見を尊重しつつも、私なりに、もっとも妥当と思われる意見を採用して、結論をまとめていくことであった。そのなかで私が強調したことは、今はまずアイヌ語地名を平等に併記することが先決であり、今後の研究によって、もし私たちが選択したアイヌ語地名が誤っていることがわかったときには、また作り替えればいいではないかという、柔軟性をもった対応の重要性であった。

たとえば、旭川にとってはもっとも重要なアイヌ語地名であり、資料も多いのだから、真っ先に看板をつくろうと全員が同意して決めた「忠別川」が、検討を始めると、実はいちばん難しい地名であることがわかったのである。写真３に示すように、「チュ（ciw）・ペッ」（波・川）、「チュプ（cup）・ペッ」（太陽・川）、「チュク（cuk）・ペッ」（秋・川）の３つの説が出され、大きな議

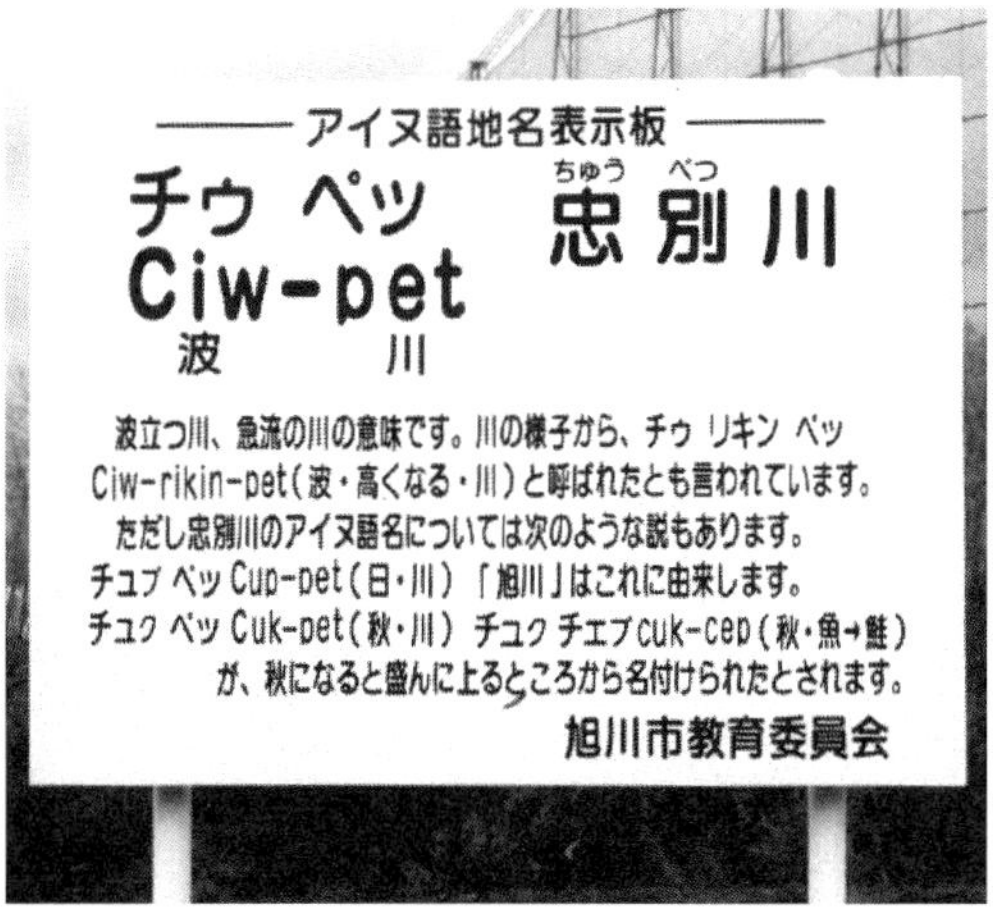

写真4：アイヌ語地名を平等に併記した旭川市の地名表示看板（チゥペッ：忠別川）

論になったため、結局は3つの説を書くことになったが、それにしても、看板にはどれか1つを大きく書かざるを得ない。最終的には、かつては「チゥ・リキン・ペッ」（波たつ川）と言ったとアイヌの古老から聞いたことがあり、それが短縮されたものであろうという、魚井さんの意見を入れて、写真2に示すようなかたちになった。しかし、その後の高橋さんの綿密な研究により、どうも「チュク（cuk）・ペッ」（秋・川）が、もっとも古い形のようだという結論になって、旭川駅のそばに新しくできた、忠別川沿いのテラスには、この新しい解釈の看板が二〇一八年に立てられる予定である。二〇一七年8月に開かれた委員会（第18回旭川市アイヌ語地名表記推進懇談会）では、数年前から委員に加わっていただいたアイヌの太田満さん（7）のご意見も入れて、次に立てられる新しい看板の内容は以下のように決まった。

（地名表記）「チュク・ペッ　cuk pet　秋・川」

（説明文）「古木はチュクペッと呼ばれていました。チュク（秋）には鮭（cuk cep チュクチェプ）がたくさん上がってきたためでしょう。cuk pet がなまって、cup pet（太陽・川）と発音され、それをもとに旭川という地名ができました。また急流なので、チゥ・ペッ（ciw pet 波・川）という説もあります。」

　このように、研究の進展によっては看板を書き変えることも覚悟のうえで、今後もアイヌ語地名を平等に併記する地名をつくっていきたいと考えている。

　写真5は「アイヌ川」の地名看板であり、これは、アイヌの人たちが早くもとのアイヌ語地名にもどしてほしい、と要望してい

写真5：アイヌ語地名を平等に併記した旭川市の地名表示看板（キムクシペッ：アイヌ川）：旭川市のウェブサイト（注6）より

写真6：アイヌ語地名を平等に併記した旭川市の地名表示看板（トゥッソ：突哨山）：旭川市のウェブサイト（注6）より

た地名の例である。また写真6は、看板に写真を入れることで、アイヌ語地名の意味をわかりやすくする工夫をしたものだ。アイヌ民族が「tus so（突き出た・壁）」と呼んだ、上川盆地に半島状に突き出た丘陵が、まさに壁のように見える場所を選んで看板を立てたのだが、写真と目前に拡がる風景を比較することで、アイヌ語地名の意味がいっそう理解しやすくなるよう工夫したものである。近年は、看板への写真印刷が容易になり、耐久性も増したので、看板にはできるだけ写真や地図も載せるようにしている。

残念なのは、旭川市によるこのような先駆的な事業が、道内の他の自治体に拡がらないことである。北海道も、アイヌ語地名を小さくしか表記しない差別的な看板を今も量産し続けているにすぎない。

三、アイヌ語地名だけが示せる　アイヌ民族の先住性

アイヌ語地名がポリティカルな意味でも重要なのは、それがアイヌ民族の先住性を明確に示してくれるからである。和人たちが「蝦夷地」に来たとき、そこにはすでに「アイヌ語地名」があったという歴史的事実は、何より明らかに、「北海道」におけるアイヌの先住性を証明している。日本政府は長いことアイヌを先住民族と認めず、北海道でG8サミットが開催される七月を目前にした二〇〇八年六月に、あたかもサミットに間に合わせた駆け込みのように、衆参両議院でアイヌを先住民族であると認める決議を行った。G8サミットの開催で世界の注目が北海道に集まると、日本政府がいまだにアイヌを先住民族と認めていない、という事実があらわになって世界に報道されてしまい、G8主催国としての面目がつぶれることをおそれたからであろう。私たちは、G8がアイヌの土地で開かれるなら、アイヌが中心となって世界の先住民族を北海道に招き、「先住民族サミット」を開いて、先住民族の声を世界に発信しようと企画し、それを成功させた（1）が、それほどまでに、アイヌを先住民族と認めたがらない日本政府に対して、アイヌ地名は、アイヌ民族の先住性を認めさせる最も効果的な力ともなっているのである。

アイヌ民族の視点から見れば、知里幸恵が『アイヌ神謡集』の序文に記したように（8）、「その昔この広い北海道は、私たちの先祖の自由の天地でありました」というべきであろう。そもそも「国家」をつくろうとしない先住民族にとっては、狩猟における縄張り的なテリトリーはあっても、明確に意識された土地所有や、領土という概念はなかったのであり、「自由に暮らす」ことのできる「大地」そのものが重要であった。アイヌは地域ごとに独立した集団として暮らしていたのであり、民族全体をまとめる統一者や代表がいたわけではない。しかし、だからといってアイヌという人間集団そのものを否定することは誤りであろう。

これまで学校で教えられている「日本史」とは、「日本」という「国家」の歴史である。先住民族であるアイヌ民族の立場にたてば、これまで正当とされてきた歴史は、征服者である「日本」がつくり上げた歴史にすぎない。北海道の歴史区分では、図1のような時代区分が一般的に用いられている。沖縄の高等学校の教科書から引用したこの年表（9）は、沖縄・八重山と北海道での歴史が、本土とは著しく異なっているという認識にたって独自の時代区分を提示しており、その意味では画期的なものであるが、

北海道については、現在ふつうに使われている歴史区分がそのまま踏襲されている。

問題なのは、北海道の歴史のなかで、12世紀から江戸時代の終わりまでが「アイヌ時代」とされていることである。「アイヌ」という民族は一二世紀にいきなり現れ、江戸幕府の滅亡とともに、姿を消したのであろうか。「アイヌ」という言葉が、北海道の歴史区分のなかに、ここだけしか現れないということは、そのような誤解を生じさせる。何よりも、近・現代の到来によって「アイヌ時代」が終了したというような歴史区分は、すでに現在、アイヌは消滅しており、「アイヌ」は過去の存在であるという言説の根拠として使われる危険をはらんでいるといえよう。

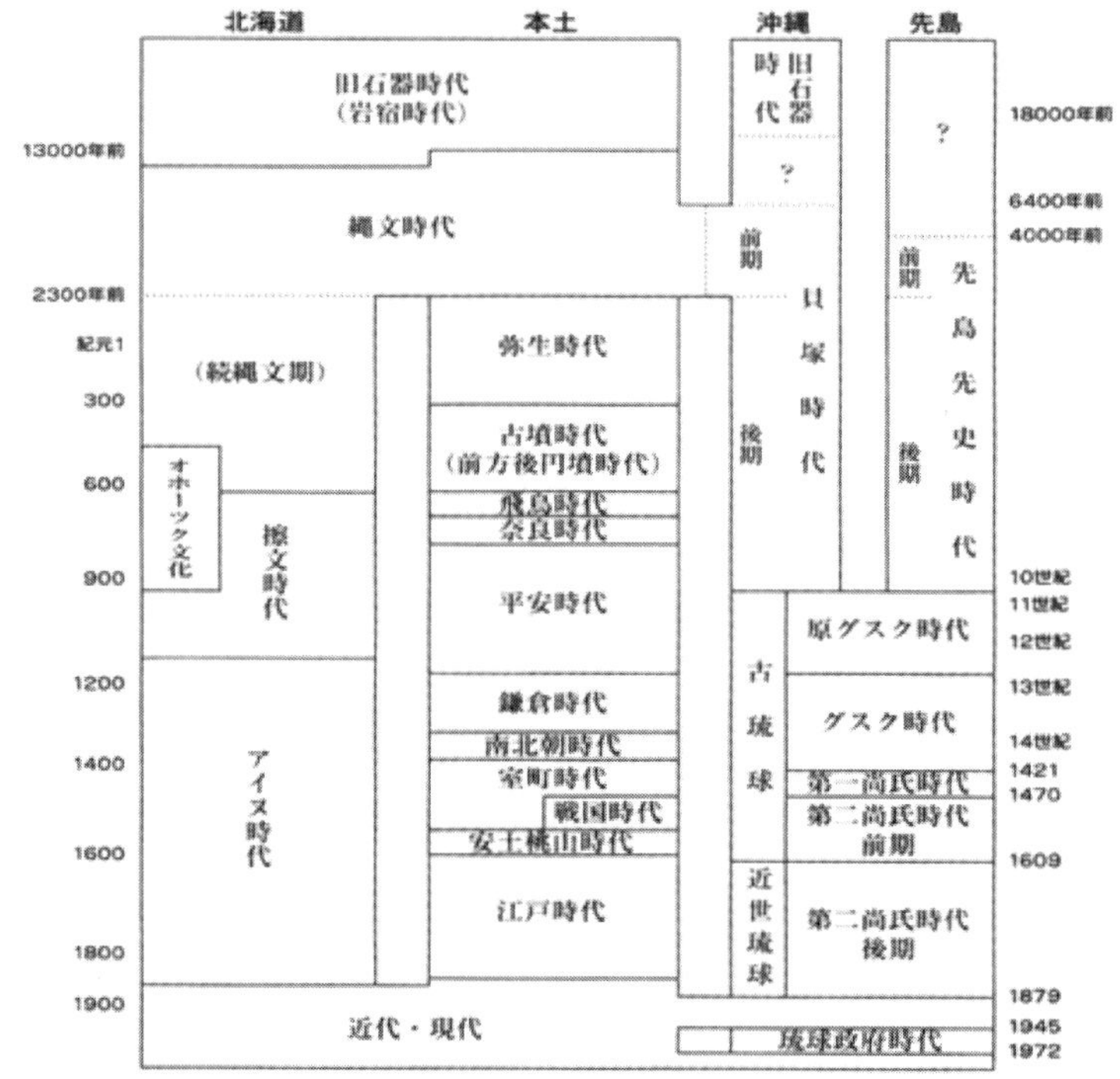

図1：沖縄、先島諸島、北海道の歴史区分が、本土のそれとは異なることを示した歴史年表
（新城、2001による）

事実、多くの博物館における「アイヌ展示」とは、江戸時代に和人や外国人によって記録・収集された「アイヌ」や「アイヌ文化」の展示であり、明治以降についても、そのような「アイヌ時代」の遺産としての伝統的な用具や衣装だけが、「アイヌ文化」として展示されているのである。近・現代におけるアイヌ民族のさまざまな活動や、日々、生み出されている創造的なアイヌ文化の存在を無視するような扱いもまた、「アイヌ時代」は江戸ともに終わったとする歴史認識に大きく影響されているように思われる。

図2は、このような問題意識から提示した、新しい歴史区分による年表である。南北に長く連なり、地域によって異なる人間集団がいた「日本」という「国家」の歴史は、従来のような年表で示すことはできず、横軸に地理的な広がりをとったこのような時空間分布でしか表すことができない、という主張である。「歴史」をつくるのは、歴史学だけではなく、地理学でもあるのだ。

「日本」とカッコつきで言うのは、沖縄やアイヌモシㇼ（北海道）は本来、他者の土地であり、それを無理やり植民地化して領土に組み込んだのが「日本」という「国家」だからである。「日本」の支配がアイヌモシㇼ（北海道）に及ぶのはようやく江戸時代初期、松前藩が「蝦夷地」の南部を占有するようになってからに過ぎない。それ以北・以東の土地は、依然として「蝦夷地」であり、「日本」の領土外にあった。

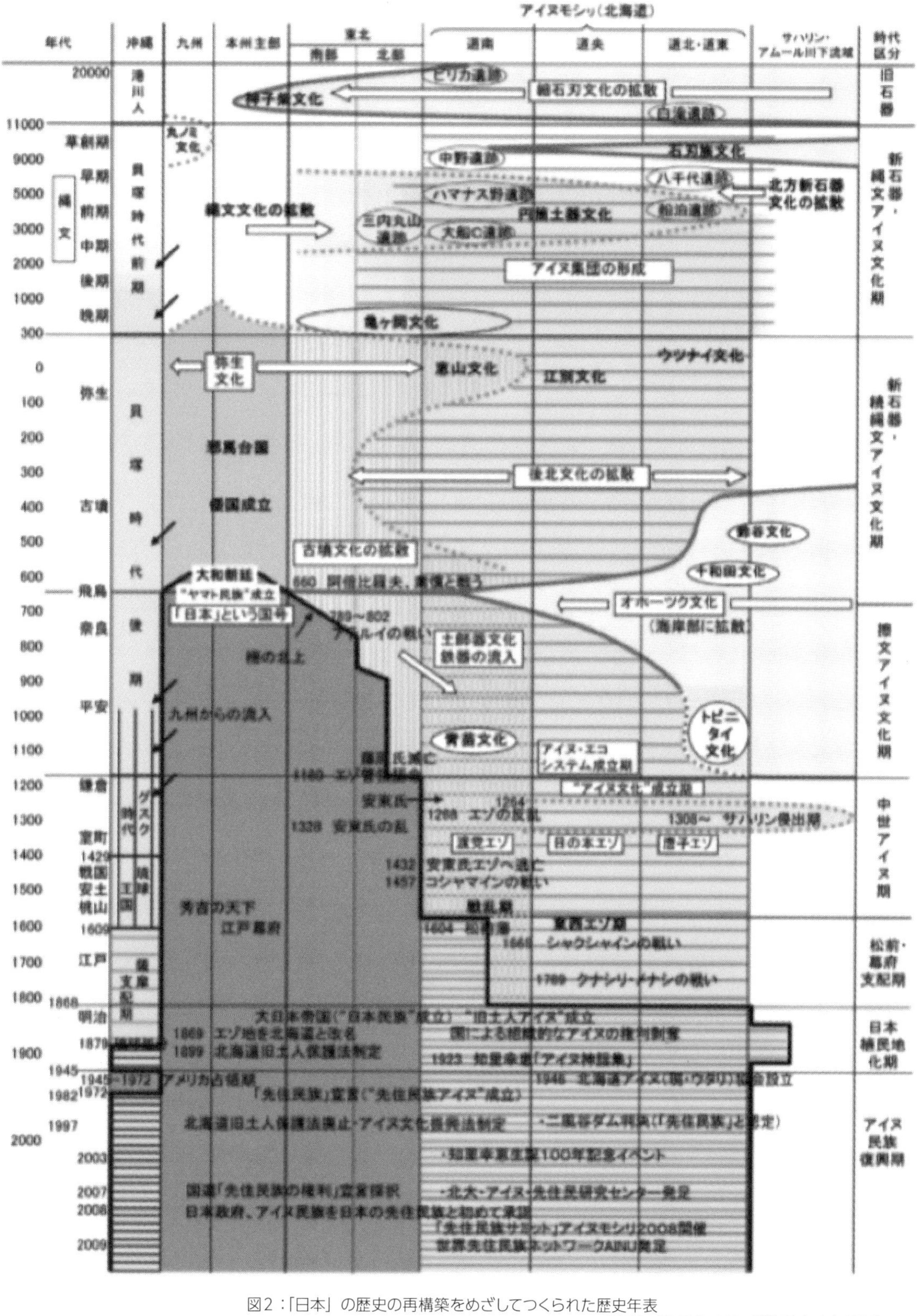

図2：「日本」の歴史の再構築をめざしてつくられた歴史年表
(小野、2012による；詳細は本文を参照)

江戸時代における「蝦夷」とはアイヌのことであり、すなわち江戸幕府も、現在の北海道の大部分は「アイヌの土地」であることを認めていたのである。その全域が「日本」の領土化されるのは明治二年（一八六九年）であった。「日本」の領土の最大拡大期は、サハリン南部までが領土となった一九〇二～一九四五年である。

「日本」の歴史をこのように見直してみれば、それは、大和朝廷以来、連綿として続く領土拡大の歴史としてとらえられるであろう。「日本列島」とは、所与のものではなく、まさに、戦いや植民地化によって獲得された政治的な地名なのである。そこにおいて、最後に領土化されたのが一八六九年の北海道であり、一八七九年の「琉球処分」によって一方的に領土に組み込まれた琉球であった。北海道の大地は、そこに住む人々には断りなく一方的に「日本」のものとされ、琉球は「処分」されて「日本」に組み込まれたのである（10）。

図2のオリジナルは、わかりやすいようにカラーで表示されている（1）が、ここではカラーが使えないので白黒で示した。図では、縦軸に年代を、横軸には、日本列島を南（左）から北（右）へ地域ごとに分け、そこに、以下の4つの基層的な文化の変化を示している（11）。

（1）北方系大陸文化：アジア大陸から、サハリンを経て北海道に入った旧石器時代の細石刃文化、九〇〇〇年前頃の石刃族文化、および西暦四～一二世紀ごろのオホーツク文化がこれにあたる（カラー図版では緑、モノクロでは図で右から左に伸びたやや濃い部分）また、北海道での太い（カラーでは緑）横線は、北からの縄文文化の拡散を示す。

（2）縄文文化：南方からの縄文文化（カラーでは黄色、モノクロでは薄く見える部分）と、上述した北方からの縄文文化（カラーでは緑の横線、モノクロでは濃い横線）がある。南方からの縄文文化は、三内丸山遺跡から北海道に至る円筒土器文化まで影響を与えたとした。

（3）弥生文化（カラーでは、サーモンピンク、モノクロでは九州と本州主部のみに分布するやや濃い部分）：BC一〇〇〇年頃から九州・本州主部に拡がり、北方（図の右方）にも拡散。東北や道南では、弥生文化（カラーではサーモンピンクの縦線モノクロでは細い縦線）が、縄文文化（黄色）の上に重なっている。その影響の及んだ範囲を点線（カラーでは水色）の曲線で示す。曲線がもっとも右方に張り出したところが道南の恵山文化で、それを弥生文化の到達限界とした。

（4）ヤマト文化（カラーでは、濃いピンク色、モノクロでは、もっとも濃くみえる部分）：7世紀、大和朝廷の成立に始まり、九州、本州主部、次いで東北へ拡大。最終的には、鎌倉時代に東北北部まで拡大し、一六〇四年、松前藩の成立によって道南まで拡大した。太い黒線（カラーでは赤い太線）は、日本（ヤマト）文化によって規定された「日本」という国家の領域を示す。この領域は、一八六九年、一挙に全道に拡大し、日露戦争後、第二次大戦終了までは、サハリン南部まで拡大するが、敗戦によって再び北海道にまで縮小した（ただし、この図では千島列島についてはふれていない）。一八七九年の琉球処分によって「日本」は沖縄にまで拡大した。沖縄は一九四五～一九七二年まではアメリカの占領下におかれるが、以後、再び「日本」の領域となった。基層文化的には、沖縄はずっと南方縄文系（カラーでは黄色）、北海道は北方縄文系（カラーでは黄色の上に北方系を示す緑の横線で表現）であり、その基層文化の上に「日本（ヤマト）」文化が重なっているにすぎない。これらの重なりあいは、基層文化の上の縦線や横線で表されている。

「日本」とは、こうした異なる人間集団のもつ異なる文化の重層によってつくりあげられている地理空間なのである。

四、アイヌ民族から見た時代区分と東北のアイヌ語地名の意義

図1に示されているように、歴史・考古学者の「アイヌ時代」は、一二世紀以降、擦文時代の終了後に成立し、江戸時代とともに終わる。しかし、このような史観では、北海道の「アイヌ」は12世紀にいきなり誕生し、江戸時代とともに消滅した、ということになってしまう。「アイヌ」という言葉自体が、歴史区分のなかで、そこにしか存在しないからである。このような史観こそ、アイヌ民族の先住性をあいまいにするとともに、その歴史を矮小化しようとするものといえよう。沖縄では沖縄の視点にたった時代区分がなされているように、北海道でも、そこに住むアイヌ民族の視点にたった時代区分にすべきではないだろうか。

基層文化から見ると、北海道では、縄文期以来ずっと北方大陸系の影響を受けた縄文系の文化が続いていた。稲作ができなかったため、北海道には道南部を除いて弥生系の文化は及ばず、狩猟・採集を基本とする文化が続き、「続縄文（文化）期」と呼ばれてきた。その後、東北地方からの鉄器や土師器文化、農耕などが取り入れられると、「擦文（文化）期」に移行する。「アイヌ時代」とは、「擦文（文化）期」に使われた擦文土器などが使われなくなり、家も、カマドのついた竪穴式住居から、囲炉裏を中心とする掘立形式の住居に変わる時期のことである。

しかし、前述したように、「アイヌ時代」になって初めて北海道にアイヌが出現したわけではない。「擦文文化」をつくったのもアイヌであり、「続縄文文化」をつくったのもアイヌの祖先であった。時代とともに文化は変わるのが当然であり、アイヌがいつも同じ文化をもっていたなどと考えることはできない。「アイヌ民族の通史」を初めて書いた榎森進は、すでに、「擦文文化期のアイヌ」というような言い方で、擦文文化をつくったのはアイヌである、と明確に表現している（12）。また、現在、考古学の立場からアイヌに関するもっとも刺激的な著作を次々に出している瀬川拓郎は、サケの大量捕獲による干鮭の生産、それにもとづく交易を「アイヌ・エコシステム」と呼び、それが擦文文化期に成立したことを示している（13）。このような近年の研究からすれば、擦文文化とは、擦文期のアイヌがつくった文化である、というべきであろう。こうした理由から、私はそれを「擦文アイヌ文化」と呼ぶ。

では、それに先立つ続縄文期や縄文時代はどうであろうか。歴史・考古学者は、いまだに、そこに「アイヌ」がいたということを認めない。それは、彼らの「アイヌ」が、前述したように、家や道具など、発掘される遺物によって示される「アイヌ文化」あるいは歴史的な文書に記された「アイヌ」によって定義されているからである。考古学者は遺物として残ったものしか見ず、歴史学者にとっては、文書にないものはそもそも存在しない。しかし、「アイヌ」とは、なによりも生きた人間であり、遺物や文書

だけで定義されるものではあるまい。「アイヌ」を「アイヌ語を話していた人間集団」と定義するなら、その土地に「アイヌ語地名」を与えた人間集団こそが「アイヌ」であり、「アイヌ語地名」は、彼ら・彼女らが現実に生きた地理空間を証拠立てているのである。

このように考えるとき、山田秀三（14）が明らかにした東北地方のアイヌ語地名がきわめて重要な意味をもってくる。山田秀三は、東北地方北部に、北海道で使われているのと同様のアイヌ語地名があることを見出し、その分布を丹念に追跡した。東北にこれらのアイヌ語地名を残した人間集団を、山田は「アイヌ語種族」と呼んだが、その後の考古学的研究により、山田がアイヌ語地名が密に分布するとした地域と、続縄文期、とくに三世紀から四世紀にかけて道央で使われた後北C_2・D式土器が東北地方で密に分布する地域は、みごとに重なり合うことが明らかにされた（15）。

図3は、土器の出土地点を簡略化して★印で表し、それをアイヌ語地名の分布に重ねあわせたものである（11）。

この事実は、北海道にいた続縄文期の人間集団が東北地方北部に南下したこと、その人々が、アイヌ語地名を残すような（古）アイヌ語を用いていた人間集団、すなわちアイヌの祖先であったことを証拠立てている。したがって、続縄文文化をつくったのは、（古）アイヌ語を使っていた人間集団であり、それを「アイヌ」と呼ぶなら、続縄文（文化）期は、「続縄文アイヌ文化期」と呼ぶべきであろう。

移住先の大地にアイヌ語地名を与えられるほどに用いられていた（古）アイヌ語が、続縄文期になっていきなりできたとは考えにくい。その言語は、東北への移住それより早く成立していたと考えなければならない。とすれば、（古）アイヌ語はすでに北海道における縄文期に成立していたと考えるべきであり、それを用いていた人間集団を「アイヌ」と呼べば、縄文期は、「アイヌ」が「縄文文化」と呼ばれる文化をつくっていた時期、ということになる。したがって、それを「縄文アイヌ文化期」と言ってもいいであろう。図2の時代区分は、このような考えによって命名されたものである。

アイヌ語を話す人間集団を「アイヌ集団」と定義すれば、この時期に「アイヌ集団」が形成されたことになる。アイヌ集団の形成は、すなわちアイヌ語の形成期でもあった。言語学者である中川　裕によるアイヌ語と他言語との比較研究は、この問題に新たな光を当てる重要な意義をもっている。

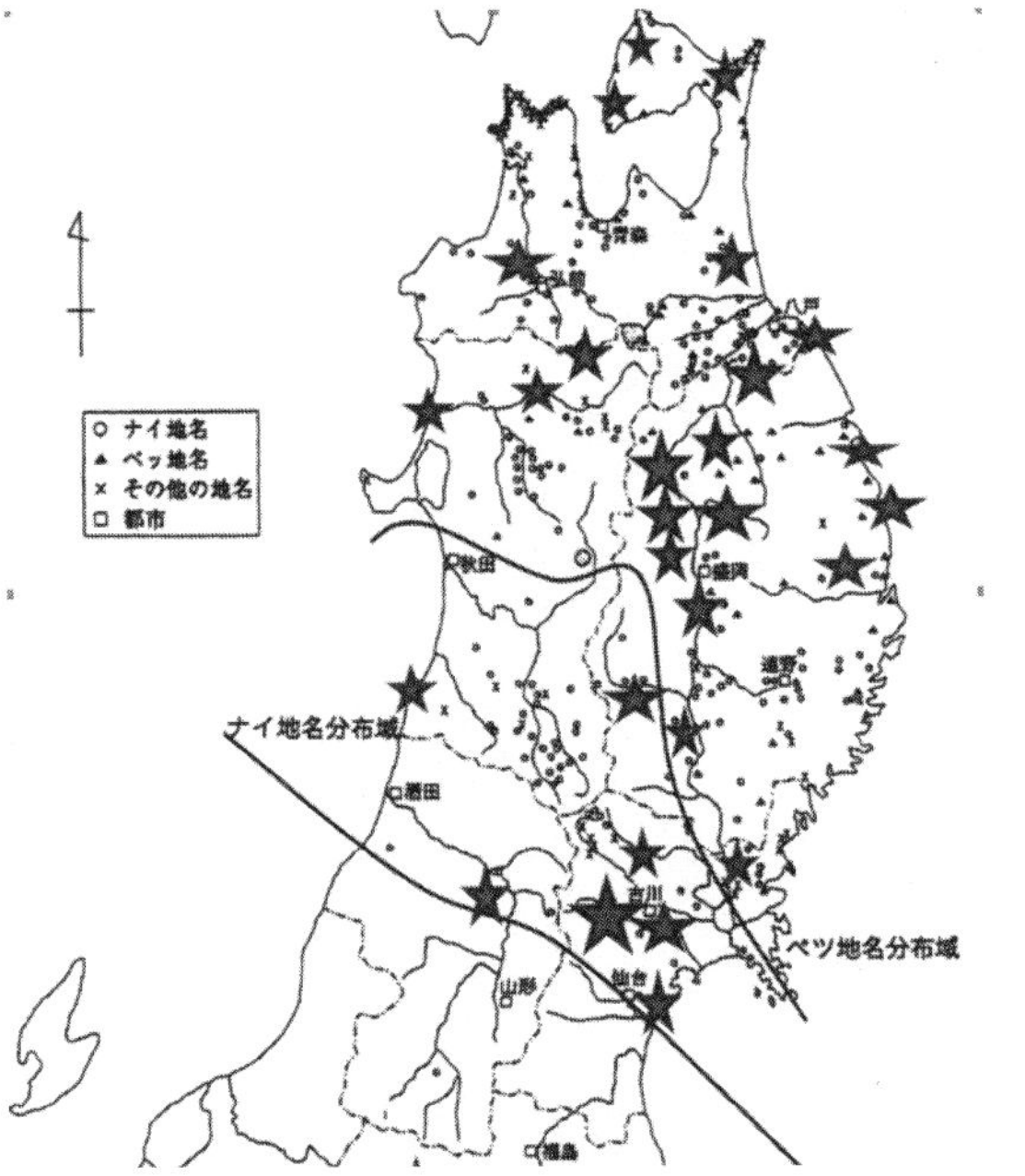

図3：東北のアイヌ語地名と続縄文土器の分布
（小野、2012 による）

中川によれば、接尾辞が卓越する日本語とは全く異なり、むしろ接頭辞が卓越するアイヌ語は、同様に接頭辞が卓越する南方のオーストラロネシア語と共通するという(16)。これはまだ仮説にすぎないが、縄文期を通じて、それまでに北方から移住してきた北方系の言語を話す人々と、南方のオーストラロネシア語を話す人々が北海道で交流することにより(古)アイヌ語が形成され、それを使う人間集団としての「アイヌ」が形成されたのではないだろうか。

近年、急速に発展した古人骨のDNA解析による研究では、図4に示すように、北海道の縄文人と、関東の縄文人には大きな違いがあったことが判明している(17)。また、現在のアイヌ民族は、北海道の縄文人と、4~12世紀にかけて北海道に侵入オホーツク人との混血によって形成されたことが明らかになっている。したがって、DNAから言えば、続縄文期~縄文期に古アイヌ語を使っていた人間集団は、まだ「アイヌ」ではない。だが、生きた人間は、DNAで規定される存在ではあるまい。むしろDNAや、遺物や文書だけで生きた人間を分類し、定義することの意味を私たちは問うべきであろう。人間集団にとって、言語は、それらにまさってはるかに重要なものではないだろうか。遺物としても、文書にも残らない生きたコトバ、音としてしか発せられず、音として空に、闇に消えていったコトバこそ、人間集団の本質をあらわすものではないだろうか。それをかろうじて保存しているのがアイヌ語地名なのである。

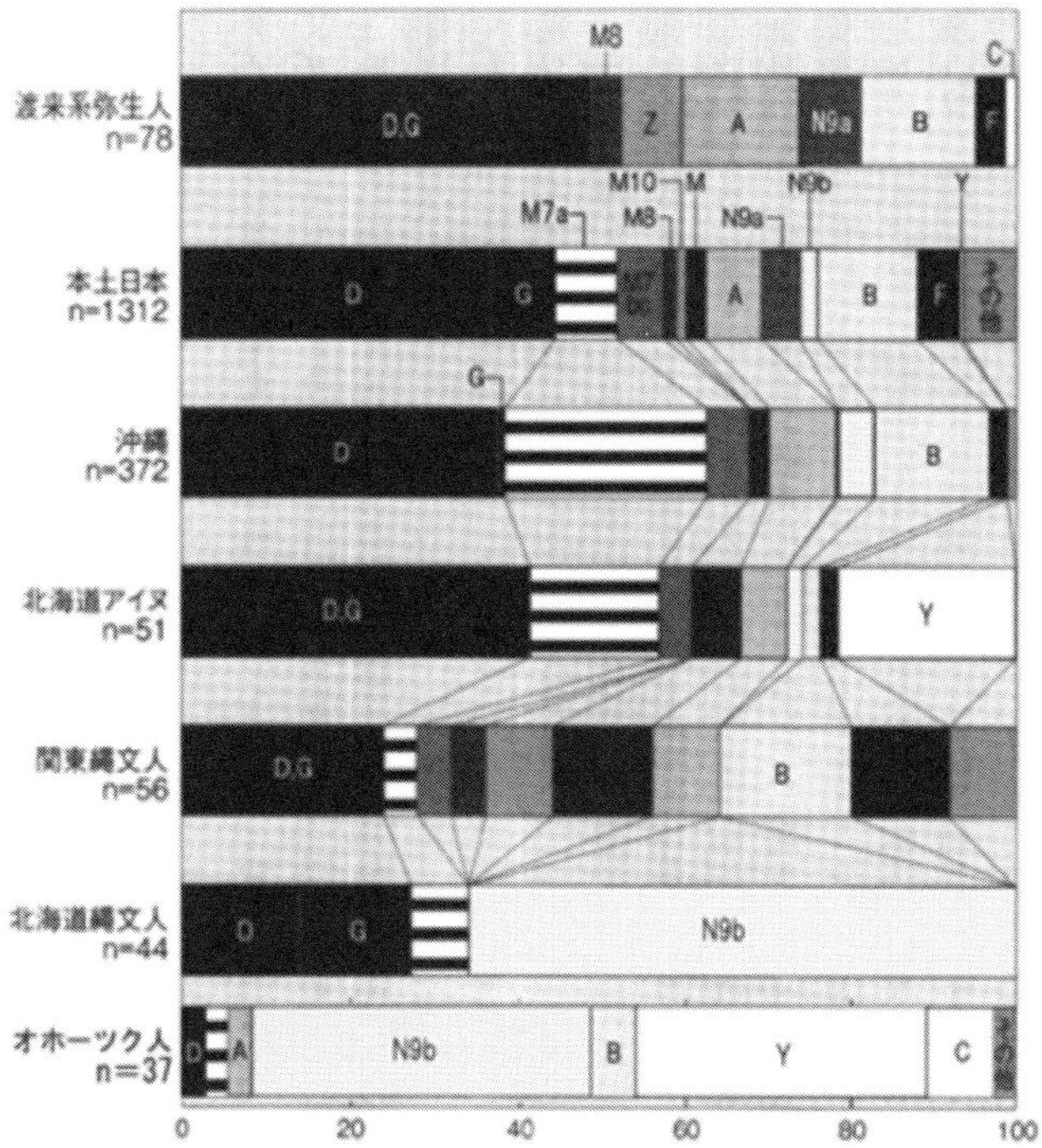

図4:現代日本人および縄文人、弥生人、オホーツク人の古人骨の DNA
現代日本人(本土日本人、沖縄、北海道アイヌ)、北海道および関東の縄文人、渡来系弥生人、オホーツク人のミトコンドリア DNA ハプログループ頻度の比較。
(篠田、2007;Sato ほか、2008 に基づき、小野、2012 作成)

五、地名のポリティクス ~まとめにかえて~

大地への新たな命名とは、その土地を占有するという政治的宣言といえる。すでに述べたように、沖縄を含む南西諸島やアイヌモシリ(北海道)を包含する「日本列島」とは、そのような意味で、きわめて政治的な地名である。「日本海」という地名を韓国が認めず、「東海」を主張する意味がよくわかるであろう。地名の歴史は、すでに存在していた先住民族の地名の改変による政治的な空間支配の歴史である。七一三（和銅六）年、「諸国の郡郷名は好字（よきじ、嘉字）で著せ」との通達が下り、地名の好字二字化が進められた。同じ年に編纂が命じられた「出雲風土記」などに典型的に見られるように、「風土記」とは、それまでにあったおそらく縄文系の地名を、この通達に従って嘉字化、漢字化した記録であるともいえよう。「日本（大和朝廷）」は、まさに地名を改変することによって、国を統一したのである。各地の風土記における地名の成立伝承を整理した千葉徳爾は、その60パーセント以上が、支配者である皇室に関わることを明らかにしている（19）。

　注目すべきは、これとほとんど同じような通達が、北海道の開拓にあたって開拓使から出されたことである（19）。約1千年を隔てて、そこでも、それまでにあったアイヌ語地名の嘉字化、漢字化が図られ、地名の改変による「アイヌモシリ」の日本への同化、すなわち植民地化が推進されたのである。

　アイヌ語地名だけはない。それまで「蝦夷地」、すなわち「アイヌ地」と呼ばれたこの島の地名も、植民地化に際しては絶対に変えなければならない地名であった。幕末にもっともこの地を探査し、もっとも多くのアイヌ語地名を収集した松浦武四郎に、開拓使は新しい地名を提案させた。明治二年七月一七日、彼は意見書を提出し、そこに「日高見道」、「北加伊道」、「海北道」、「東北道」、「千島道」の六案を書いたが、採用されたのは「北加伊道」であった。松浦は、自らの著作「天塩日誌」において、天塩のアイヌ古老が、北蝦夷ではアイヌを「カイナ」と呼ぶと記録しており、これに基づく提案であった（20）。

　「道」は古代の行政区画、五畿七道に基づくものであり、「北（きた）加伊道」とは「北のアイヌのくに」という意味に近い。アイヌを調査する側の幕吏でありながら、アイヌと親しみ、迫害されているアイヌに同情を寄せていた松浦武四郎ならではの提案であったといえよう。しかし、明治政府は、そこにアイヌを表象する言葉が入ることを好まず、「北加伊道」は、「北海道」と書き変えられたのである。こうなると、本来の「カイ」の意味は全く消え、「東海道」、「南海道」と同列の地名にすり替えられたことになる。為政者としては見事な「アイヌ」の隠蔽・消去というべきであろう。

　それから一五〇年目という二〇一八年は、北海道や国によって、さまざまな記念行事が企画されている。「北海道」の命名者としての松浦武四郎をもちあげる言説も増えているが、彼が本来、名付けようとした「北加伊道」についての言及はほとんどなされていない。それは異様でもあり、また、アイヌの存在、先住性を隠蔽・消去しようとするベクトルは、一五〇年を経た現在も、全く変わっていないことを示してもいるとも言えよう。そのような状況のなかにあって、アイヌ語地名を平等に併記しようとする運動は、明治期に奪われいまだに全く回復されていないアイヌのすべての権利や、先住民族としての権原を少しでも回復させたいという、未来に向けた希望を実現するための、小さいが確実な一歩なのである。

　たんに現在の世界、社会を記述し、それをただ教えるだけにとどまってきた従来の地理学や地理教育のありかたを批判し、「たたかう地理学」を提唱したのは、いま思えば、二〇年にわたるアイヌ語地名併記への運動の一つの結果であったともいえる。

〈注〉

（1）小野有五（二〇一三）『たたかう地理学 Active Geography』古今書院を参照。以下、本論の記述における引用文献は多数にのぼるので、大部分は割愛した。その詳細については、（1）、（3）および（10）、（11）に上げた文献を参照していただきたい。

（2）小野有五（一九九九）「アイヌ語地名の併記を考える」、言葉と社会、1、78-86

（3）小野有五（二〇〇八）「アイヌ語地名の平等な併記に向けて　――アイヌ語地名研究の目的と意義――」アイヌ語地名研究、11、1-10

（4）『上川郡内石狩川本支流アイヌ語地名解』北海道出版企画センター（二〇〇四）『アイヌ語地名を伝説の岩：カムイコタンからチュップベツまで』、マルヨシ印刷（二〇〇八）などの著作がある。

（5）『アイヌ語地名Ⅰ　網走川』（一九九七）、『アイヌ語地名Ⅱ　紋別』（二〇〇六）、『アイヌ語地名Ⅲ　北見』（二〇〇七）（いずれも北海道出版企画センター刊）などの著作がある。

（6）旭川市教育委員会 http://www.city.asahikawa.hokkaido.jp/hakubutukan/chimei_display/d052780.html

（7）川村兼一とともに『旭川アイヌ語辞典』（二〇〇五）アイヌ研究所刊を編纂。

（8）知里幸恵（一九二三）『アイヌ神謡集』郷土研究社、（岩波文庫に再録）

（9）新城俊昭『高等学校　琉球・沖縄史』（二〇〇一）東洋企画

（10）小野有五（二〇一三）「大地は誰のものか?：自然と環境をめぐる日本のポリティクス」浅野敏久・中島弘二［編］『ネイチャー・アンド・ソサエティ研究5　自然の社会地理』41-68. 海青社

（11）小野有五（二〇一二）「東北地方のアイヌ語地名と考古学」、アイヌ語地名研究、15、1-18.

（12）榎森進（二〇〇七）『アイヌ史』草風館

（13）瀬川拓郎（二〇〇五）『アイヌ・エコシステムの考古学』北海道出版企画センター、瀬川拓郎（二〇〇七）『アイヌの歴史　海と宝のノマド』講談社選書メチエ401　講談社、瀬川拓郎（二〇一一）『アイヌの世界』講談社選書メチエ494　講談社、瀬川は、「擦文文化期」を「ニブタニ期」と呼ぶことを提唱している。従来より一歩進んだ提案であるが、やはり「アイヌ」という言葉が出ないのは問題であろう。

（14）山田秀三（一九九五）「アイヌ語種属考」、『山田秀三著作集　アイヌ語地名の研究　1』草風館、73-104.

（15）冨樫泰時（二〇〇三）「続縄文文化」、榎森進編『アイヌの歴史と文化　Ⅰ』創童舎、1-130.

熊谷公男（二〇〇三）「古代蝦夷の文化」、榎森進編『アイヌの歴史と文化　Ⅰ』創童舎、14-23.

松本建速（二〇〇六）『蝦夷の考古学』同成社および、前掲の瀬川（二〇〇七）などを参照。

（16）中川　裕（二〇一〇）『シリーズ　この人に会いたかった　⑤アイヌ語の向こうに広がる世界』編集グループ　SURE

（17）篠田謙一（二〇〇七）『日本人になった祖先たち　DNAから解明するその多元的構造』NHKブックス、Sato,T. ほか（二〇〇七）Origins and genesis features of the Okhotsk people, revealed by ancient mitochondorial DNA analysis. Journal of Human Genetics., 52.618-627. をもとに作成（小野、二〇一三）。

（18）児島恭子（二〇〇五）「アイヌ語地名の政治学」、『日本歴史地名体系　歴史地名通信50』11-17. は、本論で述べたポリティクスとは異なる文脈で「地名」の政治性を論じている。児島は、そもそもアイヌには、「地名」という観念はなかったのであり、アイヌの生きた「場所」を指し示すコトバ（これを児島は「アイヌ地名」と呼ぶ）が、和人との接触や、和人による支配構造の進展によって、地理的な空間・地点を指す言語（これを児島は「アイヌ語地名」と呼ぶ）に変容する過程の政治性に注目している。これまでの「アイヌ語地名」論に欠けていた卓見であり、「地名」の認識論にもつながるきわめて示唆に富んだ指摘である。ここで児島の「アイヌ地名」を「場所」と言い換えたのは、イー・フー・トゥアンの『トポフィリア』（小野有五・阿部一共訳　ちくま学術文庫二〇〇八）における「場所性」に通底するものがそこにあると筆者が考えるからである。他方、先住民族の権利回復という視点を排除すると、そもそも「アイヌ語地名」はアイヌのものではないのだから、それを平等に併記する意味などない、という逆のポリティクスに利用される危険をはらんでいるともいえよう。

（19）千葉徳爾（一九八三）『新・地名の研究』古今書院

（20）山田伸一（二〇〇五）「アイヌ語地名の近現代史に関するノート」、北海道開拓記念館研究紀要、33.102-122.

（20）岡　秀志・桑原真人・大庭幸生・高橋昭夫（二〇〇六）『北海道の歴史（下）近・現代編』北海道新聞社.

中村和之（一九九九）「北の「倭寇的状況」とその拡大」入間田宣夫・小林真人・斉藤利男編『北の内海的世界』山川出版社、178-198. 中村和之（二〇一一）「骨嵬・苦元・庫野――中国の文献に登場するアイヌの姿」佐々木史朗・加藤雄三編『東アジアの民族的世界――境界地域における多文化的状況と相互認識』有志舎、123-146. は、「カイ」のもとになった言葉について詳しい。また「カイ」については、金田一京助（一九六〇）蝦夷名義考.（『古代蝦夷とアイヌ』平凡社、二〇〇四に再録）も参照。

（北海道大学名誉教授）

インドシナ半島　外来語地名と民族語地名

蟻川明男

漢字圏だったベトナム、安南山脈は長山山脈へ

インドシナはインドとシナ（中国）に挟まれ、両国の影響を強く受けてきたのでこの名を与えられたが、インドネシアになるとギリシャ語で「インド諸島」とあるからまるでインドの一部のように表現されており、これだけでも東南アジアの地名には関心が向くのである。本稿はインドシナ半島に限って書き進めたい。インドシナ半島には次の5ヶ国がある。

ベトナム（越南）　シナから漢字を導入した「南の越人」の国

カンボジア／インドから移住した伝説のバラモン僧カンブーの創ったKambu-ja「カンブーの子孫」に由来。-ja はサンスクリット語で子孫

ラオス／ラオ「人」族のつくった国

タイ／モンゴルの襲来に遭っても屈しなかった「自由」の国

ミャンマー／インド人バラモン僧の移住地であったブラフマー・デシュ（バラモンの地）の brahma に由来する口語の bjama と文語の mranma が後にバマーとミャンマーに転訛した。バマーのオランダ語形がビルマ

地名はふつう修飾語のついた固有名詞で、インドシナ半島の言語はビルマ語を除き被修飾語＋修飾語の形をとり、外来の中国語とインド諸語はそれとは反対の修飾語＋被修飾語となっている。ビルマ語の場合はふつう後者の形をとるが、指示詞を修飾語にするとき被修飾語の後に置かれることもある。

シナの語源である秦の時代から約千年間中国の支配下にあったベトナムは、漢越語と漢字地名を押しつけられ、中国漢字だけでは間に合わなくなると、自国語を容易に表記するため独自の漢字であるチュノム（字喃）体を考案した。しかし、一八五九年にフランスの植民地になると、フランス当局がラテン文字を使用したため状況は一変し、独立後のホーチミン大統領の時代に漢字は廃止されラテン文字の時代がやってきた。

ベトナムの漢字地名には中国が命名したものとベトナム語音を漢字にした当て字の2種がある。安南山脈は「南を安泰にする」という7世紀末の中国の安南都護府に由来し、今は長山（チュオンソン）山脈と代わっている。北ベトナムを流れる酸化鉄を含む赤い紅河はソン（川）ホン（紅い）、中部ベトナムを流れる香江はソン（川）フオン（香る）とベトナム化している。山名も本来なら南部の仏陀を祀った標高850 m の山、Nui（山）Ba（婦人の）Den（黒い）のよ

うに、修飾語が後に付くのであるが、長さ一一〇〇キロメートル、標高二〇〇〇メートル級という長山山脈は中国漢字の並び順である。ベトナムと中国との国境をなしているベトナム最高峰三一四三メートルの載る北山（バクソン）山脈もその例である。

インドシナ半島の国々はどこも多民族国家で、ベトナムの場合北部のベト（越）人に対し、中部のチャム人、南部のクメール人が有力な先住民族であった。中部以南にはインドから仏教やバラモン教が伝えられ、13世紀からはインドを経由してイスラム教も入った。

ハノイは唐時代の羅城に始まり、昇龍、昇隆、東京と名を代え、一八三一年に河内（ハノイ）となった。河内とは、ソンホン川とトーリック神川の「河間」を意味し、ソンホン川の作った自然堤防上の標高一一・九メートルの地に位置している。

中部のダナン（沱瀼）はチャム人の古語であるDak（水）nang（広い）を語源とし、ハン（汗）川の幅五〇〇メートルほどの「河口」を指している。古くからの深水港は、フランスの進出により軍港となったことで知られてきた。

南部のサイゴン（ホーチミン）はクメール人のPrey（森）Kor（カポックの）を、一八世紀末までに南進を達成したベト人がSai（草木）Gon（カポックの）と訳出したもので、マレー語のカポックとは綿を取る柴材のことで、和名をパンヤの木と言い、チュノム体で柴棍、中国漢字の当て字で西貢と書かれた。ここは一八世紀末に軍事・政治の拠点となり、華僑のチョ（市場）ロン（大きな）も加わって南部の主都となって発展し、一八六〇年にフランス領の米の輸出港となった。地名は一九七六年に北ベトナムの指導者で内戦を終わらせたホーチミンの名に変わったが、人々は普段はサイゴンと呼んでいる。

エヤワディ川、アユタヤ（征服されない）、アンコール（都市）はインド地名

インドシナ半島でシンハラ（Singhala＝ライオン）島、現スリランカから最初に仏教が伝えられたのは、ミャンマーであった。仏教と共にインド諸語（サンスクリット語、パーリ語、タミール語、ヒンディー語）ももたらされ、国土の中央を流れる川の名もサンスクリット語でAiravata（神話の象）と命名され、それからエヤワディとなまった。川の名に象と付いたのは、ヒンドゥー教では白い巨象が、土地を干ばつから守る雨の神で、河川の源でもあるインドラ神の乗り物であったためである。エヤワディは長い間英語なまりでイラワジと呼ばれてきた。

言語と共に南インドの文字も伝えられ、仏教の経典語として使用されていたパーリ文字が、現在のミャンマー文字の源である。

エヤワディ川中流の中央平原には高さ二三六メートルのきれいな形の丘があり、古代に宮廷の行事を担当したインドのバラモン僧により聖山とされ、サンスクリット語でマンダレー（まるい祭壇）と形容された。一九世紀半ばに下ビルマをイギリスに奪われたため、上ビルマのこの地に新首都マンダレーが建設された。上ビルマ開発は南に11キロ離れたサンスクリット語地名アマラ（不滅の）プーラ（町）を経て、マンダレーに及んだのであった。

インド諸語の地名が定着したのは、ミャンマーからカンボジアの沿岸にかけて居住していたモン・クメール系民族が、インドとの交流を盛んに行い、文化や宗教の導入

に熱心だったためであった。そのため、インドでナーグ・プル（蛇の町）のように使用されるプル pur（町）という文字は、その女性名詞 Puri がタイでは Buri 又は Buri となまり、各地で使用された。ブリー地名は大地図帳だと五ヶ所も見いだせる。

カンチャナ（金の）ブリー（町）　西の国境近くの防衛の町

チョン（水の）ブリー（町）　米、サトウキビ、漁業で知られる

チャンタ（紫檀の）ブリー（町）　東の国境に近いルビーやサファイアの産地

ラーチャ（王の）ブリー（町）　米作の中心地の一つ

サラ（小川の）ブリー（町）　仏足の彫刻が信者を集める町

ブリー地名の元となった pur はマレー半島の先端でも用いられ、マレー語でタシク（内海）と呼ばれていた海賊の居た島は、一一六〇年頃、スマトラのミナンカバウ王家が攻略し、王家の将来をかけて強大にして栄光の都市を建設するためヒンディー語 Singh からシンガ（ライオンの）プーラ（町）とした。淡路島より少し小さな島は、一四世紀に中国人の移住先の一つとなり、シンガポールとなまったので漢字では新加坡と書かれた。

インドからタイ方面への通路はマレー（タミール語で山地）半島の幾つもの横断路が使用され、半島を走る分水嶺の中で最も低い峠は、パッターニー（サンスクリット語で町）の西にあり、一九〇九年に鉄道が横断する前は、牛車で魚が峠を越えて運ばれた。

タイのメナム川の河口から約一〇〇キロ入った外航船の起点は、川中島という守り易さから、北インドの地名で叙事詩ラーマーヤナにも登場する A-yodhya（A は否定辞、征服されない）の名が与えられ、後にアユタヤとタイ語化した。一四世紀中から一八世紀中までのアユタヤ朝の首都で、一七世紀初頭に日本人町が形成されたことで知られている。

このアユタヤから北に約三〇〇キロ離れたスコータイも、サンスクリット語に由来し、Sukha（喜び）udaya（達成）が続けて清音で読まれ Sukho-thai と変化した。タイ語は柔らかく、美しい発音を特徴とするので -thai と変わったが、これをタイ語で「自由の」とすると語源まで変えてしまう。ここは一三世紀までカンボジアのクメール人の支配下にあり、その後南下してきたタイ人の支配下に入った。

カンボジアに入ると、タイの Buri（町、住居）地名に相当する地名は、Borei という綴りで出現する。また、インドのヴィジャヤ・ナガル（勝利の都市）のように使われる Nagar（都市）という文字は Nokor→Ongkor→Angkor（アンコール）と変化し使用された。インド起源のこれら二語による地名が、メコン川デルタに一世紀末に創設された城壁の町アンコール・ボレイ「都市の住居」であった。

もちろん九世紀末に王朝が出現したアンコールはこれより北方にあって、再建のあったアンコールトムや一二世紀にその南に建ったアンコールワットのような半分カンボジア語（＝クメール語）の地名は、後からトム（大きな）、ワット（寺の）と修飾されている。大都市アンコールトムは三キロメートル四方の城壁に囲まれ、その中に王宮、寺院、納骨堂がある。寺の都市アンコールワットは一・五キロメートル×一・三キロメートルほどの広さで、王をまつる神殿がある。共に貯水池と寺院を組み合わ

せた建造物である。一五世紀前半まで続いたアンコール王朝はタイのアユタヤ朝の侵略によって滅亡し、森の中に姿を消した。

カンボジア同様Nagarの付いた地名はタイにも見られ、ここではNakhorn→Nakhon（ナコン、都市）と変わっている。

ナコン・パトム（最初の）　バンコク西方の紀元前三世紀の古い町

ナコン・サワン（天国の）　メナム川中流のチーク材の集散地

ナコン・シ（聖なる）タマラート（法治の）　マレー半島にありアユタヤから来た山田長政（～一六三六年）が領主をつとめた

ナコン・ラッチャシマ　　過去にバンコク北東のカンボジアと国境を接した所で、Raatcha-sima（国・境の）という歴史的地名

メコン川、カンボジアのプノンペン（ペンの丘）、ラオスのビエンチャン（紫檀の都市）

インドシナ半島を北から南に流れる河川は、古代に北方から南下し定着した民族の移動路であった。その中の三大河、メコン川はラオ人とタイ人、メナム川はタイ人、エヤワディ川はミャンマー人が利用し、一三世紀にはモンゴル軍の遠征の際にも利用された。

次に各国の河川名、都市名、地方名などの民族語の地名を取り上げて見たい。

この地域の最長の川メコン川（四二〇〇キロメートル）は、古いクメール語Me（長《おさ》）＋Ganga（サンスクリット語、河川の）をタイ語に置き代え、Mae（母）Nam（水の）Kong（特大な）とし、その後Mekong（意訳して大河）と短縮された。メコン川中流のタイとラオスとの国境地帯の川幅は、三〇〇メートルから一キロメートルに及び、民族の境界になったことがよく分かる。この川の下流右岸にある標高一二メートルの自然堤防上にあるカンボジアのプノンペンには、高さ二七メートルのワット・プノン（寺・丘の）があるが、一四世紀に仏像をこの寺に納めたペン夫人の名から、プノン（丘）・ペン（ペン夫人の）の地名が生まれたという。

先のアンコールへの入口の町、シエム・リアップは旧称をシャム（クメール語で赤銅色）人と称したタイ人の力が及んでいた時代の名残で、Siem（シャム）Reap（平らな）という意味である。それに対し、ビルマの標高千メートル台のシャン高原ではシャムがシャンと変化している。

カンボジアにはクメール語でコンポン（渡し場）の付く地名が幾つもあり、その一つメコン川のコンポン・チャム（チャム人の渡し場）は、二～一七世紀にチャム人が王国を形成してきた場所である。メコン川の支流トンレ（川）サップ（淡水の）川にはコンポン・チュナン（鍋の）があり、焼き物の産地であったことが分かる。メコンデルタでは満ち潮時に河川の逆流があるので、淡水川のような地名になったのである。

メコン川中流にあったラオ人は一四世紀に統一国家ラン（一〇〇万の）サン（象）王国を創建し、後のラオス（フランス語）の原型を創った。ランサン王国はメコン川中流とその上流に当たるランサン王国の名に由来する瀾滄江の両側に広がり、人口の多さと強さを誇った国名であった。二つの重要な都市があり、その一つルアン・パバーンの旧称は、ムアン（町）ルアン（偉大な）パバーン（聖仏陀の）で、ムアンが割愛さ

れ、パバーンはラオ語のPha（仏陀）Bang（聖なる）が一語になっている。当時シンハラ島起源でカンボジア経由の高さ八三センチメートルの金の仏像が都市守護仏として伝わり、今は王宮博物館に展示されている。

もう一つのビエン（古語で都市）チャン（紫檀の）は、最初タイと同じチャンタブリー（Chantaburi）と称したが、ChantaをChanと簡略化し、ラオ語のVienのあとに置いた。ここは一五六五年以来の首都で、仏教の国内最高の地でもあり、タット・ルアン（塔・偉大な）という仏舎利塔が立つ。芳香のある紫檀は色素を染料とし、材は建築・家具用に適している。

メナム川、タイのバンコク（照葉タマゴの木の水辺）、ミャンマーのネーピードー（都）

タイはメナム川流域と七世紀まで東西の横断路だったマレー半島部からなる。

メナム川の正式名はMenam（川）Chao（人々の）Phraya（高位の）で、公爵によって治められていたというが、イギリスにより外国へはメナム川の名で伝わり、国内ではチャオプラヤと言うのが普通である。

このメナム川上流域に北から南下した民族のうち、一三世紀のモンゴルの襲来時代に移住したタイ人は、山間の盆地に良田を求め、ラン（一〇〇万の）ナー（水田）王国を創った。ランナー王国のチェン（都市の意）に始まる都市名のうち、次の三都市が重要であった。

チェン・セーン（セーン王の）　セーン・プー王の創った町。ビルマ、ラオス、タイの三国国境にある

チェン・ライ（ライ王の）　セーン王の義兄にあたるメラ・ライ王の町

チェン・マイ（新しい）　永続的な都市として設計された囲郭都市。郊外に当時のWat（寺）ced-jood（チェトヨート、七塔の）がある

ここより少し北にいたタイ族は、漢字圏に入ったため、チェンが中国の鎮康のように鎮（chen）と書かれ、タイ族が多く居住する国境地域は、Sip-sam（一二の）phan-na（千田）と呼ばれた。パンナは当時の行政区の名称で、現在の呼び名はシーサンパンナ(西双版納)タイ族自治州となっている。

ランナー王国が生まれる前、中部ではスコータイ王国が独立し、マレー半島まで領土を拡大した。しかし、一四世紀に成立した新興アユタヤ王国がこのスコータイ王国を併合し、一三五〇年から五つの王朝が交代したが、それでも一七六七年にミャンマー軍によって陥落させられた。タイの首都は華僑の財政力がある、チャオプラヤ川下流のトン（財宝の）ブリー（町）に移され、一代一五年でトンブリー王朝が消滅すると、今度は対岸のクルン（首都）テープ（神の）にチャクリ朝が創設された。クルンテープとは百字を越える長い地名の先頭部だけなので、ヨーロッパ人は別称の方の古い地名Bang(水辺)makok(マコークの)を短くバンコクと呼んだ。マコークはマンゴスチンの近縁種で、卵大の実を付けることから和名を照葉タマゴの木と言う。バンコクは語源の通り、王宮や寝釈迦寺のある高い所でさえ、標高が一・九メートルしかない低湿地の街である。ここは運河の街ではあっても、交通路の足りない街であったため、自動車時代を迎えて道路の渋滞が世界で最も激しいことで知られている。都市鉄道も一九九九年に初めて運河の上を走る

高架鉄道が開通した。

インドシナ半島で当惑するのが、ミャンマーの地名であろう。

北の山地から国土の中央部に移住したビルマ人は、文語ではミャンマー人というので、一九八九年に地名を民族語音にする政府の政策から国名もミャンマーとなった。

ミャンマーの古い地名として内陸の先住民であったピュー人のパガン（現バガン）や、沿岸の先住民であったモン人のパティンを上げることができる。綿布の産地パガンはピュー・ガーマ（ピュー人の村 gama はシンハラ語）を語源とし、一一世紀にこの地に定着したビルマ人が最初の王朝であるパガン朝を立てた所であった。また、ビルマ人はここで上座部仏教を取り入れ、多くの寺院を建立したので、王朝は建寺王朝と呼ばれた。

ミャンマー中央の川エヤワディ川下流のパティンはモン語の Phathem（イスラム教徒）から転訛したが、旧称はポルトガル人の呼称でバセインであった。この地はインド人とアラブ人のイスラム商人がチーク材や米を輸入していた所であった。

民族紛争の絶えなかったインドシナで、ビルマ最後の大規模な衝突は一七五六年にモン人とビルマ人らの間で起こった。モン人はダゴン（三つの丘）を失い、勝利したビルマ人らの多民族軍はそこを Yan（敵）gaun（尽きぬ）即ちヤンゴンとしたが、ここもイギリスなどによりラングーンと呼ばれてきた。

一八八六年に英領になると、各地に英軍司令部が置かれ、中央部の乾燥地では温暖で清水《せいすい》が得られる標高一四三六メートルにあるタウン（山）ジー（大きな、接続辞で-dzi）が好適地とされ、小さな村がその後急激な発展を見せた。

一九四八年に独立し、仏教を国教とするビルマ式社会主義建設を目指したが、一九八八年から二三年間軍政を敷き、首都も移転した。

二〇〇六年、新首都はヤンゴンから北に三二〇キロ離れた軍用地に創設され、国会議事堂を中心とし、各省庁間の移動は一部で片側一〇車線の道路を使う。首都名は一語で「都」を意味するネーピードーとし、都市のシンボルとして高さ九九メートルの平和パゴダを建立した。

なお、地名表記は言語によって異なるので幾通りかあり、どれと決められないとき、地図を併用するのが良い。また、インドシナという地名の端緒はフランス語の植民地名としても、現在タイ語辞典に半島名、カンボジア辞典に地名として記載されており、適切な表現と思う。地名の意味は各国語辞典で確認したが、ミャンマー（ビルマ）の語源は、綾部恒雄・永山昭編「もっと知りたいビルマ」（弘文堂）によった。

〈主な参考文献〉
梅棹忠夫　東南アジア紀行上下　中公文庫
石井米雄　桜井由躬雄　編　東南アジア史①
　大陸部　山川出版社
根本　敬　物語ビルマの歴史　中公新書
柿崎一郎　物語タイの歴史　中公新書
上東輝夫　ラオスの歴史　同文館
小倉貞男　ヴェトナム歴史の旅　朝日選書
柿崎一郎　東南アジアを学ぼう
　メコン圏入門　ちくまプリマー新書
ARTHUR ANTHONY MACDONELL : A PRACTICAL SANSKRIT DICTIONARY, OXFORD UNIVERSITY PRESS.
MARY R.HAAS : THAI-ENGLISH STUDENT'S DICTIONARY, STANFORD UNIVERSITY PRESS
DANG CHAN LIEU : VIETNAMESE-ENGLISH DICTIONARY, HANOI 1987
RUSSELL MARCUS : ENGLISH-LAO/LAO-ENGLISH DICTIONARY, CHARLES E.TUTTLE CO.
坂本恭章　カンボジア語辞典　大学書林
大野徹 編　ビルマ語常用6000語　大学書林

（元北海道公立高校教員）

地図と地名

——鳥瞰図の魅力からわかること——

藤本一美

はじめに

大空を飛び地上を眺めているような、楽しい絵図の世界、鳥瞰図の世界は、普通の地図とは違う魅力がある。人間が空を飛んで鳥の目で見た気分を絵図にして表現したものだから、鳥観図や俯瞰図ともいわれている。そのほかパノラマ地図や絵地図、名所図会、真景図（実際の景色を忠実に描いた風景画）などの中にも、視覚的に鳥瞰図にあたる作品もある。

鳥瞰的発想が身についたのは、中学三年時、志賀直哉の小説『暗夜行路』を読んで、伯耆大山中腹からの夜明け前の描写に心動かされたり、高校三年時、鉢伏山に単独登山し、その時、眼下に見渡した東郷池や北条砂丘の連なる海岸線、倉吉平野を流れる天神川筋の不思議な「地図（鳥瞰図）の世界」に浸ったことが契機だったようである。

その後は、大学で地理を学び、東京の教員になってからは「大東京パノラマ鳥瞰図」（『地図ニュース』一五四号、一九八五年）など描画。人間は、普段は虫のようになって物を見る（虫瞰的）のが当たり前で、それも大事だが、ゴルフ場・ゴミ・大気汚染などの環境問題を大局的な発想で見れば、「木を見て森を見ず」に陥らない見方が可能ともなるのではなかろうか。

また、吉田初三郎のデフォルメ（誇張）された鳥瞰図や近年試作した私の手作り鳥瞰図について、地名の描き方についても言及しながら触れてみたい。

神戸市鳥瞰図

表題名は神戸、内題は大神戸市を中心とせる名所鳥瞰図絵、吉田初三郎画、松浦集古館発行、昭和五年制作。

まるで超広角の魚眼レンズで覗いた風景

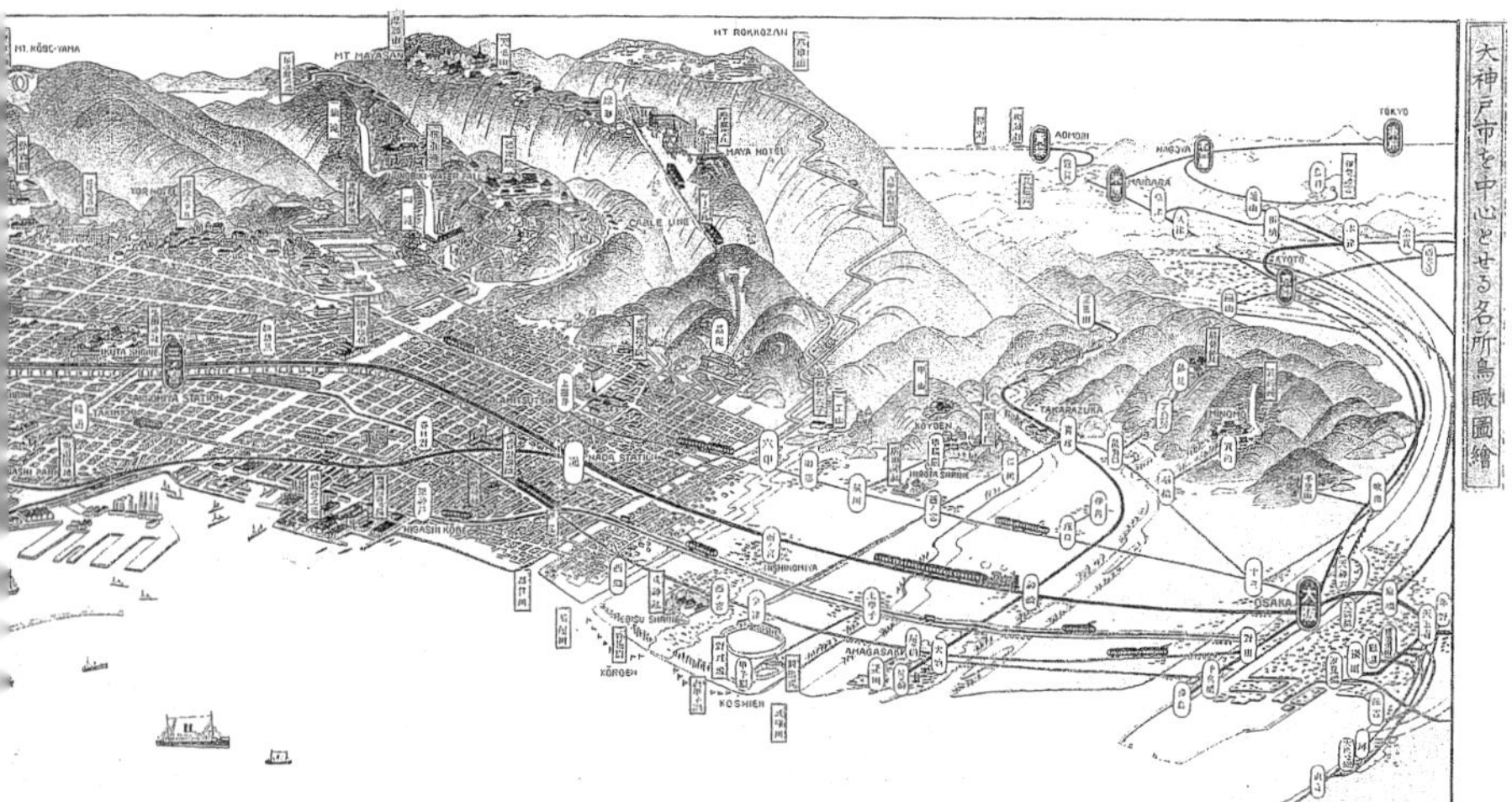

のように描写した図であり、横長左右の画面を極端に反り曲げたU字型の構図。遠景には見えないはずの富士山や東京、北海道、樺太、朝鮮を配置。方角は正確ではないが、鉄道線路の生きつく先を表す。

　また、生田河口の神戸の古い開港（兵庫港は一八六七年末）時代の姿と元居留地、更に現在の貿易港、造船工業都市としての姿を前面に活写し、港内や沖合には商船がたくさん浮んでいる。

　六甲山地を背景に東西に延びる市街地の全景を克明に見ると、立体化し精緻に描かれた有名な建物群や市電の路線系統の色分け、通常の地図では表せない当時の「生き証人」のようでもある。海水浴場や山上の寺社仏閣、ケーブルカー・電車・バス、神戸市章のマークまで描写した遊び心、ピンクの桜の開花と紅葉が同居する描写の演出には、時空を超えて人々を誘う魅力を秘めていて楽しい。

　それだけではない。神戸は一九九五年の阪神・淡路大震災で大被害を受けたが、初三郎鳥瞰図は、まさに空襲や大震災の過去を知る歴史的な「地図・地名文化遺産」といえるのではなかろうか。

伯耆大山鳥瞰図

大山は火山体を浸食している北壁を特徴としてとらえる。①崩落して堆積した崖錐地形を描くこと。②山頂一帯の原形面のダイセンキャラボク純林とその下部のブナ帯を正面眼下に観察できること。③牡丹沢と大の沢の放射谷の切れ込みの状況を描くことなど、意識しながら作画する。

　とくに日本海側の冬の風雨雪による浸食によって形成された荒々しいまでの姿を、雪解け後の夏から秋の姿を表現してみた。もろい安山岩質もあってか、山肌の荒れの凄さは、大山山頂の弥山の三角点標石の移動再設置（標高一七一一メートル↓一七〇九メートルに下がる）や大山縦走路の一般入山者の立入り禁止になっていることからもわかる。

　大山最高峰は一七二九メートル。ブナ帯は西日本最大級の植生である。

木曽御嶽山鳥瞰図

　日本には一一〇の活火山のうち、気象庁がとくに重視して二十四時間監視するのは四七火山だが、そのひとつが木曽御嶽山。

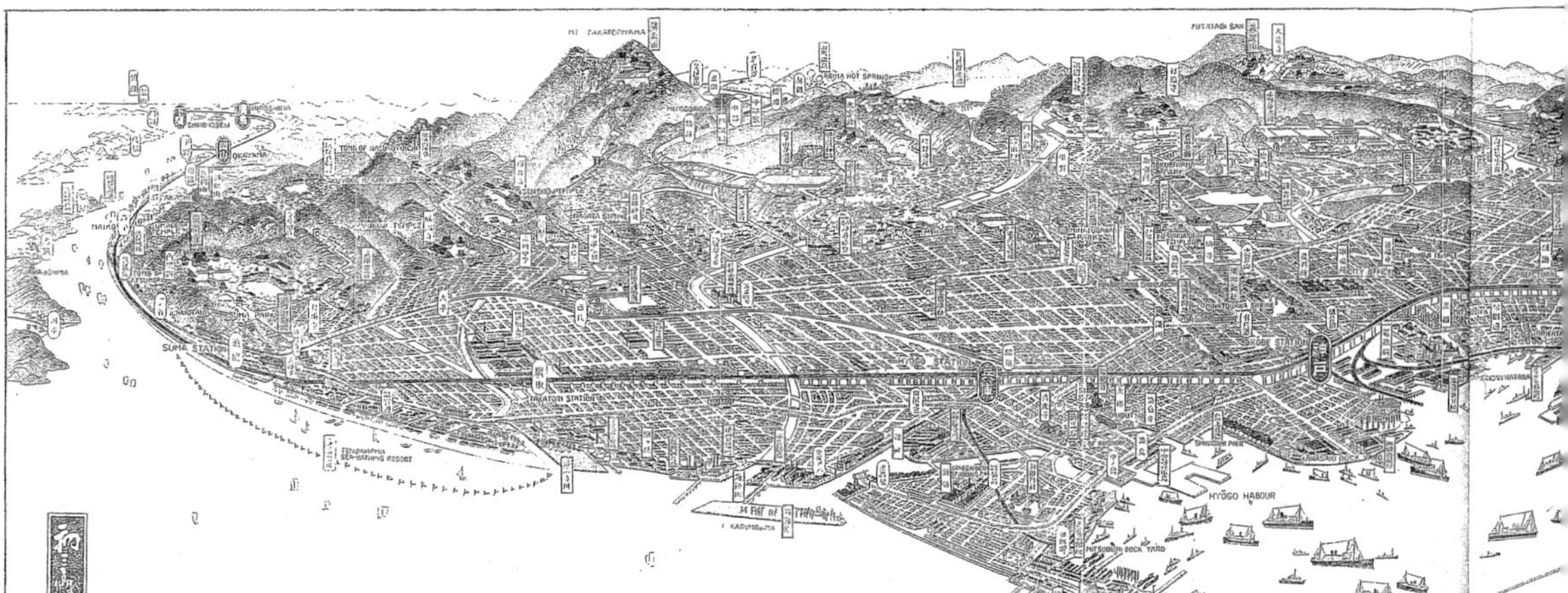

一九七九年に有史上の死火山（いまは死語に）が突然爆発。二〇一四年九月二七日昼時、予兆のあらわれにくい水蒸気爆発が発生し、死者五七人、行方不明六人（その後一人減）、一五三羽の雷鳥の生息域で大惨事となってしまった（紅葉の見頃で好天の土曜日）。急遽、グーグルアース他の資料を使って鳥瞰図を作画。旧噴火口（一ノ池、二ノ池、三ノ池、四ノ池など）の跡の発見と今回の噴石、熱風、イオウ臭到達地点の剣ヶ峰や八丁ダルミ、王滝頂上付近を手前に、噴煙はわざと少なめに、火山地形を隠さない工夫をして表現してみたもの。

入山規制のない警戒レベル1（5は避難）を3に引き上げられなかったことが悔やまれる。

二〇一八年一月二三日草津本白根山が何の前ぶれもなく水蒸気爆発。多くの死傷者が出た。予測の限界を露呈してしまった。御嶽山の噴火を教訓に新設した「噴火速報」が発表できなかった課題が残る。

（首都大学東京・専修大学非常勤講師）

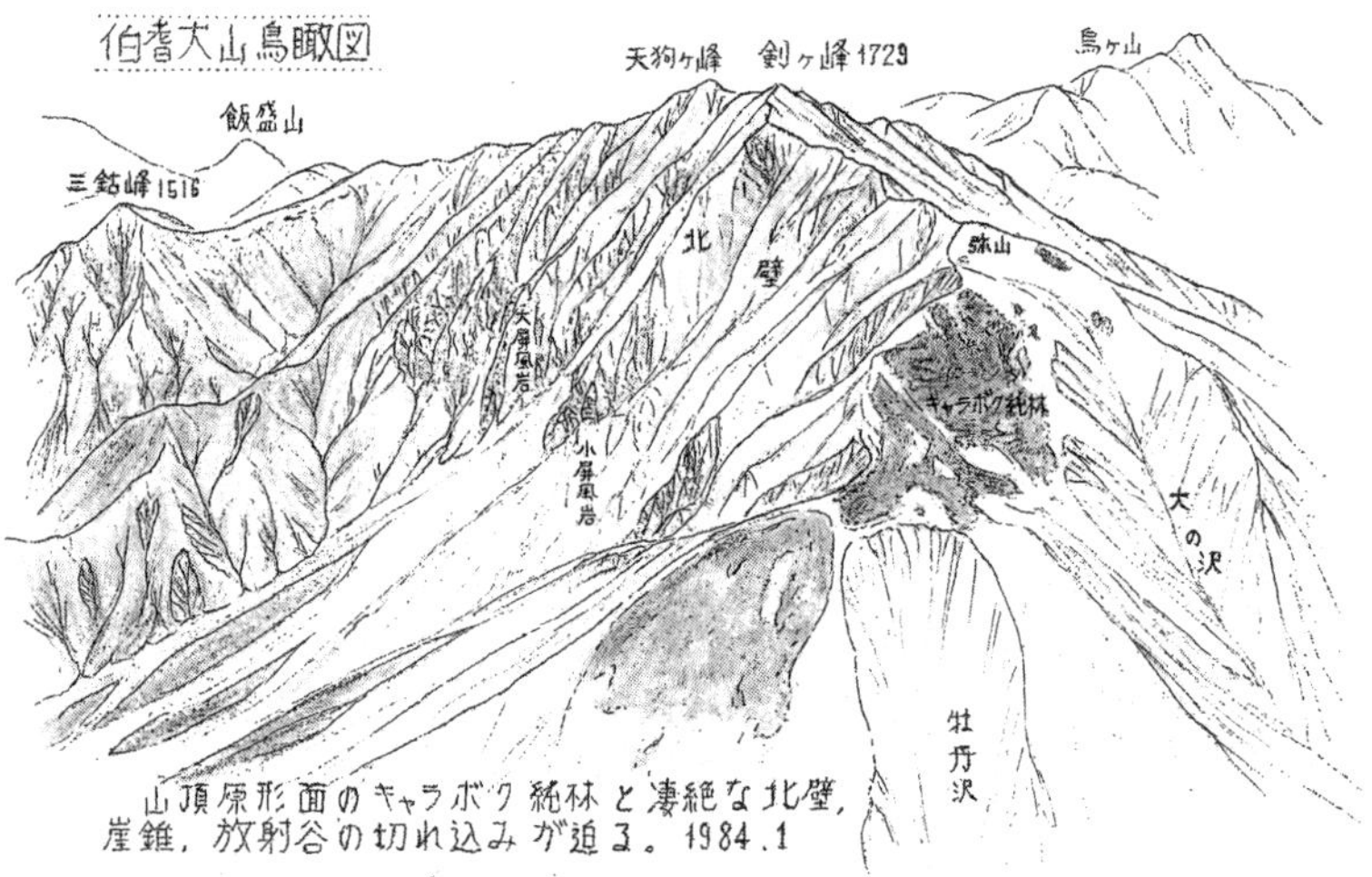

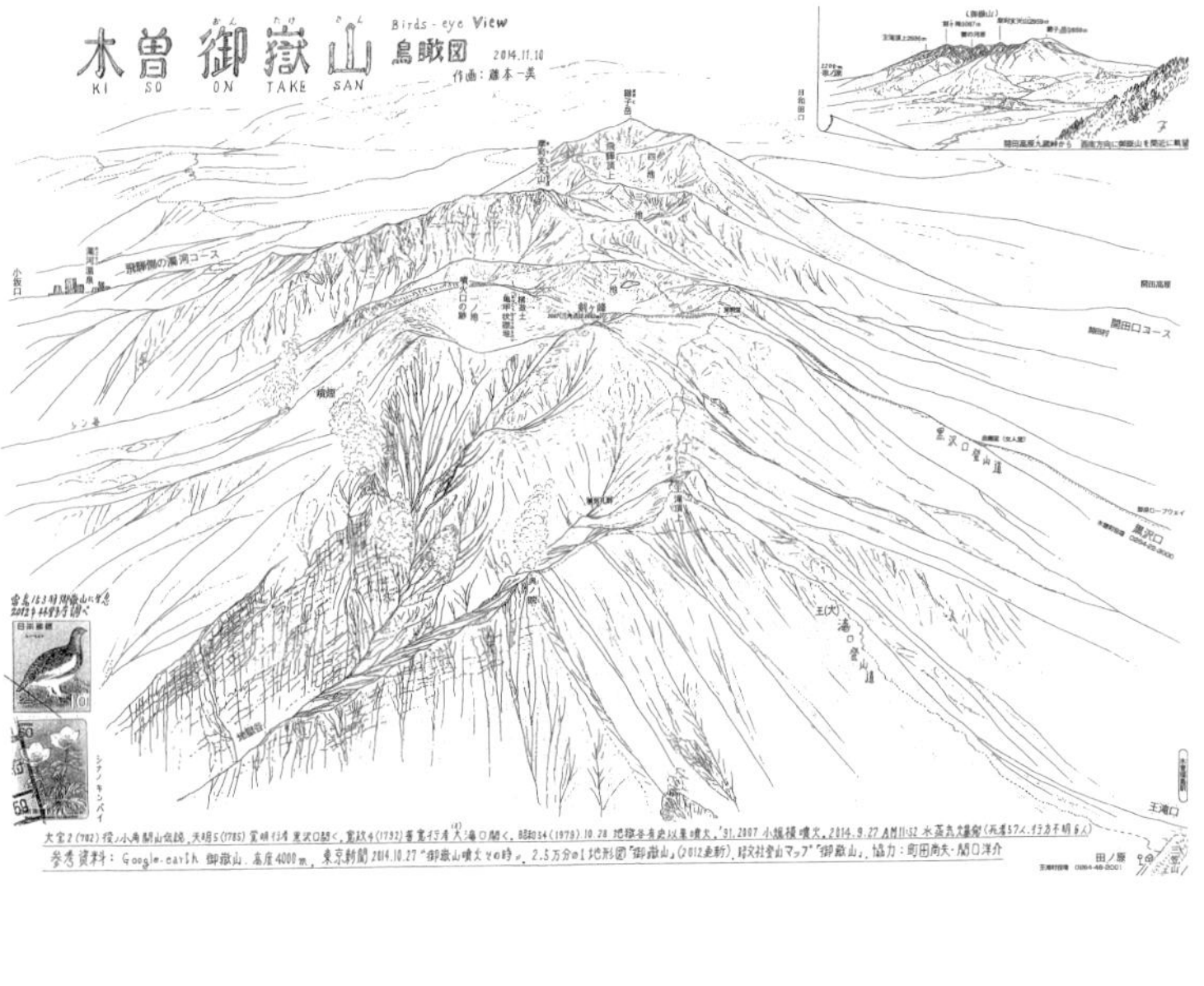

流山市の歴史的地名改変—社会人講座「千葉県東葛飾地域の歴史と地理」実践から

相原正義

一　社会人講座での地名の扱い

地理教育の現場を離れて十数年になる。現在は千葉県の常磐線沿いの二大学で三つの社会人講座を持っている。私の住所は流山市。市役所の字加（一文字一音地名）が一九六五年に平和台に変わった。新地名は世間が目指す「平和」とはそれほど関係なく、市役所周辺の宅地開発をした業者名が平和不動産で、その業者名にちなんで命名された。市の地名は、その後も連続的に改変に流れてゆくのである。

講座名は「千葉県東葛飾地域の歴史と地理」で、中身には歴史、地理のほか、民俗と自然を加えている。講座は、春、秋、冬の三回で、一回が八講座、座学と現地見学で構成している。扱う地域は松戸、柏、流山、野田、我孫子の各市で、常磐線に沿い受講者の共通地域で、定年退職者や主婦が多い。社会経験を背景に、学習意欲と探求心が旺盛で、時折、講師の知識の浅さを突かれ棒立ちとなる。

受講者は地名への関心が高い。授業の扱いは、①地域（市）課題の中での扱い、例えば題「手賀沼の洪水と生活」であれば、周辺村と手賀沼新田の地名との関係、②授業全体（九〇分）が地名の扱いに分けられる。事例は、流山市の新田地名、流山市の地名改変、松戸市の地名、小金牧・佐倉牧開墾地の地名、柏・我孫子の難解地名、駅名の検討、柳田國男の地名論など。

柳田は、茨城県利根町布川と対岸の我孫子市布佐が「第二の故郷」で、東葛飾郡や相馬郡、利根川と関連が深いからである。資料には『故郷七十年』や赤松宗旦の『利根川図志』、そのほか柳田の『地名の研究』（我孫子市中峠《なかびょう》など）を使う。

現地見学では布佐—布川も取り上げる。柳田の本家旧松岡鼎家、気象学者岡田武松の旧家（現在、布佐近隣センター）、栄橋と利根川、鮭の網代跡、徳満寺の「間引きの絵馬」、来見寺の赤松宗旦墓所、小川家（柳田國男公苑）など。二〇一七年一一月末には徳満寺地蔵市に合わせ見学を組んだ。

二　安易な町名（大字）の合併

授業の内容を記したい。受講者は地名に無関心であった人のほか、多様な考えを持っている。そのことを把握して押しつけにならないよう配慮し展開する。

歴史的地名を残す、守るには地域住民の誰かが声を上げなければならないことを掲げる。説明では私の地名への思いのほか、具体的な行動の様子を加えてみた。

一九七八年五月一五日、当日の広報「ながれやま」に〈配布資料〉「本市の名都借《なづかり》の一部地域が四月二五日付けで松ヶ丘、西松ヶ丘の新名称となりました。これは三月の市議会で可決承認されたものを受けて、千葉県報で告示、正式発効」（要約）と書かれている。

具体的行動。記事を見て、広報担当に電話する。「納得できない。反対意見を書かせて欲しい」と要望。担当者は「決まったことで、意見をいただいてもいまさら変わらない」「要望は私だけでは判断できない」と拒否に流れていたが、「市民の考えを述べる場をあたえてほしい」と粘った。上司との相談後（待つこと五時間）に、「二〇〇字以内なら許可」との返事がくる。「短すぎる」などのやり取りをしたが、それ以上の言葉をおさえ応じることにした。

投稿文。〈配布資料〉「地名も歴史を探る手がかりでは」（次号六月一日）が掲載された。

要約すると、「名都借の一部が『市民の利便の向上』のために、松ヶ丘に入るという内容です。現在の松ヶ丘は向小金新田（私の居住地）から一九六一年に分けられたところで、今回、字名都借の一部が入りますと、流山の歴史を子どもたちに受けついでいくときに混乱がおこることが目に見えます。（略）、地名は土地柄をあらわし、わたしたちの祖先がたえることなく後世に伝えてきた文化財といえるものです。利便や〇〇ヶ丘という耳ざわりで判断し変えることはやめ、使われなくなっている小字をも活用するよう願いたいものです」という内容。あれから、まる四〇年になる。

授業では「投稿への反応」があったかの質問を受ける。反応は一人、初めて知る無所属市議からで、市議は議員の地名保存に対する「関心が低い、いや、まったくない」ことを電話で伝えてきたことを応える。

そして、授業では新しい地名案がどのような経過をへて成立するかを〈資料1〉から読み取り整理する。地名改変案は市当局から市議会に提示、審議される。案が議会で可決承認された後、「千葉県報」で告示され決定する。その他、当時市民の意見がどのようにくみ取られたかが出されたが、「不明」と答えた。次の「三」に引き継ぐ。

受講者に感想を聞く。字を崩す合併が地域の歴史を混乱させることを知る。多数決など議会制民主主義に限界があるのでは、が出された。改変と統合への賛成はなかった。

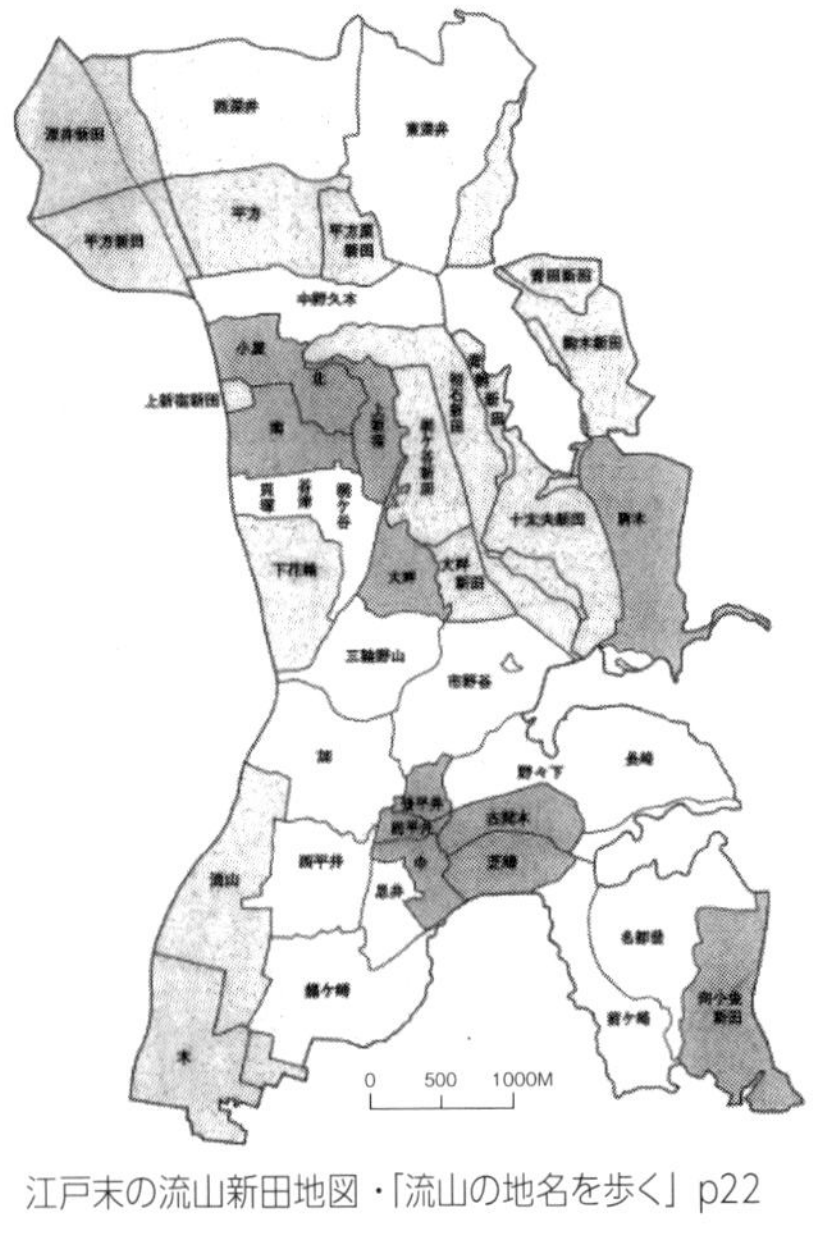
江戸末の流山新田地図・「流山の地名を歩く」p22

三　「新田」地名の削除

新田地名の削除を取り上げる。

事例は前項に続き流山市字向小金新田。新田の面積は八六町歩で、常磐線南柏駅に近い。北側の約半分は前記のように新興住宅地として開発され、一九六一年に「松ヶ丘」と改称される。残り半分の新田地名は一九八九年削除され、「向小金一～四丁目」となる。教材は「残りの新田」に絞る。

授業は、新田の分布と新田の削除、向小金新田の「新田」削除のアンケートと私の回答、受講者の質問とすすめる。

江戸時代末の現流山市は、村数四七、うち新田は一六で、新田の面積は現在の市面積の約四分の一。新田を大別すると、市の東側は江戸時代を通して幕府の野馬牧である小金牧（そのうち、流山関係は高田台牧と上野牧《かみのまき》）を開墾した台地の新田と、西側の江戸川沿い沖積地の新田に分れる。小金牧は一八六九年（明治二）から東京窮民が入植し、高田台牧は十余二《とよふた》村、上野牧は豊四季村となりいずれも柏市である。

流山市分は一八八九年の明治の町村合併の後に九の字新田が残る。

九新田のうち、戦後に新田が削除されたのは、平方原新田が一九五八年と一九七一年、初石新田が一九六一年、青田新田、駒木新田、十太夫新田が一九六八年、大畔《おおくろ》新田一九七一年、そして、向小金新田は一九八九年である。以上は小金牧を開墾した台地新田である。

現在、市内に残る字新田の地名は深井新田、平方村新田、上新宿《しんしゅく》新田（以上、江戸川左岸の沖積地）、上新宿新田（二分され台地の新田）である。面積はどの新田も小規模で、合計面積はわずか市全体の一％弱を占めるに過ぎない。

授業は前ページの地図で新田村削除の経過と、向小金新田の新田地名削除がどのように行われたか、私の対応も加えた。

向小金新田の授業は最初に地名を解説する。向・小金・新田の三つが組み合わさった地名である。親村小金（松戸市）から見て、坂川（江戸川支川）支流の平賀川とふじ川（藤と富士の両表記）の谷津の向いの土地を開墾した新田村となる。小金までの距離はわずか二・五キロメートル。

「流山市近世資料編Ⅱ」に向小金新田の地名初出は寛永一五年（一六三五）とあるが、「村の共同墓地」（寺はない）にある墓石の一石五輪塔には、Y家の元和九年（一六二三）、T家寛永五年（一六二八）、K家寛永六年があり、初出よりも一二年さかのぼる。K家の戒名には入植して初めて亡くなった故人を表す「新没」が付してある。流山で最も古い新田である。

〈配布資料〉「新田地名の変更アンケート」。

一九八八年八月、市から「向小金新田地域の区域及び名称の変更に関するアンケート」が届いた。問いは三つである。

一　市では、字の区域について別添のとおり第一案から第三案まで作成しましたが、その中から希望する案を一つ選んでください。

二　次に、それぞれの区域について、適当と思われる名称を付けてください（現在の一丁目～四丁目）。

三　その他、今回の字の区域及び名称の変更について、ご意見、ご希望がありましたら記入してください（昭和六三年九月七日までお出しください）。

〈配布資料〉「相原の回答」

一には、「いずれも希望の案はない」「なぜなら三案とも新田がなくなり、『向小金』となっているため」と書く。そして、なぜ市の字名称の変更案に反対するかを葉書の空欄に列記した。

一　向小金新田の地名を守ること。三六五年続いてきた歴史的地名を、市は守り、保存していく義務があります。

二　字前ヶ崎、字名都借の一部（隣の大字）を向小金新田に加えない。そうしないと、後世の人たちに村の成立の歴史が明確に伝わりません。文献資料だけでは、専門家は別として、市民の歴史認識に混乱を生じます。この件についての私の考えは、広報「ながれやま」一九七八年六月一日、「流山研究」一号の「迅速測図・五万分の一地形図に見る流山」(一九八二年)、「流山研究」二号、「流山の新田―向小金新田を例に」(一九八三年)の文を参考にしていただければ幸いです。

三　新田地名を残せば一～四丁目と区分することは受け入れたいと思います。

四　多数決で決めないことを強く望みます。

三では一部妥協を示したが、全体として反対の意思を示した。

流山市の行政は住民に対し丁寧に対応し、「地名アンケート」まで不満を述べたことはなかった。新地名決定の方向を出す以前に、市から個人的に呼びかけがあるものと甘い考えを持っていた。また、一三万(二〇一八年二月には一八・五万人)市民の中には「歴史的地名を守りたい」という全国の流れに沿う人がおられると信じていた。だが、多くの市民は市が決めたことに、異議申し立てをしないこともありのままの事実である。

一方、授業では後に知る行政や議員の中に、戦前、栃木県藤原町を鬼怒川町に変えることに反対し、「藤原」の地名を守った山形三郎知事(読売新聞一九八九年三月五日、丹羽基二論文、配布資料)のように見識を持った方を取り上げる。なぜなら、流山市は「豊かで活力のある文化都市」の実現をめざしているまちだからである。

〈資料配布〉では丹羽氏の「地名こそ文化　変更は慎重に」をコピーして渡した。

新田地名が削除されたとき、先祖が水戸徳川家御鷹場の鳥見役の家であったAさん(明治三八年生まれ)を尋ねた。「なんということをしてくれたんですかね。家には古文書がいくつかあって、松戸市教育委員会に預けている。すべての文書に『向小金新田のA』と書いてあるのに」「新住民は手紙や住所を書くとき、二文字がないほうが簡便で時間の節約になると思ったんでしょうか」と残念がる。「いまさら悔やんでも、市が決めたことで仕方がない」といい、あきらめ顔を見せるのであった。

四　TX、おおたかの森駅中心の改変

ある日の授業で、流山おおたかの森駅周辺の区画整理による地名改変を取り上げる。次ページ図は、市総務課でコピーした、地図二枚のうちのおおたかの森駅周辺の地図「字の区域及び名称の変更図」である。

導入では南流山駅周辺の区画整理と比較する。

流山市は「へそ」のない市といわれてきた。市の中心付近が近郊農業地域であったからである。一九九一年に首都圏新都市鉄道株式会社が設立され、二〇〇五年八月につくばエクスプレス(TX)が開業した。駅と線路は主に農地と平地林を貫いて、南流山、流山セントラルパーク(以下、セパ駅)、流山おおたかの森(おおたか駅)の三駅ができる。

南流山駅は一九七三年四月に武蔵野線の開通ででき、現在、TXの地下駅と交差する。駅前は一九八八年に区画整理が完成。駅付近の字は流山、鰭《ひれ》ケ《が》崎《さき》、木(一字一音地名)であったが、南流山駅を中心に、交差する線路によって旧字に全く配慮することなく、南流山一～四丁目と切り、五丁目から八丁目は一～四丁目に付随して区画整理された。南流山駅周辺後の大規模地名改変は流山市が中心市街地形成を目指すおおたか駅付近の開発である。

授業の中心。新駅のおおたか駅はTXと東武野田線が交差し、南流山の区画整理と

おおたかの森地区の「字の区域及び名称の変更図」

同様に四分割する。その地域は江戸時代に高田台牧が新田開発された字が多く、戦後の地名変更で「新田を削除」された大字が残存していた。残存は前記の向小金と同様、「手を加えた歴史的地名」である。

だが、南流山駅の区画整理と同じく、旧地名は生かすことなく分断、消去され、すべておおたかの森東、西、南、北の四つに分割され、各々、その中を丁目で区分する。

廃棄される地名と面積を四つの区画で見ると、

東—十太夫、東初石、駒木（八六ヘクタール、ほか、未定約二五ヘクタール）

西—西初石、大畔、市野谷、三輪野山（七四ヘクタール、ほか市野谷分が約四〇ヘクタール）

南—市野谷、西初石（六〇ヘクタール、ほか市野谷分、約二五ヘクタール）

北—東初石、美田、駒木、十太夫（七四ヘクタール）

全体面積は未定地を含め約三八四ヘクタールで、市面積三五三二ヘクタールの一〇・九％を占める。十太夫、東初石、駒木は「東と北」に分けれ、西初石、市野谷は「西と南」に分割されている。

字初石は初石新田で享保一五年（一七三〇）高入れの新田村。初石とは高田台牧を開墾し「幕府が初めて開墾地の反当り収穫高（石盛り）を決めた」ことによる。東初石一丁目を例にすると、一九六八年に初石新田に字青田新田、駒木新田の一部が加わった町名で、一度、字が混合された。東初石と西初石は東武野田線で分けられていた。

駒木は中世以前からあった村、十太夫は十太夫新田で開墾中心者須賀十太夫によって慶安二年（一六四九）に開かれた新田。大畔は大畔新田で、享保一五年に高入れの新田。市野谷は中世以前からあった村、三輪野山は天正二〇年（一五九二）の検地帳に出ている村で、延喜式神明帳に記されている（別論も）茂侶神社がある。美田《みた》は一九七一年に新住宅地に付した新地名で、十太夫新田、駒木新田、駒木の各一部を区画整理する。

新田の削除で「一度傷ついた地名」だが「初石ってどんな意味」、「十太夫って人の名か、その人はどこからきたか」と疑問を持つ子たちが必ずいるはずである。質問は受講者からも出た。

「おおたかの森区画整理審議会」開催の案内が二〇一五年のある日の広報「ながれやま」にでた。場所は市役所の会議室。入口の受付で署名し、担当者に「発言してもいいですね」と確認したところ「審議委員以外は発言できません」という。「広報には発言はできないとは書いていない」といったが、「決まりですからダメです」と一方的に「決まり」をだされる。

口封じされ会場に入る。一般市民は私を含め四人、用意された椅子にすわる。会場はロの字型になっていて、正面は総務課員が着席し、議事進行、経過報告。市長は挨拶して帰る。審議委員は区画整理地区の自治会長か、また自治会の推薦者と思われ、一八人ほどの出席である。

授業では審議会の様子を、私の当日のメモから一部を紹介する。

最初の発言者は駅前の高層マンションに東京から移住してきた東京勤務者である。「区画整理案は整然と統一されていて、街の区画が大変わかりやすい。都会的な区割りで、利便性がある」「会社の同僚はすべての新区画の名称が『おおたか』で統一され、自然豊かな新地名を表わしうらやましいと言う」「流山にマンションを選んでよかった」。

賛成意見は一〇〜二〇年前の移住者からもあり、賛成理由はわかりやすい区画整理をあげている。

反対意見は一部で、自分の考えや意見として述べる人はいない。自治会の代表者は、寄合の話し合いで出された反対意見を紹介する程度で主張は弱い。十太夫地区では、「新住民は新住所表記に賛成者が多い。数は少ないが旧住民に反対者がいる」とだけ発言し、どのような理由で旧住民が反対しているかの内容は出されない。

駒木地区からは、「成顕寺さんは『駒木の成顕寺』と地名と寺名が一連で古くから呼ばれてきたが、区画整理されるとその呼称がどうなるのか、寺は反対であるといっている」と賛成、反対の間に入っての苦労話を披露していた。別の人は、同じく歴史がある「諏訪神社も『駒木のお諏訪さま』と信仰を集めてきた。どうしてくれるのかと神社はいっている」と発言していた。

総務課の地図（「新市街地地区字区域及び名称変更案」第四回、二〇一三年九月）には「東」の諏訪神社の場所付近は市と神社の考えの不一致のためか区画が未決定のままになっている。授業での質問は「全国的に歴史的地名の保存運動が浸透している。そのため改変が下火である。流山市は運動の成果をどのように受け止めているか」が出された。全国の運動をどう受け止めているかは不明である。話を変え、市がどのような方法で、新地名の合意をつくっているかを考えることにした。

五　駅名の検討

地域の授業では駅名を頻繁に取り上げる。「どこの駅を利用していますか」の質問は地理屋の口癖でもある。続けて、その駅や路線に関わる最新の様子を聞く。

駅名についての私の考えは、先人が残し

た歴史的地名を付けることを原則と伝える。流山市内にはJR常磐線の駅はないが、線路は一六〇〇メートルほど通っている。受講生の多くは常磐線で通ってくる。県内の常磐線は私鉄日本鉄道海岸線として一八九六年（明治二九）に開通した。当初の駅は松戸、柏、我孫子の三駅で、松戸と我孫子は駅所在地の地名だが、柏駅は豊四季村にできた。豊四季の地名は一八六九年、東京窮民が入植した四番目の明治新田である。

柏村は一八八九年の明治の町村合併で千代田村に入るが、千葉県は事前に豊四季村を含めるよう要請する。柏村の旧名主らは気心の知れない「新参者」と新村をつくることはできないと排除した。だが、駅名は柏駅。豊四季村が千代田村に合併するのは二五年後の一九一四年である。

授業では歴史的地名でない駅名の代案を出しあう。松戸は合格、北松戸は上本郷だがすでに新京成線にある。中世の風早庄であったので風早、馬橋は合格。新松戸は字幸谷だが流鉄にあるので坂川流域の下谷耕地から下谷、坂川案がでる。北小金は合格、南柏は豊四季が東武野田線にあるので・「三井文庫」の資料にある入植者区分の南豊四季、柏は同じく東豊四季、北柏は根戸、我孫子は合格、天王台は小字、これでよい。

北小金駅の「北」はいらないとの意見。一八九三年に開業の東北本線小金井駅（栃木県下野市）と発音上紛らわしいので、北小金駅（一九一一年開業）でよいことにしようとなった。北小金駅の北はさいたま市の「〇〇浦和駅」と同一ではない。

「市民の力で変更できないか」と受講生から出されたのはTXの流山セントラルパーク駅である。流山にはその名の「中央公園（日本語）」はない。どのような経過で、カタカナの駅名が付いたかは省略する。開業前の仮駅名は流山運動公園駅であった。受講生に言われる前から、駅利用以外の市民を含んで「民度が問われる恥ずかしい駅名」「流山を取るとニューヨークか」といわれてきた。地域史研究者のAさんは毎日のように駅を利用するが、家でも、友人にも「セパ駅」と略称でいう。まともには呼べない、と。

英語表現は地名だけに限らない。在日二七年の米国詩人アーサー・ビナード氏は「英語優位の愚民政策」の現状と日常生活での横文字氾濫を「日本語の衰退、日本語は消滅に向かっている」と警告する（毎日新聞夕刊二〇一七年一一月二九日）。「衰退」の中に流山の駅も含まれる。

私の授業は「まろやか、穏やか」といわれてきたが、こと地名では思い余ってトンガッタ文になってしまった。

（地理教育研究会）

地名から名字の由来をさぐる

私は犬丸という。

珍しい、端的に言えばヘンな名字だと思う。これによって迷惑を被ったことが、主に少年期に集中的して、ある。高校時代、即ち大人になってからはそういう記憶もほぼ無くなるが、しかしこれまでに同じ名字の方にお会いした経験は皆無であるから、珍しいに違いないのだろう。ときに、犬が丸まっている姿でも思い浮かべるのだろうか、「かわいい名字ですね」などと言われることもあるが、私の風貌が全く似つかわしくないため、それによって何か恩恵らしきものに与った記憶は、残念ながら皆無である。

ところでこの珍しい名字、いったい何が由来なのかと考えないではなかったが、そういう地名の存在を何かのきっかけで知って以来、暇な学生時代に調べずじまいとなり、今日まで持ち越してしまった。私にとっては、ずっとサボって放置していた課題のようなとでも言おうか、頭のどこか、よく分からない整理されていない部分にあって、しかしそこへ置くにはやや、「忘れられない」ものだったのである。そんな折、今度の機会をいただいたので、思い切って調べてみることにした。どだい、この主題を学術論文にすることには無理があるような気がするのであって、今回はコラムという性格を鑑みて、ご笑覧いただければと考えた次第である。

若者の言葉の誤用例として、氏名の名を「下の名前」と言うそうだ。ならば氏、即ち名字を「上の名前」と認識しているわけで、名が二つあることになるではないかとの疑問がありつつなのだが、ぜんたい、人はいつから名字なるものを使いはじめたのだろうか。古い社会においては、まず、個人を識別するために名前を発明したはずである。名字は無くとも社会生活そのものは可能であり、従って、いわゆる記号論的な意味においてだとしても、名前は必需であるのに対し、名字はそうでない。別の理由があるのだろう。

古代氏族などの例をみれば、地名を一族の氏の名とすることが多々あるようだ。たとえば氏姓制度における氏が、現代の名字と全く同じものと言うつもりは毛頭ないけれども、それは個人でなく血縁集団を指すものであるから、古代の人々の感覚として、今でいう名字に似たものだったのだろうし、それが名字の起源となった側面もまた、認めてよいだろう。

果たして、犬丸というのは地名からでた名字なのか。調べてみると、大分県中津市と石川県小松市に犬丸地名が存在するらしい。中津市の場合は地名が先にあったようだが、小松市の方は、犬丸という人物に由来して地名ができたらしく、両市では地名の形成過程が逆であるようだ。今回は、中津市の犬丸地名を検討してみたい。

足利直冬が現在の中津市犬丸にあたる所領の安堵を行ったことを記す「大友道性安堵申状」には、貞和六年（一三五〇）に、

> 下毛郡野仲郷内諌山々立部田地
> 同郡山国江淵村弁得王丸名内田畠屋敷山野犬丸名田地
> 及上毛郡三毛門村弁吉木有松名田地畠地屋敷等地頭職事

とあり、ここに犬丸名《みょう》の田地がみえる。また、「豊前野仲郷千万名社職免田畠取帳」によると、この「犬丸名」は、半世紀ほどのちの応永一一年（一四〇四）の時点では、下毛郡代であった野仲氏の一族で、野仲郷の代官を担ったと思われる犬丸氏が、多年にわたり知行されていたとある。つまり、犬丸という土地を犬丸という一族が支配したことが読み取れる。

しかしこれだけでは、地名と名字の関係に

ついて、特にその先後関係についてを理解することができない。そこで九～一〇世紀前半の地名を記録した『和名類聚抄』をみると、

豊前国下毛郡野中郷

がみえており、この地域に野中郷の存在を確認できる。八世紀以降の律令体制に基づく国郡郷制のもと、郷名としての野中地名がまず成立した。その後の一〇世紀後半における律令制の変質・崩壊のなかで、田地は名として把握され、担当する田地の名を負う有力な農民が負名と呼ばれる段階へと進む。さらに一一世紀後半以降に中世的な荘園公領制に移行すると、負名は名主へと成長していった。このいずれかの段階で、野中という地域を管轄した者がそれを名字として名乗りはじめ、野中氏となったのであろう。前近代における用字は音通であるから、郷名と同様に、野仲氏は本来、野中氏であった可能性が高い。当初は有力農民層であったと思われるが、後に武士化したのであろうか。

犬丸氏は野仲氏の庶流、その野仲氏は宇都宮氏の庶流とされる。宇都宮氏は藤原北家の道兼を始祖とするが、どこかで仮託が生じているかもしれない。いずれにせよ、野仲氏の例を踏襲するならば、一四世紀半ばに存在した犬丸名を支配した一族が、地名を由来として犬丸と名乗ったことで、一五世紀初頭には犬丸氏が確立したと考えることができよう。

ところで、周辺に視野を広げてみると、名に犬丸とつく例が、犬丸城、犬丸川など幾つかみられる。城は地名か名字か由来が定かでないにせよ、河川となると、名字が由来とは考えにくい。河川は広い範囲を流れ、地域を分割する境界ともなり得るが、逆に河川名が、分割される以前の地域を統合・象徴する広域的な名称を遺している可能性を考えることもできる。もしかすると、犬丸という地域は、案外と広かったのかもしれない。

元徳元年（一三二九）の「鎮西御教書写」には、高家安芸房清円が「高家郷犬太郎犬丸両名」に対する地頭職の安堵を、鎮西探題に要求した史料があり、そこに「犬太郎名」とともに「犬丸名」がみえる。下毛郡野中郷の犬丸以外に、宇佐郡高家郷にも犬丸地名の存在が確認され、地理的にそれほどの距離もないことから、その関係性が注目される。さらに、京都郡などにも犬丸地名が確認されるほか、宇佐郡の小犬丸のように、〇丸地名が散在しており、中津市にとどまらない、「丸」の付く地名を持つ地域の広がりを意識することもできる。

古代において、「丸」すなわち「まる」とはどんな意味をもったのか。私見では「うみおとす」ような意味合いで捉えているが、その検討はまた別の機会としたい。

ちなみに、豊前犬丸氏は、「黒田官兵衛」「黒田如水」としても有名な黒田孝高に抗し、本家の野仲氏と共に戦い、滅ぼされた。天正一五年（一五八七）のことである。居城であった犬丸城は解体され、一部が中津城へと転用されたという。私の好物が、我が一族の地元福岡如水庵の銘菓「筑紫もち」であることは、くれぐれも、先祖には内密にせねばならぬ。

（犬丸　慎一郎）

山陰、山の陰の地名と風土

特集企画にあたって――編集担当からひとこと

関　和彦

第三七回全国地名研究者出雲大会の開催に向けて、『地名と風土』に於いても関連小特集を組むことにした。この度の大会に向けての一時的な企画ではなく、大会後の地名研究の発展、特に広がりを意識し、「出雲」に限定せず、その周辺地域、昔的にいえば出雲国の周辺、石見・隠岐・伯耆を視野に入れ、古代七道でいえば「山陰道」の内、三国に足を伸ばすことにした。

「山陰道」といえば対語として「山陽道」がある。「山陰」という名称は晴れが少ないという日本海気候、「陰」という字が発する暗いイメージが重なり、重く陰気な地域という認識を人々に与え続けてきたようである。そういう中、「山陰」という呼称を忌避し、「北陽」地方というなどの呼称の使用提案もなされたこともあった。

「晴れが少ない」というマイナス思考ではなく、『古事記』によれば古代びとはそれを「八雲立つ」と詠う。和銅六年の『風土記』編纂の官命では地名には「好字」使用を推奨し、それを受けて『出雲国風土記』では随所で地名の「好字」化がなされている。秋鹿郡条では神亀三（七二六）年に「恵伴《ゑとも》」を「恵曇《ゑとも》」に変更している。「恵伴」でも十分に「好字」であるが、農耕という生業の中で、「恵まれた雨」を伴う「曇」という意味合いを込めた新たな命名であったと思われる。

「山陰」、果たして忌避すべき呼称であろうか。夏暑き頃、わたしたち照り付ける太陽の陽ざしに辟易し、日陰を求めて歩くこと通常である。女性は日傘を手にし、日陰を友にして過ごしている。

「山陰」の「陰」の旁は「今」を上、下に「云」を配した合成字である。「云」は「出雲」の「雲」にもみえ、霊的なものを表わし。「今」は霊気を密封する壺という。

翻り『日本書紀』推古天皇二十年条には蘇我馬子が天皇に贈った歌、「やすみしし　我《わ》が大王《おほきみ》の　隠《かく》ります　天の八十陰《やそかげ》」がみえる。「八十陰」とはその大きさ故に大き

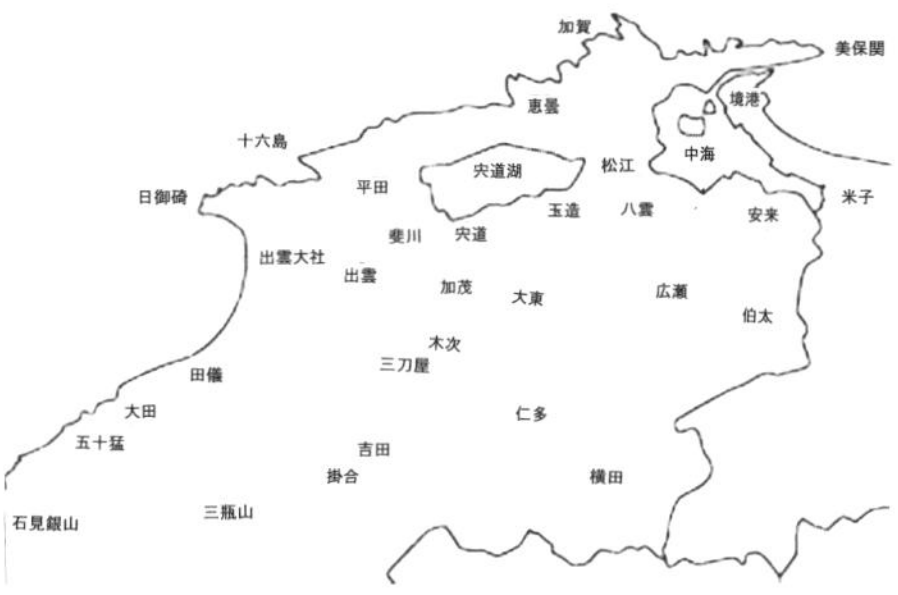

な日陰を作る宮殿のことであり、大きな屋根が生み出す静寂な空間を意味している。

都を中心に張りめぐらされた七道、その中でも重視されたのが、都と大宰府を結ぶ「山陽道」であった。その山陽道を構成する八か国には『延喜式』神名帳に記載された式内社が「実に」一四〇社みえる。山陽道の「陰」にあたる「山陰道」は七か国であるが、式内社は「実に」五六〇社を数える（拙稿「山陰の神々を詣でる旅」『山陰の神々　神々と出会う旅』今井出版、二〇一五年）。

「山陰」、神々はその呼称を忌避せず、「陰」の意を理解し、安住・鎮座しているのであろう。この度の出雲大会で「山の陰の地名と風土」を学びの中で実感できることを期待したい。

第37回　全国地名研究者　出雲大会　要項

「出雲 神々をめぐる地名と風土」

平成30年5月26日（土）〜27日（日）

会場：島根県民会館

5月26日（土）

●基調講演

「『出雲風土記』にみる風土と地名」　所長　関　和彦

●特別講演

「方言・出雲弁の風土と地名」　出雲学研究所理事長　藤岡大拙

●研究発表

「小泉八雲の足跡と地名」	小泉八雲記念館館長	小泉　凡
「たたら製鉄の風土と地名」	島根大学名誉教授	林　正久
「国引きジオパーク構想からみた風土」	島根大学名誉教授	野村律夫
「江戸初期から続く城下町・松江の地名」	島根地理学会顧問	大矢幸雄
「出雲神話世界の地名と大地」	出雲大社権宮司	千家和比古

●交流懇親／会場　サンラポーむらくも

5月27日（日）エクスカーション

●Aコース　はじめての出雲大社　「日本遺産　日が沈む聖地出雲」

県立古代出雲歴史博物館―北島国造家―出雲大社―日御碕神社など

●Bコース　奥出雲の奥を知る　「日本遺産　出雲國たたら風土記」

田部家・鉄の歴史博物館―菅谷たたら―稲田神社―金屋子神社など

●Cコース　島根半島国引き逍遥　「古代びと・神々の大地の風土記」

佐太神社―加賀の潜戸（潜戸遊覧）―加賀神社―八雲立つ風土記の丘など

問い合わせ先

〒690-0842　島根県東本町5-3-1　西村ビル　計画設計工房　福島邦雄

Mail：fukushima@koubou.matsue.shiane.jp

五十猛《いそたけ》の「カラ」について

三井　淳

一、「カラ」は韓

五十猛に違存する韓半島の地名で際立っているのは、「カラ」であろう。カラは韓、唐、辛などと漢字表記されるが漠然と韓国のことを謂うと考えて差し支えない。しかし、元来は加羅、加良などと書いて、百済と新羅に挟まれる韓国南部の中央部一帯、西はソムジンガン、東はナットンガンという大河に囲まれ、北はチリムレ・カヤムレの巌山に隔てられる限定的地域の呼称であった。

五十猛を語る上で欠かせないのは、神々の御事績が恰も現実に起こったかの如く「伝承」で町自体が成り立っているということである。太古の昔、新羅に天下ったスサノヲノミコトとその御子イソタケルノカミ（五十猛神）を戴いたものであるから、この地に上陸したとされる韓来の神とは実はイソタケルのみであって、スサノヲは本来無関係である。

神さんのお渡りもさることながら、五十猛の海岸には山陰沿岸部一帯に見られるよう、ハングル文字の漂流物が溢れていて、町民の頭痛の種となっている。しかし、これは韓国のせいばかりとは言い難い。海流・潮流・季節風の相関から、韓国発祥の漂流物は必然的に日本海沿岸の港町に流れ着いて仕舞うのである。逆に日本由来の漂流物が韓国の海岸を埋め尽くしたという話は聞かない。

昭和三二年（一九五七）五十猛中学校の屋体が完成したが、この財源は大浦の海浜に漂着したアメリカ軍の浮桟橋を売却して得た金であった（長尾柳作「五十猛歴史年表」）。

大浦ではイソタケルが浜揚げに至る神島、子神島《こがみしま》、神上《しんじょう》という上陸コースが昔から語り継がれていて、釜山から出海したと思われる浮桟橋も当にこのコースを辿り浜に流れ着いたのである。イソタケルに代表される韓神《からかみ》の示現も、全くの作り話でもあるまい。

二、韓山《からやま》について

海端に屹立する孤峰で、頂上の大岬灯台が日本海を睥睨する。標高は六〇メートルほどだが、灯台を加えると八〇メートルに及ぶから、五十猛のランドマークと目されている。また、松島という呼び名があり、そもそもは島であった。今の大浦中心部本町竪町辺りは曾ては砂州であって、海水が減退して以降徐々に聚落が広がり、現在では家屋がビッシリと軒を列ねている。所謂陸繋島である。

松島の所以は、一八世紀の後半から、大浦有数の名家である土肥屋代々の当主が、自己資金でもって韓山植松事業を継続しつつ、遂に韓山を「青山に充つ」松山に化したに因る。

しかし、地元では専ら「正定寺山《しょうじょうじやま》」と呼んでいる。韓山中腹には、大浦で最多の檀家を有する正定寺が開けており、大浦ではそう呼んだ方がしっくり来る。

松島山　一名韓山　正定山
大浦ノ勝、凡ソ目アルモノハ皆能ク之ヲ知ル。而シテ老樹鬱葱眺望絶佳ナルモノハ松島山ヲ以テ最トナス。山ハ三面海ニ望ミ南一面市街ニ接ス。東方大扇ノ倒ニ天半ニ懸ルガ如キモノハ石見富士。遠ク海上ニ斗出シ一幅水墨横圖ノ如キモノハ出雲日御碕雲烟模糊縹渺トシテ在ルガ如ク……

『五十猛村誌』の「名勝舊磧」が描く韓山からの絶景は、今も全く変わっていない。

『五十猛村誌』は、在りし日の五十猛を尋ねんとする上では、必要不可欠の地誌である。その書は大正一二年（一九二三）、時の土肥屋当主林愛吉の手によって編纂された。貴重なる古記録が散りばめられ、度々引用することとなる故、以後は単に『村誌』とさせていただく。

三、辛乃崎《からのさき》について

韓山先端の岬で荒海に迫りいだしている辛乃崎は、本来は「韓乃崎《からのさき》」である。辛乃崎と言えば、柿本人麻呂の「つぬさはふ石見の海の言さへく　辛乃崎なる……」という歌が余りに有名だが、辛乃崎の候補地は色々と挙げられている。江津市波子町の大崎鼻、同市和木町の真島《ましま》が有力である。しかし、五十猛の人間は、韓山の岬つまり大崎ケ鼻《おおさきがはな》こそ「辛乃崎」であると信じて梃子でも動かない。ビューポイント（絶景点）としてなら、大浦が一等抜きん出ている。

昭和五二年（一九七七）、京都の梅原猛氏にわざわざお越しいただき、この岬を披露した。

人麿の　悲しみ残る　五十猛の
辛の崎を　ここと定めんか
（梅原猛詠）

「候補地としてもいいかなあ」といった塩梅だろう。辛乃崎は韓乃崎であるから、海の向こうは「韓国（カラノクニ）なり」という想念がある。

「カラノサキ」は、当然ながら他の県にも存在する。対馬島北つ沖に「韓崎《からさき》」がある。

上県郡上対馬町にある礁島。対馬の最北端、三ツ島の東方に位置する。地名の由来は韓国《からくに》へ渡航する船人たちが、航路の標識として呼んだものか……
（『角川日本地名大辞典』「長崎県」）

逆に言えば、韓国からすれば日本最初のメルクマールでもあった筈で、太古の昔から韓崎を目指し韓船人（からふなうど）等は対馬ひいては日本へ乗り込んで行ったのである。

滋賀県大津市下坂本町の唐崎《からさき》も本来は韓崎である。地名の由来は、地名大辞典を見ても不詳である。韓崎は、近江国の南端琵琶湖の沿岸に当たるも、海とは隔絶している。なにゆえ古代人は、そこに「カラクニ」を想ったのであろうか。

『日本書紀』の崇神天皇末年に、任那国が蘇那曷叱知《そなかしち》を遣わして朝貢したという記事がある。任那は加羅と同義と捉えていいが、「任那国」とあらば、当時（四世紀初頭と思われる）加羅諸国の盟主であった須那羅《すなら》国即ち金海《きめ》からの派使であろう。
次代の垂仁天皇二年、蘇那曷叱知は帰国することになるのだが、『日本書紀』は同条分注に、初訪時を詳細に言及している。蘇那曷叱知別名都怒我阿羅斯等《つぬがあらしと》、実は意富《おほ》加羅《から》国の王子なのであり、日本海沿いを北上して笥飯浦《けひうら》にて上陸したのが、目的はヤマトへの帰化であると申し出た。

現在福井県に敦賀市気比《つるがしけひ》があるが、都怒《つぬ》我阿羅斯等《があらしと》が笥飯浦《けひうら》に揚がったことに因んでいる。阿羅斯等は笥飯浦《けひうら》から陸路愛発《あらち》の関を超え再び水行して琵琶湖を南下、いまの韓崎辺りで崇神朝廷の役人と面談した筈である。韓崎は、「港の機能も果たしていたようである」（『角川日本地名大辞典』「滋賀県」）と言うから、日本海航路で大和（ヤマト。ここでは奈良県のこと）を目指すカラヒト達の一大集積地であったことだろう。

加羅から九州北岸を経て、大和入りを目指すには三つのルートがあって、日本海の航路と瀬戸の中つ路、それと四国沖から紀州に揚がる南海の迂回路である。実は、日本海を北上する方が捷佳なのであって、瀬戸内は寧ろ凱旋の道、南海路はあくまで奇道なのである。

韓崎から瀬田川に入って遡れば大和はもう間近である。大和に在っては、カラヒトは近江の韓崎からやって来たのである。

してみれば、五十猛の辛乃崎にしろ波子の辛乃崎にせよ、カラヒトが現実にその岬の岸に辿り着いた既往があればこその名付けなのだ。

「海の向こうはカラノクニ」石見人の常識である。

四、韓郷山《からごやま》について

「大浦港ノ西巍然タルモノハ韓郷山トス。弘安年間鈴木長治ノ居城ニシテ石見四十八城ノ一なり。古松蓊鬱トシテ書猶暗シ。山麓ニ石室アリ。俗ニ呼ンデ穴ケ迫古墳ト云フ（海蔵寺古記録）」と『村誌』の述ぶるところである。四年前に山頂に登ったが、城の痕跡は見い出せなかった。標高は、一二八メートル、『村誌』の謂うように頂付近には広い平地がある。五十猛町の赤井地区に属し、かつては相当数の家屋立ち在りしが偲ばれる。海蔵寺は正定寺の前身である。真言宗の古刹で一六世紀中葉まで存続、毛利元就が砦として使用した。

弘安年間（一二七八～一二八八）とあるから韓郷山城は、元寇に備うべくの防塁であった。鈴木氏は、「福家氏ノ族」と『村誌』にあり、御神本益田流に連なる石見名族の嚆となる。

「韓郷の嶋には、これ金銀有り（『日本書紀』神代上第八段一書の第五）とあるように、五十猛は鉱物資源が豊富な所で、かつては金も銀も出た。先の「五十猛歴史年表」にも、「昭和十年、畑井高丸露頭で金銀鉱採掘されトロッコにて五十猛駅に送り出す。昭和十九年金鉱山整備令により休山となるまで（金鉱）約八千五百トン採鉱した。」とある。

高丸は、海岸線から僅か一キロばかりの内陸に在る小山であり、古代の韓郷山からも金銀が出たかもしれないが、何の証拠も無い。

九世紀九州以北の日本海側では、「新羅の海賊」が猖獗を極めたという。それは、「対馬銀」等専ら鉱物資源の強奪が目的であった。

石見に実際の寇略があったか定かではないが、「貞観八年（八六六）に、朝廷は、能登、因幡、伯耆、出雲、石見、隠岐、長門、大宰等の国府に対し防備を厳重にさせている。」（生田滋「新羅の海賊」『小学館　海と列島文化2　日本海と出雲世界』）というから、当時の五十猛でも相当な恐慌に陥っていた筈である。

　当時の「石見の危機感」を探る史料は、既に生田氏の前掲書に掲げられている。


「日本三代実録貞観六年（八六四）二月十七日条『是より先。去年新羅国人三十余人、石見国美乃群の海岸に漂着す。国司に詔して程食を給し放却す。』」

「同貞観八年十一月十七日条『新羅賊兵当に間隙を窺う。害変の発、唯斯の事に縁る。夫れ害の未だ兆さざるを攘い賊の将に来らんとするを遏ぐ。唯是神明の冥助なり。豈に人力の為す所や。宜しく能登、因幡、伯耆、出雲、石見、隠岐、長門、太宰等国府をして邑境の諸神に班幣せしめ、以て鎮護の殊効を祈らしむ。・・・百城の内寧ろ精兵に乏しければ宜しく同じく国府等をして勤めて試練を加え、必ずや其の人を得さしめん。』」


「百城」とは新羅海賊に備うべくの防塁だろう。韓郷の山は、海端にいきなり雄々立っているから、物見には最適である。一三世紀の砦とやら、実は九世紀の遺構を踏襲したものであったのではないか。

五、韓浦《からうら》について

「オオカラ」（大韓、大辛）とも云う。今は専ら「大浦」と呼ばれている。五十猛の漁港でありも東西に韓山韓郷山という天然の防潮堤が盤踞し、県内屈指の良港を為している。『村誌』は、「韓浦《からうら》」と明記するものの、生の資料で「韓浦」とあるものを見たことがない。『村誌』でも、貞享年間（一六八四〜一六八八）が最古で、以降全て「大浦」とある。

　天正一五年（一五八七）、細川幽斎は豊臣秀吉の島津征討の陣中見舞いの為に九州に出向いたが、その道中を「九州道の記」という歌日記にしたためている。その中で途中大浦に寄ったことが書いてあって、『村誌』も引用している。

　石見の大からといふ所に泊まりて、
　　明るあした、仁間といふ津まで行くに

　これに依ると、一六世紀後半には、大浦は「おおから」と呼ばれていた節がある。「カラ」は「韓」で「辛」の字が当てられることもある。

　ところが、昭和四年（一九二九）刊有名堂の『日記紀行集』では、「大から」の部分が「大浦」となっていて「おほうみ」とカナが振ってある。

「韓山《からやま》」「韓崎《からのさき》」「韓郷山《からごやま》」に囲まれている漁村であるから、やはり「大から（大韓）」が本来の地名であろう。確証はないが、原典を転写する過程で生じた「誤写」に因るものではないか。草書体で書けば、「から」も「うら」も「うみ」も大体似たような字体になる。

　地元では、大浦を「おうら」と音じて、「おおうら」とは謂わない。「〜うら」を約めて「〜ら」とする手法は多々あって、石川県の能登半島に「外浦」という港町がありＮＨＫの朝ドラの舞台となったが、これは「そとら」であって「そとうら」ではない。

　佐賀県に「松浦《まつら》」という古い地名があり、肥前松浦家や松浦党などの氏名でもある。

　一〇世紀の前半に成った『倭名類聚抄』の「外篇」は、我が国最古の地理誌でもある。肥前国の「松浦郡」の分注に、「古事記、末羅縣に作る……魏志（魏志倭人伝）末羅に作る、」とある。「ろ（盧）」とは「ら（羅）」

の音が中国で変化したものだろう。

結局、「松浦」は「末羅」であって、「まつら」と訓むのが正しい。

「まつうら」と訓むようになったのは、明治以降のことである（『角川日本地名大辞典』「長崎県」）。「松浦」と書すからには、正しく「まつうら」と訓まねばならぬと、明治早々から、気鋭の尋常小学校教師達が厳しく叩き込んだがゆえのことである。

五十猛の「大浦」を「おおら」と謂うのは、「おおから」の「か」が脱落したものだろう。そして、松浦と同じく「ら」に「浦」を当てて「大浦」と書記するようになったと思われる。

「大韓《おおから》」とは「大加羅」であって、そもそもは韓半島古代加羅諸国の盟主を謂う。大加羅は二つあって、一つが須那羅、乃ち今日の金海《きめ》であり、西暦五三二年新羅に併合されるまでの加羅の中心であった。今一つが、より北方の高霊《こりょ》であり、五三二年以降加羅全土が新羅領に組み込まれるまでの凡そ三〇年間は、加羅の中心的存在であった。

『日本書紀』崇神紀の末年に、任那国の蘇那曷叱知《そなかしち》の渡来が記してある。任那は本来「ヤマトの権益」のことを謂うが、当時（三世紀末から四世紀初頭と想定される）「任那国」と限定され得べきは「須那羅」と断定して構わない。下って垂仁二年蘇那曷叱知は帰国を乞うが、その分注に都怒我阿羅斯等（蘇那曷叱知の別名）のことを「意冨《おほ》加羅《から》国《くに》の王《こきし》の子《こ》」と云っている。「意富《おほ》」は「大《おお》」のことだから、「意富加羅」は「大加羅」に同じである。鮎貝房之進は、「繼體紀二十三年條に新羅上臣異斯夫に「須那羅」としあるは、「金」即ち「須」にて「那羅」は「國」の方言なれば即ち「金州」なり」（『日本書紀朝鮮地名緱攷』国書刊行会）として、意富加羅とは須那羅（のちの金官、現在の金海）のことに他ならないとした。更に、「「大加羅」は朝鮮にては新羅真興王（即位五四〇年）以後慶北高霊の方にのみ稱し居るが」（同書）と、高霊もまた「大加羅」であったとしている。

「大浦《おうら》」の古名「大韓《おおから》」が、古代加羅諸国の盟主国の反映であるとすると、大浦の開基は西暦六世紀の中葉から後期にかけてのこと、ということになる。つまり、金海《きめ》や高霊《こりょ》の国民の中から、新羅支配を厭う余り、海東は石見国五十猛の大浦にまで逃れ、故国再興を期して「大加羅（大韓）」を号したという、余りに面白過ぎる因縁話となる。

面白過ぎる話は、概して史実とは無縁であるが、「大浦=大加羅」説を積極的に否定する謂われも、また無いのである。

六、韓神新羅神社《からかみしらぎじんじゃ》について

韓神新羅神社は、大浦湾の西隣、泊まり山の麓に鎮座する。主祭神は、スサノヲノミコト、配祭神はオオヤツノヒメノミコトとツマツヒメノミコトの姉妹神であるが、肝心のその兄神イソタケルノカミは何処にも祭られていない。

冠りの「韓神《からかみ》」が実はイソタケルノカミなのであるという説があって、江戸時代後期の平田篤胤が方々で言っている。スサノヲの御子神とされるイソタケルは、『日本書紀』にのみ語られ、『古事記』では全く触れられていない。

『古事記』では、『日本書紀』と全く違うスサノヲの系統が記されていて、スサノヲの子神にオオドシノカミ（大年神）を設定し、カラカミ（韓神）、ソホリノカミ（曽富利神）、シラヒノカミ（白日神）、ヒジリノカミ（聖神）の五柱とする。

カラカミはそのものずばり、ソホリノカ

ミは「ソウルの神」、シラヒノカミはシラギノカミ（新羅神）の訛化でこれらは皆韓神のことであり、『日本書紀』のイソタケルノカミに相当すると、篤胤は喝破した。以上は、上田正昭氏の「大年神の系譜」（『上田正昭著作集　第二巻』）に負うている。

　これに則らすと、直接の神名は潜めているものの、神社の表看板はイソタケルであって、実はスサノヲを凌駕する存在体なのである。

　多くの神社がそうであるように、韓神新羅神社も開基の年代がよく判らない。「韓神のお渡り」は、やはり古代日韓関係の影響を鑑みねばならないのではないか。まず考えられるのが、所謂「神功皇后の三韓征伐」である。神功皇后は無論架空の存在ではあるが、四世紀末当時、朝鮮半島に出兵せざるを得ぬ已むを得ぬ事情が日本にはあった。高句麗広開土王の大攻勢のもと、百済は後退を重ね新羅は亡国に瀕していた。

　この時の出兵は、韓半島南部の倭人生息圏防衛が目的であった。『三国志東夷伝弁韓』の条に、弁韓（弁辰）の地（乃ち加羅である）に倭人が鉄を求めて殺到し、楽浪郡（ピョンヤン）や帯方郡（ソウル）で売却していたことが明記してある。この様相は、三世紀に始まったことではなく、遠く紀元前一世紀の前漢代に遡る。『漢書地理志』に倭人が楽浪沖に出没せる旨が記述されている。

　詰まるところ半島の倭人界は確保され、五世紀初頭の応神朝の頃からヤマト朝廷の直轄領、乃ち宮家に昇格するのである。以後宮家の存在する邑国を任那と呼ぶようになった。韓半島の戦乱は九州北岸のみならず、山陰にも多大なる影響及ぼせること今も昔も変わりはない。「韓神お渡り」時期の候補の一つである。

　最も重要視されるのが、六世紀中葉から七世紀後半の時期である。この時期には、「任那の宮家」が悉く新羅に奪われ、次いでヤマトの同盟国たる百済自体が、唐、新羅連合軍によって滅ぼされる。それに伴い、夥しいばかりの加羅人・韓子（からこ・倭人と加羅人の混血）・ヤマトの派遣兵、それに百済人が西日本の各地に押し寄せたのである。この影響は計り知れない。時に天智天皇は、ただただ怖れおののくばかりで、為す術を知らなかった。

　そして、余り語られることはないが、先にも言ったように九世紀に横行した「新羅海賊」の影響であり、それは神々の祭祀にも「異変」をもたらしたらしい。

　『出雲国風土記』には記載されていないが、延喜式神名帳　出雲国条にて初めて見受けられる神社に「韓国《からくに》イタテ神社」とある。

　意宇郡の玉作湯神社、揖夜神社、佐久多神社にそれぞれ同社坐（おなじやしろにおわす）韓国イタテ神社、出雲郡の阿須伎神社、出雲神社、曽枳能夜神社にそれぞれ同社の韓国イタテ神社が付随しており、祭神は何れもイソタケルノカミ（五十猛神）である。『出雲国風土記』が上堤されたのが天平五年（七三三）、『延喜式』が完成したのが延長五年（九二七）、この二〇〇年弱の間にイソタケルノカミを祀らざるを得ない重大な局面が出来《しゅったい》した訳だ。

　瀧音能之氏は、『出雲国風土記と古代日本』で次のように述べている。

「韓国《からくに》イタテ神社は、対新羅関係の悪化という事態のなかで、国家によって新羅と境界を接していると認識されていたと思われる出雲国に創建された神社とかんが得られている。」

イソタケルは主に五十猛の呼び名であって、出雲等地の地域では、おしなべて「イタケル」である。「イタテ」は、「イタケル」であると共に「射楯」をも意味するから（前掲論文）、イソタケルなるは、新羅の寇より海辺の村々を防衛すべくの象徴であった。

前五十猛郵便局長林正幸氏の著作である『五十猛の歴史と民話』に、韓神新羅神社の創建は「延長三年（九二五）と伝えられて居る」とある。延長三年一二月一四日の太政官符では諸国に命じて風土記を勘進させているが（「新抄格勅符抄」）、伝承の韓神新羅神社創建年に同じである。延長三年の風土記は、『延喜式』の資料とするために収集されたものであった。

新羅海賊に対する危機感は、出雲にもまして喫緊なる石見にも「イソタケル」を「射楯る」べく、遽かに「装置」されたのが、韓神新羅神社なのであり、残念ながら最終的には、『延喜式』にはもれて仕舞った、ということではないのか。如何せん妄想の限りではある。

（了）

（五十猛歴史研究会会員）

ガイドブック

「島根半島四十二浦巡りの旅」

関和彦監修（1,300円＋税）

島根半島には、西端の出雲大社から東端の美保神社までの四十二の神社を巡り歩き、一畑薬師に浦々で汲んだ潮を奉納する「四十二浦巡り」と言う信仰習俗が伝わります。浦々には我が国で唯一ほぼ完本の「出雲国風土記」に記録されている神社、古事記にみえる神々が祀られています。また、国譲り神話にちなむ美保神社の「青柴垣神事」、日の本の夜を司る日御碕神社の「夕日の祭」等の神話・伝説が守り伝えられています。神社の歴史と古来の地名・風土を辿る、悠久の時を刻む 聖地島根半島の旅に出かけませんか。

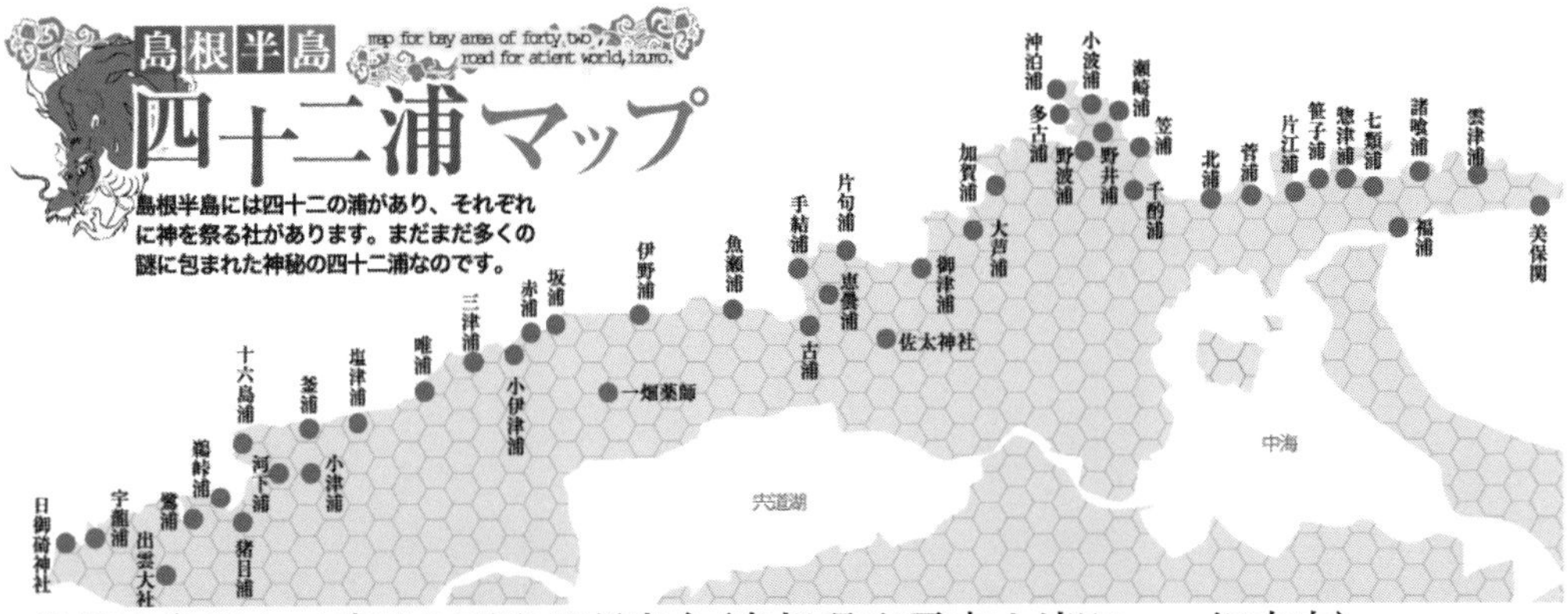

島根半島四十二浦巡り再発見研究会（島根県出雲市小境町　一畑寺内）

http://42ura.jp/連絡先 TEL090.4572.0641

『出雲国風土記』の野代海
——杜（もり）から社（やしろ）への試論——

内田律雄

一、野代海

『出雲国風土記』には郡・郷・山野河池の地名の他に、海の名前が出てくる。海の名前とは、大海（一般的な大海原）、北海（日本海）、入海（中海・宍道湖）、水海である。しかし、これだけでは特定の海域を示すことは困難で、そのような必要がある場合は海面に面した陸上の地名でもって呼ばれていたようで、比較的狭い海域の水海は、神門水海（神門郡）、佐太水海（秋鹿郡）、西門江（出雲郡）、大方江（出雲郡）などの地名がついている。

北海のうち出雲国の範囲（海域）は出雲海である（大原郡条海潮郷）。入海は出雲国の平原部を東西に五郡にまたがり広大な海面を占めており、現在の宍道湖・中海にほぼ相当する。

野代海は入海の中で意宇郡条末にみえる。そこには蚊嶋という小島が記されている。後述するように蚊嶋は現在の嫁ヶ島である。野代の地名は、野代川、野代橋、また、社名として野代社が二社記載され、直接的には現在の松江市乃白町が遺称地であるが、隣接する袖師町、浜乃木、乃木福富あたりが関係し、入海の中の海上では直線距離で約二・五キロメートルの幅広い海域となる。海域の名前も広義での地名として捉えることができよう。

二、蚊嶋

宍道湖に浮かぶ唯一の島、嫁《よめ》ヶ島。松江市袖師町から観るこの嫁ヶ島がシルエットとなった時の夕日は絶景である。それは夕暮ればかりでなく、小泉八雲は、「靄《もや》はすでに消え、半マイルも離れぬあたりの湖面に美しい小島が一つくっきりと浮かび上がる。それは低く狭い帯のような島で、大きい松が木立をつくる蔭に神社が見える。（以下略）」として朝の嫁ヶ島を描写している。静かな水面であれば、いつみても美しい風景だ。

この嫁ヶ島は、古く『出雲国風土記』には蚊嶋と表記され、「かしま」と呼ばれていたと考えられる。『出雲国風土記』意宇郡条は次のように記す[1]。

野代《のしろ》の海《うみ》の中《なか》の蚊嶋《かしま》。周《めぐ》り六十歩。中央《まなか》は涅土《くろつち》、四方《よも》は並《なら》びに磯《いそ》。中央に手捉《たづか》（掬）ばかりの木一株《ひともと》あるのみ。その磯に螺子《にし》・海松《みる》あり。（野代の海の中に蚊島がある。周囲は六十歩ある。島の中央は黒土で、まわりは磯となっている。中央に一握りほどの木が一本生えている。磯では、蜷貝がおり、ミルが生えている。）

その後の蚊嶋のことは享保二年（一七一七）に編纂された『雲陽誌』意宇郡条乃木（村）によって知ることができる。

関係する記述を列記すれば次のようである。
a.野木神社　祠官是を中の宮といふ、大己貴の社を青木の宮といふ、事代主の宮を西の宮といふ、三坐由來する所をしらす、永禄五年再興の棟札あり、往古は年中の祭禮三十五度、就中九月八日に本社より蚊島へ御幸なしたてまつり品々神事ありしが、豊臣秀吉より社領没収せられ、その後毛利尼子両将合戦の時兵火のために社焼亡して、今は三神を西宮と一所に配合して年中四度の祭禮なり、
b.竹生島明神　古老傳に曰堀尾忠晴蚊島に辨財天の社を建立ありしとなり、
c.婦島　野代海中に此の島あり、【風土記】に曰蚊島周六十歩四方並磯海松あり、俚俗よめ島といふ、天平の頃は出雲大河伊努郷より杵築に流神門の海に入故に湖あり、よつて此島海松を生するか、其後河水三太彌平田に流落湖となり、今は海草も生せさるなり、古老語て云往昔旱魃すれは野木明神を此所に神行なし奉り、雨をいのれはかならす雨降となん、近來善光寺の如来を舟にて出し、僧侶経をよみ雩す恨らくは世俗善光寺の佛を崇、野木の神たる事をしらす磋哀哉神在て亡かことし
d.山王社　素戔鳴尊をまつる、本社二尺四方東向、泉谷といふ所にあり、神前の川を御手洗といふ、【風土記】に載る野代川は意宇郡の堺潮郷内須我山より流出て、忌部乃白福留乃木村を過て海に入は此川なり、正五《ママ》九月《ママ》に祭祀あり、

この『雲陽誌』の記述から、享保二年には、蚊島と表記し「かしま」と呼んでいたこと、その「かしま」に「婦島」と当て字し、一般には「よめしま」と云っていることなどが知られる。この島に「婦島」と当て字したのは中世のこととされる（加藤一九六二）。最初は「婦島」で「かしま」と読ませようとしたのであろう。しかし、「婦」は「よめ」とも読めるので、いつしか世間では訓読みして「よめしま」となり、現在の嫁ヶ島になったことが考えられる。また、竹生島明神とも云われており、それは第二代松江藩主の堀尾忠晴がこの島に辨財天の社を建立したからという伝承も載せている。『出雲国風土記』は蚊嶋を意宇郡に記すが、意宇郡のどの郷、あるいは郷の下に二〜三置かれた里《こざと》に属していたかはわからない。意宇郡家からの方位里程の記載からすれば、山代郷、もしくは忌部神戸ということになる。『出雲国風土記』意宇郡条には関連する野代川の記載は、
e.野代川　源は郡家西南一十八里の須賀山から出で、北に流れて入海に入る。
とあり、巻末記条の意宇郡家と出雲郡家をむすぶ伝路に、
f.正西道は十字街より西へ一十二里にして野代橋に至る。長さ六丈、広さ一丈五尺。（略）
と、野代川に架かる野代橋がみえる。また、野代川流域には、現在、遺称地として乃白町と野白神社が、浜乃木町には野代神社がある。よって、平成の合併前の松江市西端部、つまり乃木〜乃白町の範囲は、古代には野代という地域社会が形成されていたことが知られる。

三、神祇官社と式内社

古代村落や地名と不可分の関係にあるのは神社である。『出雲国風土記』の「在神祇官」（以下、神祇官社とする）と「不在神祇官」（以下、非神祇官社とする）に掲げられた社（やしろ）は、そうした村落名を表しているものが多い。この神祇官社は、ほぼ『延喜式』に神社（かみのやしろ）と

して引き継がれていった（式内社）。

いま、野代地域に関係する社と神社をあげると次のようである。

『出雲国風土記』意宇郡（在神祇官）
（1）野城社
（2）□城社
（3）野代社
（4）野代社

『延喜式』意宇郡
（5）野白神社
（6）野城神社
（7）同社坐大穴持神社
（8）同社坐大穴持御子神社

このうち、『出雲国風土記』の（2）□城社は、「野」が欠落しており、『延喜式』の社数との関係」から野城社と考えられる。岩波古典文学大系『風土記』が、（4）野代社を「（略）延喜式によれば野城社三社の内とすべきである（野代社は延喜式に一社である）。」としているのは肯定できよう。但し、式内社の（6）、（7）、（8）が能義郡にあったことを前提にしている。これらの候補の神社は、現在、乃木地区には野代神社、野白神社、福富神社の三社がある。第一は松江市浜乃木町（旧八束郡乃木村大字乃木字西ノ宮）の野代神社、第二は松江市乃白町（旧八束郡乃木村大字乃白）の野白神社、第三は松江市乃木福富町（旧八束郡乃木村大字福富）の福富神社である。

現社地	出雲国風土記	延喜式	旧社地
野白神社	野代社	野白神社	田和山（友田山）
野代神社	野代社	野城神社	中の宮
	野代社	同社坐大穴持神社	青木の宮
	野城社	同社坐大穴持御子神社	西の宮

現在の野代神社の主祭神は、大己貴命・事代主命・健御名方命で、社伝によれば、この地域にあった諸神、諸社を現在の地に合祀し、明治四一年に野代神社と改称したという。その事情は『乃木郷土誌』に詳しい（乃木郷土誌編集委員会一九九一）。注意されるのは明治三九年以前には野城神社と称していた経過があることである。『雲陽誌』のa.野木神社は、その野城神社の「城」を「き」と読んだことによる近世の表記であろう。『乃木郷土誌』に掲げられた明治初年の乃木村地図には、『雲陽誌』の野木神社の中の宮・青木の宮・西の宮の遺称地と考えられる、中ノ宮・青木・西ノ原という小字名が、上乃木から浜乃木にかけてみられる。特に中ノ宮に接して、関和彦が指摘するように、大神という小字名が集中していることは注意を要する。この大神は後述するように野城大神を示している可能性が高い。現在の野代神社は、式内社の（6）野城神社で、（7）同社坐大穴持神社・（8）同社坐大穴持御子神社が、上乃木から浜乃木にあったと考えられる。その詳細な地名は、おそらく『雲陽誌』の野木神社に記されているとおりだと思われる。なお、『雲陽誌』の野木神社に蚊嶋に御幸する神事が昔は行われていたことを記しているのは注意を要する。それは、例えば楯縫郡条御津浜の御津社と御津島（生紫菜《のり》）、出雲郡条御前《みさき》浜の美佐伎《みさき》社と御厳《みいつく》島（生海藻《め》）のように、浜（漁村）における祭祀に関わることだからである。蚊嶋の螺子《にし》・海松《みる》は、野代神社への貢納物であり、律令国家の調庸物の対象でもあった。現在の嫁ヶ島には螺子・海松はみられないが、『雲陽誌』が記すように今より塩分濃度が高かったのであろう。野代海は漁村の性格も持ち合わせていた。こうした観点からすれば野城神社（現在の野代神社）の旧社地は蚊嶋（嫁ケ島）であったと言えよう。

図1：野代海関係図（1 嫁ケ島、2 田和山遺跡、3 野白神社、4 野代神社、5 福富神社）

乃白町の野白神社は主祭神を猿田彦命・雨鈿女命とし、『神国島根』は「此の東方にトモダ山と云うあり、往古は此山に鎮座なりしを尼子氏の頃、今の社地に移して跡を城砦となせり」という『出雲風土記解』の記載をあげ、また、社家に舳田大明神の額が現存するとともに、慶長一六年に移転したという棟札の存在を紹介している。トモダ山とは『雲陽誌』のf.野白社にみえる友田山のことである。前述の『乃木郷土誌』の明治初期の乃白村地図によれば、友田と田和の小字名はいくつかあり、元宮という小字名とともに互いに入り組んでいる。

特筆しなければならないのはこの地に田和山遺跡が発見されたことである。田和山遺跡は山頂部が平坦な小山状の丘陵に三重に壕を巡らした弥生時代の遺跡で、壕の内側の遺構としては南端部に四本柱の掘立柱建物跡が発見されたのみで、あたかも何もない聖地を囲んだような遺跡である。住居跡のような遺構は三重の壕の外側に検出されている。しかし、壕の内側の山頂部の平坦部にも柵列に囲まれ、やや不整形な二×二間の総柱構造（九本柱）の建物跡が検出されている。報文（落合二〇〇五）はこれを壕と同じ弥生時代の建物としている。しかし、壕との関係や時期を弥生時代とする積極的な根拠は報文を読む限り見いだせない。むしろ柱穴や建物跡の規模、その構造は、例えば、松江市玉湯町蛇喰遺跡、出雲市東林木町青木遺跡など近年明らかになりつつある古代神社遺構に共通するところがある（内田二〇〇六）。筆者はこれを神祇官社の（1）野城社、式内社の（5）野白神社、つまり現在の乃白町の野白神社の旧社地と考えている。弥生時代からの聖地がゆえに社となったのであろう。この田和山遺跡と酷似した遺跡の一つに兵庫県朝来市の大盛山遺跡がある。大盛山遺跡は、「平地からの比高差約五〇メートルという尾根頂部には何も構築されていない空間があり、その空間を囲むように二重の環濠が存在している。住居址は五棟確認されているがいずれも環濠から排除された形あるいは環濠に囲まれた空間の中心的位置からはずれた位置に存在しており、明らかに環濠の意図は、空間を守るためのものであることが分かる」遺跡である（田畑一九九五・二〇〇四）。古墳時代にはここに古墳が築かれたが、その後の利用はなく、少なくとも弥生時代は聖地であった。大盛山遺跡の大盛と云う名称は、おそらく次のように考えることができよう。盛は「もり」で「杜」の意味であろう。大は古代ではしばしば「御」と同様に使われている。大盛は御杜であり、この地域の信仰の対象地の一つとして長く認識されていたことを物語るものであろう。大盛山が、『出雲国風土記』で云えば、神祇官社や非神祇官社、あるいは式内社として社となっていたのならば、田和山遺跡のように、ここに神社遺構が検出されたはずである。原始・古代のムラの中には信仰の対象となっていた「もり」が複数あった。その中から律令国家はどのような基準で社として取り上げたのかは不明であるが、大盛山遺跡は「もり」の実態を示す一例として捉えられよう。社となった田和山遺跡と比較すると興味深い。また、田和山の田和を峠とすれば、現在、野白神社の主祭神を道と関係する猿田彦命・雨鈿女命としているのも頷ける。

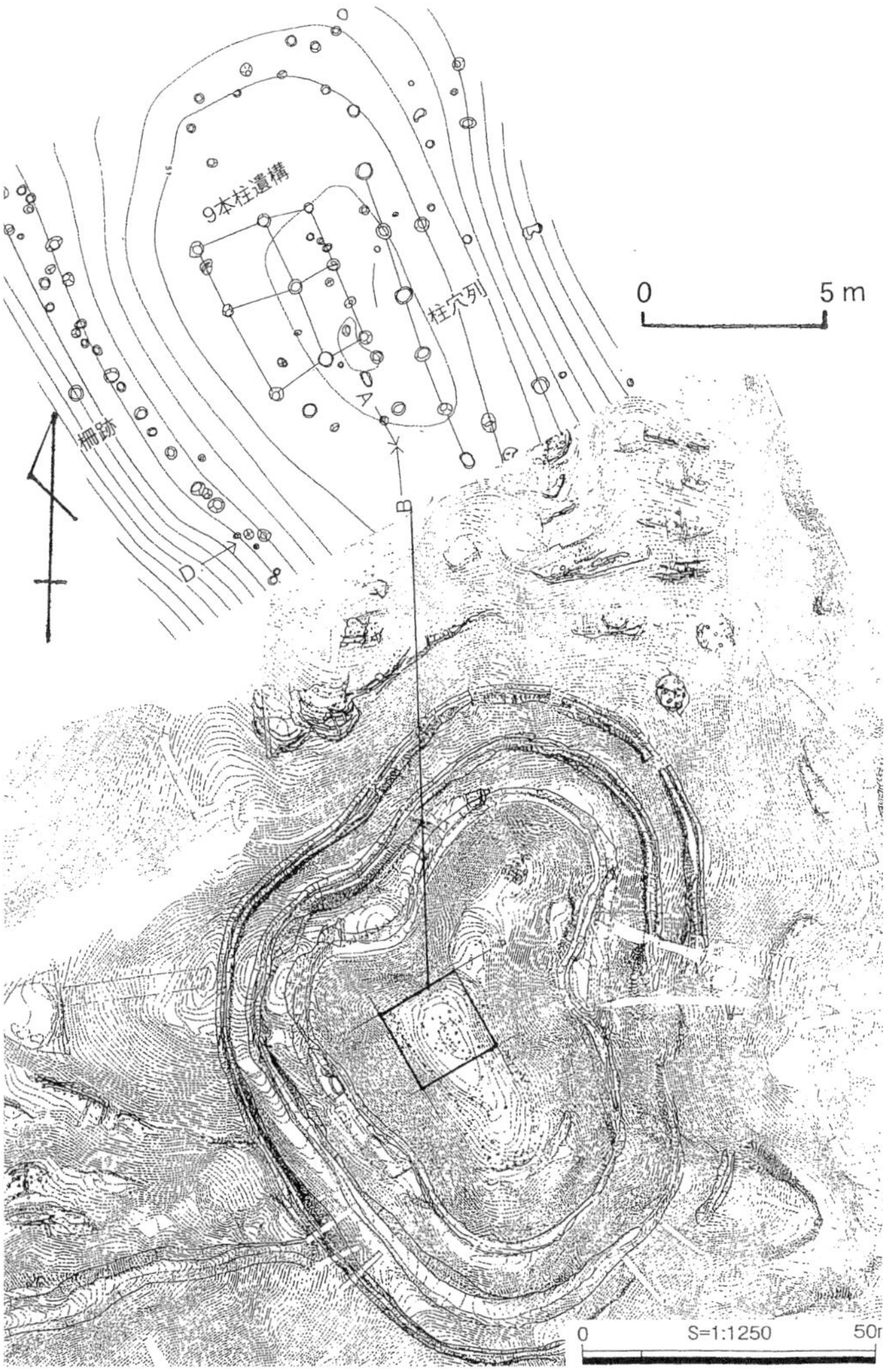

図2：田和山遺跡遺構図（落合2005を加除筆して作図）

福富神社は主祭神を木花開耶姫命・事代主命とし、『神国島根』は、野代社にあてる『出雲風土記解』が「野代川辺にあり」としていることから、『出雲国風土記』の（3）（4）のどちらかに相当すると考えている。しかし、三社はいずれも野代川の近くにあり、あまり根拠にはならない。

四、能義郡の能義神社

前項までに『出雲国風土記』や『延喜式』に記載されている野代地域の「社」について比定を行った。現在、野城神社の城を

「き」、または「ぎ」と読んでいるが、加藤義成が指摘するように「しろ」とも読める（加藤一九六二）。従って、能城・野白はいずれも「のしら」、あるいは「ぬしろ」と読んでいたのであろう。こうした視点からすると、『延喜式』の（6）野城神社、（7）同社坐大穴持神社、（8）同社坐大穴持御子神社は、野城駅と『出雲国風土記』以降に意宇郡東部を割いて設置された能義《のぎ》郡には存在しなかったといわざるを得ない。『三代実録』貞観九年と貞観一三年に能義神が、それぞれ従五位上、正五位下を授かっており、この神は『延喜式』の（6）野城神社と考えられるが郡名は明らかでない。蚊嶋に婦島を当てたように、野城は「のき」や「のぎ」とも読めるので能義の字を当てたと考えられないだろうか。

　『出雲国風土記』意宇郡条野城驛には、「野城驛　郡家正東卄里八十歩。野城大神の坐《いま》すに依《よ》り、故《かれ》、野城と云う。」とあり、『雲陽誌』能義郡条松井（村）には、「能義明神　天穂日命をまつるといふ、祭禮九月十九日なり、延喜年中建立慶長十六年本社末社神寶まで悉炎失す、古老傳云【風土記】に載る所の野城社是なり、【延喜式】には野城神社大穴持命と書す、大穴持御子を末社とせり、」とある。多くの先学は神祇官社の野城社や式内社の野城神社を能義郡内の現在の能義神社に比定し、『雲陽誌』が松井村の能義明神の祭神が野城大神でないことをはじめ、野代社との関係に何ら疑問を示さない。ただ、関和彦はこのような『出雲国風土記』と『延喜式』意宇郡条の社の状況について次のような指摘をしている。

　すなわち、まず、『出雲国風土記』にみえる四大神の一つである野城大神が何故「大神」なのか明らかにした研究がないことに着目する。野城大神は前掲のように『出雲国風土記』意宇郡条野城驛の起源説話の中に出てくる。但し、野城大神が登場するのはこれのみであり、他の、大穴持命大神（杵築大社）、熊野大神（熊野大社）、佐太大神（佐太御子社）と比較すると、史料の量的絶対的不足となっており、野城大神が四大神の一つであることを疑問視する。そして、今日の松江市乃木地区との関係を、「今日、島根で「のぎ」といえば、「野城大神」ではなく、誰もが松江市の「のぎ」のことを思うであろう。「のぎ」なる地名「乃木」は松江市南部に上乃木・浜乃木・乃木福富（町）と広範囲に広がっており、また奇妙にも「乃白」町の名も残る。現在、乃白町には野白神社が、浜乃木町には野代神社が鎮座しているのも奇妙といわざるをえない。一方、安来の能義神社の所在地には今日「野城」の地名はみえない。この地名の混乱は何を物語っているのであろうか。」として疑問を呈す。関は、この疑問に対しては次のように理解する。つまり、もともと東は安来から西は松江市西端部まで野城大神を信仰した地域の広がりがあり、そこに「大神」として奉祀された所以がある。こうした広い信仰域＝「野城」なる国を分断するように、そこに律令国家によって国庁、意宇郡家、黒田驛などが設置され、野城の地の東西に「のぎ」・「のしろ」と云う地名が残ったと考えた。大筋ではそのように考えて差し支えなかろう。

　『出雲国風土記』野城驛の起源説話に野城大神が登場するからと云って必ずしもその地に同名の社が存在しなければならないというわけではない。国引きした八束水臣津野命が御杖を衝きたてた意宇杜《おうのもり》でさえ、古代には神祇官が認定しないと社（やしろ）として認定はされなかった。直接の証明にはならないが、『出雲国風土記』飯石郡条來嶋郷の地名起源説話は、「伎自麻都美命、坐す。故、支自眞といふ。」としているが、飯石郡に来島社・伎自麻社・支自真社はみえないのも参考になろう。

五、おわりに

以上、野代海について考察し、派生するいくつかの問題点を提唱した。そこから導き出されたのは、一つは現在の地名である乃木（のぎ）は古代には存在しなく、野城《のしろの》大神《おおかみ》を信奉する野代（のしろ・ぬしろ）という広い地域が風土記以前にあったという地名の持つ歴史の一端である。意宇郡の東部を割いて郡名を「能義」と表記したのは、野城と区別するためであろう。しかし、こうした問題は視点を変えればまだ様々な想定が可能である。もう一つは、社（やしろ）として神祇官から認定されなかった杜（もり）の地域社会での位置づけである。前提の『雲陽誌』には、例えば「荒神森」や「大将軍森」として荒神やダイジャコ信仰と結びつきながら、村落内に古樹が祀られる例が散見され、若狭地方では「ニソの杜」として現在も「もり」は残っている（小林二〇一六）。これらの性格も明らかにすることは、さかのぼって神社官社の役割を知る手掛りになると考えられる。

なお、執筆にあたっては、前岡恵美子、内田融、井谷朋子、徳岡隆夫、平石充、関和彦、入江文敏の諸氏からご協力を得た。記して感謝する次第である。

注1　『出雲国風土記』の古写本（細川家本、倉野本、日御碕本）は、それぞれ細部において漢字表記が異なり、意味が通じないところがある。ここでは、これらを比較しながら、加藤一九六二を参考に校訂した。萬葉緯本が割注に「有蚊」を入れた校訂をするのは、蚊嶋の地名起源と考えたからであろう。なお、後藤蔵四郎は、蚊嶋について「今は蚊は少い」としている（後藤一九一八）。蚊の多い島であったと理解している。しかし、蚊嶋の本来の意味は、「蚊」ではないであろう。一案として鹿島神宮の「鹿島」が考えられよう。岡田精司によれば鹿島神宮は香取神宮とセット関係にあり、前者はタケミカヅチ、後者はフツヌシを祀っている。意宇郡の東部（後の能義郡）には、楯縫郷があり、『出雲国風土記』は「郡家の東北卅二里一百八十歩。布都努志《ふつぬし》命の天石楯《あまのいはたて》を縫ひ置き給ひき。故、楯縫といふ。」として、フツヌシがみえる。そこには風土記に取り上げられなかった歴史や神話があった可能性があろう。

〈引用参考文献〉

秋本吉郎一九八五　『風土記』　日本古典文学大系2岩波書店
池邊彌一九八一　『和妙類聚抄郡郷里驛名考證』吉川弘文館
内田律雄二〇〇六「出雲の神社遺構と神祇制度」『古代の信仰と社会』国士舘大学考古学会
内山真龍一七八七　『出雲風土記解』
岡田精司一九八五　『神社の古代史』　大阪書籍
落合昭久二〇〇五　『田和山遺跡』　松江市教育委員会
加藤義成一九六二　『出雲国風土記参究』
黒沢長尚一七一七『雲陽誌』（雄山閣一九七一版）
小泉八雲　『神々の国の首都』（講談社学術文庫一九九〇版）
小林覚二〇一六　『古代出雲の実相と文学の周辺』今井出版
後藤蔵四郎一九一八　『出雲風土記考證』
島根県神社庁一九九六『神国島根』福間秀文堂
関和彦二〇一四「野城大神の消長と信仰圏」『古代出雲の深層と時空』同成社
武田祐吉・佐藤謙三訳一九八六　『訓読　日本三代実録』臨川書店
田畑基一九九五「大盛山遺跡」『和田山町文化財調査報告書』第七集　和田山町教育委員会
田畑基二〇〇四「考古学から見た和田山」『和田山町史』和田山町
乃木郷土誌編集委員会一九九一　『乃木郷土誌』松江市乃木公民館

（島根県埋蔵文化財調査センター）

伯耆国の製鉄とそれに関わる神々と地名

黒田一正

一、伯耆国と鉄

『延喜式』によると、伯耆は美作・備中・備後などとともに調として鉄を貢納する数少ない国の一つであった。また一一世紀のはじめに成立した『政事要略』には、地子（地代）雑物として鉄の記載がみえる。さらに中世においても、福田豊男氏（『季刊考古学五七号』所収論文）によると、以下のような伯耆の荘園が鉄を納めている。いずれも応永一四年（一四〇七）の長講堂御領目録による。

㋑久永御厨　長講堂領　一万廷
㋺久永御厨　伊勢神宮　一〇〇〇廷
㋩三野久永御厨　伊勢神宮領　一〇〇〇廷　別進一〇〇〇廷
㋥三野御厨　伊勢神宮内宮　？
㋭矢送庄　長講堂領　一万廷

久永御厨は由良川流域（現在の琴浦町東部から大栄町の辺り）、三野御厨は日野川をはさんで米子市と接する日吉津村周辺、矢送庄は美作と接する倉吉市関金町周辺に位置する。

こうした大量の鉄の貢納は、古代から近世に至るまで、伯耆国の歴史に大きな影響を与えつづけてきた。伯耆国は東から河村郡・久米郡・八橋郡・汗入郡・会見郡・日野郡の六郡からなるが、いずれの郡でも製鉄との関りが確認される。とくに最近は山陰道の工事にともなう発掘調査により、汗入郡・八橋郡の古代から中世の製鉄関連遺跡があいついで発見され、あらためて伯耆国における鉄の重要さを実感させられる。

本論では、この伯耆の製鉄を支えた技術がいかなるルートでもたらされたのか、地名や神社の分布を援用しつつ述べてみたい。

二、伯耆の鉄文化の伝播ルート

古代における製鉄関連の状況を概観すると、古墳時代の前期後半には九州から東北にいたる各地に鍛冶工房が成立し、中期には畿内を中心に大規模な鉄器生産がおこなわれていた。しかし製鉄炉をともなう最古の製鉄遺跡は、今のところ六世紀後半の千引カナクロ谷製鉄遺跡（総社市）であるとされ、吉備を中心に広がっていったと考えられている。吉備の周辺の出雲・石見・伯耆・播磨の各地でも古い製鉄遺跡がみられるが、六世紀から一一世紀までは、備前・備中・備後・美作を中核に鉄生産がおこなわれていた。

そうした状況が変化をみせるのは一一世紀ごろであろうか。それまで中核をなしていた備前と備中南部で製鉄がおこなわれなくなり、代わって備中北部・美作、さらに中国

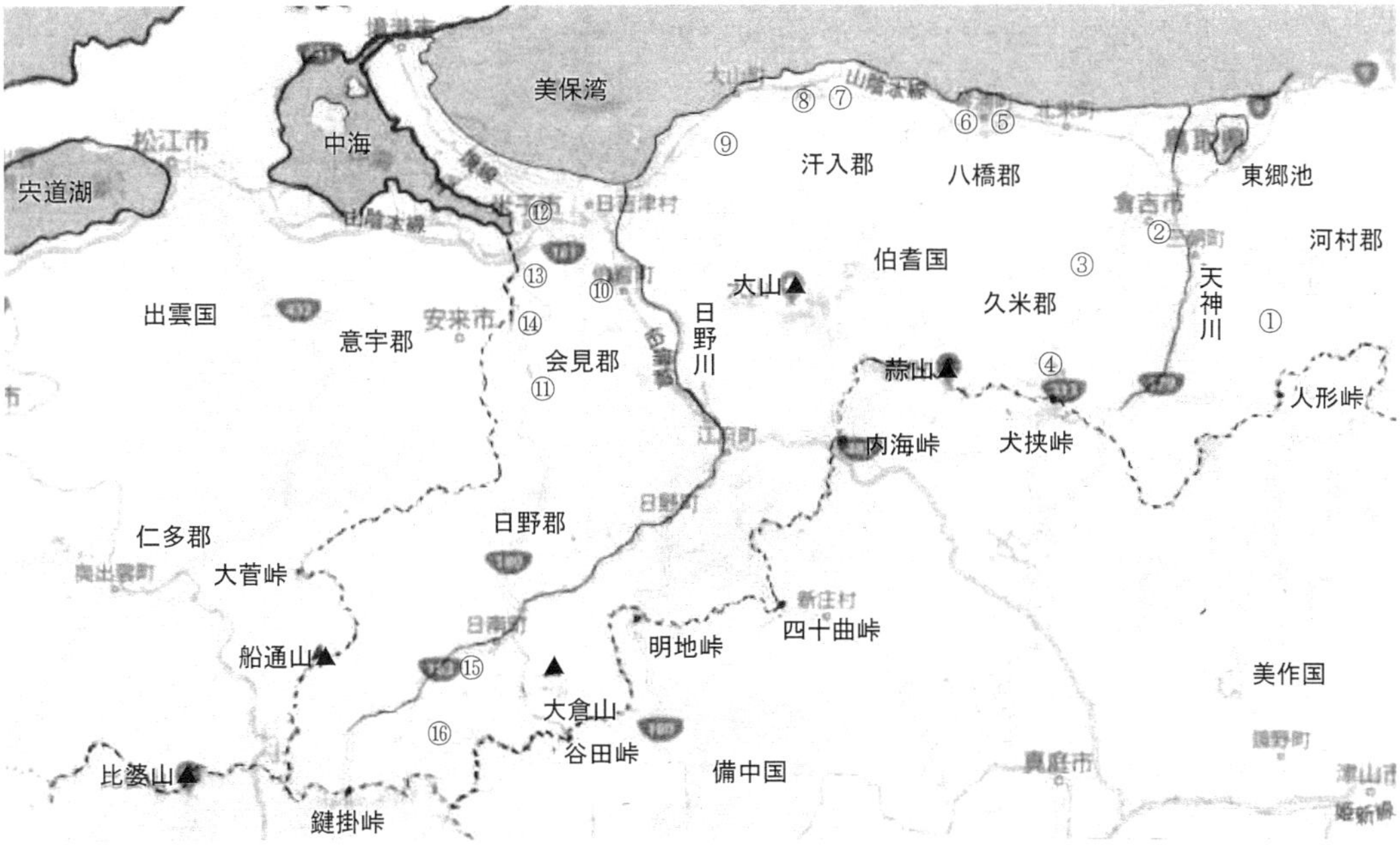

図1：伯耆国の主な製鉄遺跡分布図
①狼谷　②大御堂廃寺　③伯耆国府　④勝負谷遺跡　⑤中道東山西山遺跡　⑥八橋第８・９遺跡　⑦赤坂小丸遺跡
⑧下市築地ノ峯東通第２遺跡　⑨上寺谷遺跡　⑩坂長第６遺跡　⑪モクロウジ谷遺跡　⑫博労町遺跡
⑬陰田古墳群　⑭新山山田遺跡　⑮霞牛ノ尾Ａ・Ｂ遺跡　⑯神福中野遺跡

山地を越えて、石見・出雲・伯耆の各地に製鉄の中心が移っていく。その要因の一つが製鉄原料の変化である。初期の吉備においては主に鉄鉱石を使用し、砂鉄が併用される状況であった。この状況からしだいに砂鉄を原料とする製鉄が主流になっていき、やがて良質な砂鉄が豊富な中国山地に近い備中北部、美作、石見、出雲、伯耆に製鉄の中心が移っていくのである。

もちろん出雲や伯耆の製鉄はそれ以前に開始されている。天平五年（七三三）に成立した『出雲国風土記』には飯石郡や仁多郡などに「鉄あり」の記事があることからも、そのことが推定できる。伯耆においても八世紀後半ごろの勝負谷遺跡（倉吉市関金町）、九世紀後半の下市築地ノ峯東通第二遺跡（西伯郡大山町）など古い製鉄遺跡の発見によって確認できる。おそらくは六世紀後半に始まった吉備の製鉄技術が、中国山地を越えて、山陰側の伯耆や出雲に伝わってきたものと思われる。

吉備から伯耆へは、いくつかのルートが想定される。備中北部から鍵掛峠を越して多里に至る道、谷田峠などを越えて石見に至る道、また美作北部から四十曲峠を越えて根雨に至る古代出雲街道（後鳥羽上皇などの流人街道でもあった）、三平山近くの内海峠を越え下蚊屋に至る大山往来、さらに東へいけば犬挟峠を越えて倉吉市関金町に至る道、人形峠を越えて三朝に至る道などである。

前述した勝負谷遺跡は美作から犬挟峠越えのコースを経て伝わったと思われる。しかし下市築地ノ峯東通第二遺跡は汗入郡の海岸部に位置する。またその周囲の赤坂小丸山遺跡や上寺谷遺跡も海岸部にあり、これらの製鉄技術が美作——犬挟峠経由のものか、備中——日野郡経由のものかは不明である。

一方、日野郡の製鉄遺跡については現在

のところ確実な製鉄炉をもつ古い遺跡が発見されていない。しかし、日南町神福中野遺跡で八世紀前半の竪穴建物跡で鉄滓が出土している。さらにこの建物に隣接する場所には鉄滓の捨て場があり、これらの鉄滓は製鉄に伴う製錬滓と見られる。こうした状況から、日野郡においても八世紀代から鉄生産が行われていた可能性が高い。この地域の製鉄は、当然ながら備中北部から、あるいは美作から鍵掛峠、谷田峠などを経てもたらされたものであろう。

　本論では、製鉄技術の伝播が地名に及ぼしたであろう痕跡をたどり、吉備からの製鉄技術の流入のルートを、一つは「楽々福《ささふく》神」の足跡、もう一つは「カモ」地名の分布によって跡付けてみたい。あくまで試論であり、ずさんな文章になることをお許しいただきたい。

三、楽々福神の足跡

　まずは吉備から伯耆への鉄文化の流れを端的に語るものとして、孝霊天皇や吉備津彦など吉備系の神々を祭神とする楽々福神社に着目してみたい。この楽々福神についてはすでに若尾五雄氏の『鬼伝説の研究』、坂田友宏氏の「日野川の鬼―楽々福信仰について」(『神・鬼・墓』)などで詳細に論じられているが、なかでも若尾氏が楽々福の「ササ」は砂鉄、「フク」は鉄を「吹く」に由来すると指摘したのは卓見であった。2図は坂田友宏氏作成の楽々福神社の分布図に若干手を加えたものであるが、かつて鉄穴流しが盛んであった日野川流域沿いに一二社が鎮座する。

　楽々福神については鎌倉時代には成立していたと思われる『大山寺縁起』や『紀氏譜代』にすでに記録されており、さらに古い時代へさかのぼれる可能性もある。また江戸期の『伯耆志』にも、楽々福神の足跡が詳しく記録されている。それぞれの記述に多少の違いがあるが、『伯耆志』には以下のようなコースが記述されている。

㋑伯耆国に行幸された孝霊天皇・皇后細姫・王子羽黒命一行は、笹包山(伯耆町宮原)に邪鬼が住むと聞き、これを退治しようと日野川を遡り、上菅・生山・湯原などをめぐり、ついに鬼林山(日南町宮内)より大倉山に追い詰め惨殺した。

㋺その後、日野川を渡って西方に進み、細屋村に至る。ここで皇后と出会い、これより東北に返り、笠置村・大宮村を経て南に向かい、この地に行宮を建てられた。東村に天皇、西村に皇后(一説に羽黒皇子)が御座された。

㋩その頃、備中の蟹魁師という者が皇后を襲おうやってきた。羽黒皇子が霞の里に関をつくり待ちかまえていると、蟹魁師は戦わずして降参した。

㋥その後、皇后が亡くなられると、崩御山に葬った。

　これによると、口日野の大社といわれる伯耆町宮原の楽々福神社から物語が始まり、奥日野の大社である日南町の宮内の東西の楽々福神社で物語は終わっている。一見して物語は日野川を遡上する形を取り、さらに備中の蟹魁師が日野への侵略を企てたような印象を与えるが、これは後世の創作が加わったことによると思われる。元々が吉備系の神々の物語であり、備中から伝播した製鉄文化が日野川を下る形がより原型に近いと思われる。

　というのも、『出雲国風土記』にはすでに吉備系の神々が登場しているからである。仁多郡の比太社は現在の安来市広瀬町西比田に鎮座するが、祭神は吉備津彦など吉備系の神々を祀り、楽々福神社の祭神と重なる。また飯石郡にも託和社（現在は飯石神社の境内に鎮座）、粟谷社（三刀屋町粟谷鎮座の粟谷神社）が記載され、祭神は吉備津彦命である。さらに広瀬町の鷺の湯には、佐々布久神社の小さな祠が今でも祀られている（楽々福神社分布図参照）。こうした事例からも、吉備から砂鉄を求めて山陰側へ進出をはかる動きは、伯耆のみならず出雲や石見にまで及んでいたと思われる。

図２：楽々福神社「菅」地名分布
（坂田友宏氏作成図に加筆）

四、日野川流域の「菅」地名

今一度、楽々福神の足跡をたどると、備中北部から鍵掛峠を経て多里駅に至るコースがまず思い浮かぶ。多里からは二つのコースに分かれる。北へ向かえば、笠木、細屋、阿毘縁を経て大宮（印賀）へ至る。ここにも行宮伝承がある。また多里から東へ向かえば、東西の楽々福神社（西楽々福神社は残念ながら近年廃絶した）が鎮座する宮内は指呼の距離である。そこから日野川沿いに生山を経て、日野町・江府町・伯耆町（旧溝口町）の宮原まで下れば、ほぼ伝承地の北限である。

このような日野川流域を舞台とする楽々福神の伝承地には、点々と「菅」の付く地名があることに気付く。上流からたどれば、多里と宮内の中間にある「菅ノ原」、阿毘縁にあった「大菅村」、ダムの名前にもなっている「菅沢」、日野町に入ると「上菅」「中菅」「下菅」の地名がずらりと並ぶ。さらに江府町の「洲河原」も「スガ原」と考えることも可能であろう。

この「菅」については、すでに多くの指摘があるように『播磨国風土記』宍粟郡敷草村条「此の沢に菅生ふ……鉄生す」を想起すべきであろう。谷川健一氏は『青銅の神の足跡』のなかで、「スガはスカで砂鉄にかかわる語」とみ、さらに天目一箇命を祖とする菅田首の「菅田」のスガと関連づけ、播磨国の加古川上流地域に菅田氏などの製鉄に関わる技術者集団に着目する。この周辺には、賀茂郡の菅田神社、多可郡の天目一神社と荒田神社が鎮座し、ともに天目一箇命を祭神とする。

一方、若尾氏は前掲書で、「印賀の楽々

福さんは竹で目を突いて一眼を失った」（柳田国男『一目小僧その他』）、「宮内の楽々福さんは片眼の神で、その家来の宮内の人々も一方の目が小さい」、「宮原の楽々福さんは目の悪い神様を突いて一眼を失った」など、日野郡に残る伝承から、楽々福神と天目一箇命の共通性を論じて、播磨と伯耆をむすぶ試みをおこなっている。

また坂田氏も前掲書のなかで、鍛冶神に関する豊富な他の伝承で若尾説を補強しつつ、楽々福神の鬼退治の原型とされる備中における吉備津彦の温羅退治に言及している。坂田氏は、㋑温羅は百済の皇子などの渡来伝承をもつこと、㋺吉備津彦の放った矢が温羅の左眼を射たということから、温羅を渡来系の鍛冶集団の長であり、日野に進出した蟹魁師も賀夜郡の鍛冶族の首長と解している。坂田説の当否は措くとしても、楽々福神伝承の背後に鍛冶などに関連する技術者集団の存在を示唆していることは重要であろう。

というのも、播磨、吉備、伯耆を結ぶ伝承として金屋子神の西遷があり、これはタタラに関わる技術者の移動を象徴するものと考えられているからである。

五、金屋子神の変遷とたたら師の移動

金屋子神は出雲国能義郡西比田に本社を置く製鉄神である。出雲を中心に山陰・山陽の各地に信仰圏がひろがる。この神の降臨譚について、日野郡江府町宮市出身の鉄山師・下原重仲は、『鉄山必要記事』（天明四年＝一七八四）のなかで以下のような伝承を書いている。「高天原から、播磨の国志相郡（宍粟郡）岩鍋に一神が降臨した。神は「われは金の神・金屋子神である」と名乗り、さらに「われは西方を司る神であるから、西に向かう」と言って、白鷺に乗り西国へ赴いた。神は出雲国能義郡黒田の奥の比田に着き、桂の木で羽を休めた」。

要は、播磨から出雲への変遷譚であるが、その他にも吉備の中山を経たとか、日野の印賀にも降臨したとかの異伝が各地に伝わる。この播磨国宍粟→吉備の中山→日野の印賀→出雲の比田のルートが、あるいは菅田氏など製鉄技術者の移動を象徴しているのかもしれない。

ところで、この金屋子神と楽々福神はどうかかわるのであろうか。実は後でみるように、日野郡には産土神として金屋子神を祀った例が皆無である。一方、日野では楽々福神を産土神として祀る例は枚挙にいとまがない。

これについて坂田氏は、「日野郡で最初に金屋子神が勧請されたのは、池田村（現伯耆町）であった。寛政六年（一七九四）のことである」とし、「少なくとも日野郡の金屋子信仰はごく新しい時代に流行した製鉄神信仰であろう」と結論し、また両神の関係についても、「この出雲西比田の金屋子神社を本源とする出雲系の金屋子信仰に先行する製鉄神信仰が楽々福神信仰であったと思われる」と述べている。

金屋子神の本社のある西比田については、前述したように『出雲国風土記』仁多郡条に「比太社」が記録され、吉備津系の神を祀る。楽々福神が金屋子神に先行することは明らかである。これからも坂田氏の指摘は妥当性が高いと思われる。

六、日野川流域の「菅」地名を探る

前説が長くなったが、以上のような歴史的状況をふまえつつ、日野川流域を象徴する「菅」地名をたどってみたい。

『伯耆志』によると、日野郡には鉄山あ

りとする村が七七、鉄山が一六九あったと記録されている。もちろんこの鉄山の数は二つ以上の村にまたがる場合もあり、また製鉄に必要な薪を採る山も含まれている。しかしこれらの数が圧倒的であることにかわりはない。ほぼ郡の全域で製鉄がおこなわれていたと思われる。その郡を二分して日野川が北東に流れ、その流域沿いに「萱」地名が点在する。

「洲河原」

まず下流の洲河原であるが、日野川が大きくカーブする位置にあり、「洲」が形成さやすい土地であろう。この村に鉄山はないが、対岸の俣野村には八つの鉄山が記録されている。しかしこの地域は楽々福系ではなく、熊野権現を産土神としている。洲河原の産土神も天一神社とされ、速須佐之男命を祭神とする。ただ気になるのは「天一」という神社名である。軽々にはいえないが、天目一箇命と通じるものがある。

実は播磨国佐用郡に天一神玉神社という式内社が鎮座する。この祭神は天御中主神としながらも、天目一箇命説、あるいは『播磨国風土記』讃容郡中川の里に記された霊剣説など定説をみない。「式内社調査報告」には「天一神社を祭る馬村はかつて鍛冶屋を営む人が多かったといふ事実は示唆的である。また、近くを流れる千種川上流域では、砂鉄を多く産した」と述べている。洲河原の天一神社の祭神・速須佐之男命も剣神という性格もあり、両社の間に何らかの関係があったかもしれない。また現在の洲河原神社の境内社には、天御中主神を祭神とする妙見社があるのも一証になろう。

「下萱」

下萱村は、黒坂から根雨に向かう日野川が大きく蛇行する辺りの右岸に位置する。黒谷山という鉄山が記録されている。村の名は中萱にある滝山神社の創建に関わった萱氏に由来するという説があるが、おそらく事実は逆で、まず「萱」地名があって、そこに関わったことで「萱」を名乗ったのではないだろうか。

この村の産土神は下萱神社で、国司大明神と呼ばれ、楽々福系ではない。国司大明神は大国主命のことで、美作や備中北部に広く祀られた神である（『奥津町史』）。日南町の大倉山周辺には、これと関連する大国主大明神を産土神とする村が多くみられる。これらは谷田・明地・四十曲などの峠を越えて、備中・美作から山陽方面から広がった可能性が高い。このように日野の鉄といっても、楽々福系だけではなく、さまざまな系統の技術者集団が進出してきたと思われる。

「中萱」

日野川の支流・近江川が合流するあたりから黒坂までの右岸、あるいは日野往来が黒坂から分岐して南に向かう玉島街道沿いに中萱の集落が広がる。鉄山二つが記録され、産土神は滝山龍王権現、祭神は三穂津姫命である。元々は龍王滝を祀る自然祭祀であったと思われる。小泉八雲の「骨董」の舞台として有名である。三穂津姫命は本来大物主命の妻神であるが、島根県の美保神社では主祭神・事代主命の母神として祀られるように大国主神の妻神ともされる。中萱から玉島街道沿いに南下すれば日南町の花口に出る。花見山・大倉山周辺の大国主大明神を産土神とする系統と呼応するような流れも想定される。また三穂津姫命には、島根県安来市伯太町の上小竹にある「鷹入りの瀧」に移り住んだという伝承が伝わる。あるいは日野と出雲のタタラ師のライバル関係を象徴する伝説かもしれない。

瀧山神社は中世の古戦場として名高い不動ヶ岳の麓にあり、ここから茗荷峠を越えれば備中に至る。

「上菅」

生山付近から中菅までの日野川右岸に位置する。二つの鉄山が記録され、産土神は菅福神社である。この神社は紛れもなく楽々福系の神社である。祭神は孝霊天皇と皇后の細姫命ほかである。周辺には楽々福神に由来する地名が多く残る。『鳥取県の地名』によれば、「(日野川支流の)音無川は、皇后細姫が出産時に川の瀬音に苦しみ、これを静めようと鏡を川底に沈めたところ音が消えたという由来をもち、鏡を置いた岩を鏡岩、皇女が産湯を使った地を産盥《うぶだらい》と称したと伝える」。

またもう一つの産土神として荒田大明神の名がみえる。現在は菅福神社に合祀されているが、祭神は不明である。あるいは播磨国多可郡の荒田神社と関連すれば天目一箇命の可能性がある。

「菅沢」

印賀川左岸に位置し、五輪峠を越えて会見郡の鴨部郷へ至る。鉄山も二つ記録されている。産土神について『伯耆志』は大宮の楽々福大明神を記すが、他にも智妙権現と二つの山神社を挙げている。現在の菅沢神社は周辺地域の多くの神社を合祀し、元の姿を探りにくいが、大山祇命・金山彦命・磐長姫命・活津彦根命・稚武彦命を祀る。大宮の楽々福大明神を産土神の筆頭に挙げるのは、菅沢村と大宮(印賀)村との親縁を示すものであろう。近くには「吉鑪」「宝谷」など製鉄に関する地名も多い。

「大菅」

日南町の北西部、砥波川の上流域に位置する。西に向かえば大菅峠を越えて出雲国仁多郡に至る。『出雲国風土記』仁多郡条に記された「伯耆の日野郡の堺なる阿志毗縁山」の「阿志毗縁」に比定される。四つの鉄山が記録されている。産土神は熊野権現である。付近には「砂子田」という地名もあり、「菅=砂鉄」を確認できる地域である。

以上、日野川に特徴的な「菅」地名を視点に日野郡を概観したが、楽々福系のほかにも、王子権現系、大国主大明神系など複数の産土神の存在が確認された。

もう少し補充すれば、四十曲峠を経て美作から入る道筋、いわゆる出雲街道沿いも、他と異なる産土神がみられる。「板井原」の産土神は現在の板井原神社であるが、かつては山王権現と称していた。応永五年(一三九八)の棟札が残る。現在の祭神は大己貴命・須勢理姫命である。「金持」の産土神は、現在の金持神社であるが、かつては三体妙見宮と称した。また口日野大社が鎮座する宮原周辺においても、対岸の父原・船越・藤屋・焼杉の村々では天明明神を産土神とする一方、二部・池田・畑中などは王子権現系を産土神とする。

無論、これらは江戸期に成立した『伯耆志』によっており、どの時代まで遡りうるのか定かではないが、豊富な砂鉄を産する日野郡には、さまざまな系統の製鉄技術者集団の進出があったことは確かである。播磨に発する天目一箇命、あるいは「菅」地名の流れも、さまざまな変遷を経て、日野に地に繋がっているように思う。

七、伯耆の「カモ」地名

楽々福神を通じて、吉備から伯耆への製鉄技術の流れをみたが、さらにその原点に播磨国が大きくクローズアップされてきた。「菅」地名に影響を及ぼした天目一箇命も播磨国に拠点をもつ。また金屋子神も播磨から吉備、伯耆、出雲への変遷を語る。その背景にはどのような歴史が潜んでいるのであろうか。一つの試論として「カモ」地名の分布から、探ってみたい。

伯耆国には「鴨神戸」が置かれていた。『新抄格勅符抄』に引く大同元年（八〇六）牒の神封部に、「鴨神八十四戸として、大和三十八戸・伯耆十八戸・出雲二十八戸、高鴨神五十三戸として、大和二戸・伊予三十戸・土佐二十戸」とある。また『三代実録』貞観九年（八六七）「伯耆国正六位上賀茂神従五位下」の記事によれば、伯耆に賀茂神社が祀られていたことがわかる。

これらの「鴨神戸」「賀茂神社」については、西伯耆の会見郡説と東伯耆の久米郡説がある。会見郡説は郡内の鴨部郷に「鴨神戸」を比定し、南部町宮前に鎮座する賀茂神社（祭神・阿遅鉏高彦根神ほか）を「伯耆賀茂神」とする。東伯耆説は久米郡内の大鴨郷・小鴨郷に「鴨神戸」を比定し、倉吉市葵町に鎮座する賀茂神社を「伯耆賀茂神」とする。

いずれにしろ、伯耆の東西に「カモ」の痕跡がみられることは興味深い。というのも、久米郡の大鴨郷・小鴨郷の郷域を流れる小鴨川上流域には、前述した八世紀後半ごろの製鉄遺跡である勝負谷遺跡があり、一方の会見郡鴨部郷には古代から中世の製鉄遺跡であるモクロウジ炉遺跡があるからである。前者は当然、犬挟峠を越えて美作の鉄文化が進出してきたと思われる。後者は備中北部から鍵掛峠越えのルートか、美作から四十曲峠や内海峠越えのルートによってもたらされたと考えられる。

この伯耆における「カモ」と鉄の重なりは、何を語るのであろうか。

八、播磨の「カモ」

播磨国には古墳時代の金屋中土井遺跡、奈良・平安の西下野製鉄遺跡など、古くからの製鉄遺跡が存在する。また『播磨国風土記』にも鉄関連の伝承が多く登場する。

揖保郡枚方の里では、「河内国茨田郡枚方の里の漢人がやって来て命名された」とし、さらにつづけて「佐比岡というのは、出雲の大神が神尾山にいて、ここを通過する者を邪魔するので、出雲の国人等が佐比を作って祀ったが、鎮まらなかった。しかる後に、河内国茨田郡枚方の里の漢人が来て、この神を祀って治まった」という。

また作用郡の条では「佐用都比売命の伝承を語ったのち、鹿庭（かには）山の四方に十二の谷があり、皆、鉄を生（いだ）す。難波の豊前の朝廷に始めて進（たてまつ）りき。発見したのは別部の犬で、その子孫が献上した」と記す。別部は、備前国和気郡磐梨に本拠をもつ和気氏のことである。

これらの伝承に鉄が登場するのは、吉備の鉄を求めて、畿内の産鉄技術者集団が播磨から吉備へ進出していった歴史を背景にしていると思われる。いわば播磨国を前哨基地として、吉備の鉄を確保する動きである。

さらに付け加えれば、前項で吉備津系の神々について論じてきたが、『日本書紀』の崇神紀には天皇が四道将軍として大吉備津彦命を西道に派遣した記事があり、「大吉備津日子命と若建─吉備津日子命とは二柱相副はして、針間の氷河の前に忌瓮を居ゑて、針間を道の口として、吉備国を言向け和したまひき」と記されている。「針間の氷河」は加古川のことであるが、加古郡には式内社の日岡神社が鎮座する。祭神は天伊佐々比古命で、この神は吉備津彦命の別名でもあるという。神名に「佐々」が付くのも興味深いが、「針間を道の口として、吉備国を言向け和したまひき」というのは、まさに前哨基地としての播磨を表現したものであろう。

この前哨線ともいうべき加古川の上流部が賀茂郡にあたり、さらにその北に多可郡が位置するのである。ここには前述したように荒田神社・天目一神社・菅田神社が鎮座し、天目一箇命を奉斎する菅田首一族の拠点でもある。

また賀茂郡には宗像三女神を祀る崇健神社・石部神社が鎮座し、多可郡にはそれと関連するように、「昔、宗形の大神、奥津嶋比売命、伊和の大神のみ子を妊みまして、此の山（袁布山）に到来たりて、のりたまひしく、「我が産むべき時訖ふ」とのりたまひき」の記事が載る。伊和の大神は播磨国の一宮・伊和神社の祭神であるが、作用郡に「大神、出雲の国より来ましし」とあるように、大国主命と同一視されており、袁布山の伝承は、大国主命と宗像女神の間に御子が生まれた話と理解される。さらに神前郡の邑曰野《おおわちの》には「阿遅須伎高日古尼の神、新次の社に在して」とあり、御子が阿遅須伎高日古尼の神であったことがわかる。

それにしてもなぜ播磨国に「大国主命＋宗像女神＝カモの神」の伝承が度々登場するのであろうか。その一つの答えが、隣接する備前国にあるように思う。

九、備前国の「カモ」

備前国は播磨国と接し、播磨国に集積する畿内勢力の西遷の圧力に常にさらされてきた地域である。備前国の式内社をみても、美作・備中・備後とは大きく異なり、畿内の有力神社が多くみられる。ミワ氏の美和神社・石上布都之魂神社・大神神社、ワニ氏の安仁神社（祭神・阿田賀田須命）、尾張氏の尾針神社・尾治針名真若比女神社、さらにムナカタ氏の宗形神社が赤坂郡と津高郡の二社、カモ氏の鴨神社も赤坂郡・津高郡・児島郡の三社などである。

これらの諸氏は、いずれも『播磨国風土記』にもそれぞれの伝承を残すことから、まず播磨に拠点を置き、さらに備前へ進出してきたと考えられる。

こうした状況をふまえて、『播磨国風土記』の「大国主命＋宗像女神＝カモの神」の伝承を改めて考えてみる必要がある。

この「大国主命＋宗像女神＝カモの神」伝承の成立に関しては、三谷栄一氏の考察が参考になる。三谷氏は『日本神話の基盤』のなかで、「大国主命＋宗像女神＝カモの神」伝承は、出雲や九州宗像の在地氏族によるものではなく、中央のイヅモ氏やムナカタ氏、ミワ氏などによって作成されたと指摘している。三谷氏の考察は多岐にわたるが、一つの根拠が、『新撰姓氏録』に記載された「大国主命」を祖とする氏族である。

大和国神別　大神朝臣　素佐能雄命六世孫大國主之後也。
賀茂朝臣　大神朝臣同祖。大國主神之後也。
和仁古　大國主六世孫阿太賀田須命之後也。
摂津国神別　鴨部祝　賀茂朝臣同祖。大國主神之後也。
神人　大國主命五世孫大田々根子之後也。
河内国神別　宗形君　大國主命六世孫吾田片隅命之後也。

ここに登場するミワ氏・カモ氏・ワニ氏・ムナカタ氏はいずれも大和・摂津・河内を本拠とする氏族である。三谷氏はこれらの諸氏が、大国主命を祖として、擬制的関係を結ぶ過程で、「大国主命＋宗像女神＝カモの神」伝承が形成されたと論じている。

これらの氏族をみると、みごとに備前国の式内社の奉斎氏族と重なってくる。おそらくは、中央政権の吉備への前哨基地・播磨に参集した諸氏は、大国主命を奉斎神として擬制的関係を結び、備前への足掛かりを固めたのではないだろうか。その際、土着の伊和の大神を巧みに大国主命に同化させ、伝承は形成されていったと思われる。これら諸氏が播磨に参集し、備前に進出していった理由はさまざまあったであろうが、鉄資源の確保はきわめて重要な目的であった。

とくに鴨神社・宗像神社・石上布都之魂神社が集中する備前国赤坂郡の「赤坂」について、山本昭氏は『謎の古代氏族鳥取氏』のなかで「赤坂郡の郡名は、（中略）「ベンガラ朱」ないしは鉄に因む地名として理解されている」と指摘するように、製鉄と密接である。

また大和岩雄氏も、「和邇坐赤坂比古神社・和邇下神社」（『神社と古代王権祭祀』）のなかで、大和の石上神宮の祭祀氏族である和邇氏が、和邇坐「赤坂」比古神社を氏神として祀ることと、備前の赤坂郡名は無縁ではなく、ともに赤い土＝ベンガラ朱、あるいは鉄に関わる共通点があるとし、赤坂郡の石上布都之魂神社の祭祀氏族をワニ氏とみる。

このように備前には大国主命を奉斎する諸氏が集結し、鉄資源の確保をおこなっていたと考えられる。そしてその中核にカモ氏の存在があったのである。

一〇、美作国の「カモ」

吉備国はかつて巨大な国を形成していた。ところが持統三年（六八九）に、備前・備中・備後の三国に分割され、さらに和銅六年（七一三）、備前国の英多郡・勝田郡・苫田郡・久米郡・大庭郡・真島郡の六郡を割いて、美作国が分国された。

美作では、六世紀後半、久米町大蔵池南製鉄遺跡や津山市緑山遺跡で砂鉄を使用した製鉄が開始されている。また美作国の一宮・中山神社は鏡作尊を祭神とする製鉄神として名高い。こうした美作国の分国の背景には、吉備の分断、畿内と山陰地方を結ぶ古代出雲街道の確保などとともに、鉄生産の中央の直接的掌握が考えられるであろう。『奥津町史』は、「英多郡衙に比定される高本遺跡の中に製鉄炉が所在し、勝田郡衙の平遺跡や、久米郡衙宮尾遺跡ではそれぞれに鍛冶炉が検出されて」おり、こうした郡衙などの公的な場に製鉄炉や鍛冶炉が造られるのは、中央の直接掌握の表れであると述べている。

この美作でも「カモ」氏は各地に痕跡を残している。勝田郡と苫東郡に賀茂郷がある。また、以下は美作国郡別部民分布表」である（『上斎原村史』参照）。

英田郡	財部　巨勢部　壬生部　秦部
勝田郡	家部　田部　賀茂部　白髪部　綾部
苫田郡	蝮部　綾部　賀茂部　草香部　白髪部　服部　勝部　矢矧部　土師部　田部
久米郡	家部　秦部　倭文部　錦織部　弓削部　久米部
真島郡	健部　草香部

※（太字は伯耆国と共通する部民）

美作を分国という形で掌握した中央のさらなる狙いは、当然のことながら良質な砂鉄の豊富な伯耆への進出であったと思われる。その一つの表れが、上記の美作と伯耆に共通する部民の多さである。とくに久米部は郡名にもその名残している。また勝部は天神川下流域に勝部郷を設け、隣接する大御堂廃寺における鍛冶工房に関わった可能性が高い。倭文部も河村郡と久米郡に倭文神社を祭祀し、とくに河村郡の倭文神社は伯耆の一宮である。巨勢部も会見郡に郷を設け、郷内に鍛冶工房を設けている。

美作国のカモ氏もまた畿内政権の影響のもと、伯耆への進出を図ったと思われる。前述したように、犬挟峠を経て久米郡の大鴨郷・小鴨郷にその足跡が刻まれている。また四十曲峠、あるいは内海峠を経て、会見郡鴨部にも足跡を残している。

二、今後の課題

これまで吉備からの影響という視点で、伯耆の製鉄に関わる氏族や信仰、地名などを考えてきたが、最近の発掘調査により、汗入郡の海岸部での製鉄関連遺跡が明らかになってきた。これらの製鉄技術が、やはり吉備からの影響なのか、あるいは海を介して、たとえば九州や石見、出雲、丹後、但馬からの伝播の可能性はないのか、そのあたりについて今後は考えていく必要があるように思う。

（伯耆の古代を考える会）

日本地名研究所会員募集

日本地名研究所の会員数は、この5年間で2倍になり、200 名を超えました。

しかし、研究所年会費と川崎市の助成金や委託研究費でようやく運営しているのが実情です。今年度の最重要課題として、「日本地名研究所会員大募集」を展開します。

まず、現会員が折にふれて、日本地名研究所の存在と活動内容を伝える取組みをしてください。

個人会費　　７，０００円
家族会員　１０，０００円
賛助会員　５０，０００円

会員になると、研究誌『地名と風土』、「日本地名研究所通信(年 4 回)」、地名講座・地名探訪の案内が送られます。また、『地名と風土』などへの投稿も可能です。

日本地名研究所のホームページの入会申込欄を利用していただくことができます。その折、紹介者のお名前をぜひご記入ください。

問合せ先：日本地名研究所　事務局
電話：044 －812 －1106　　FAX：044 －812 －1191
メール：chimeiken@chimei.peopje.co.jp
ホームページ：http ：/ćhimei@people.co.jp/

古代、隠岐島前の風土と地名

関　和彦

一　隠岐への道・千酌駅家

島根県は古代、出雲・石見・隠岐の三国で構成されていた。三国は山陰道に編成され、都からの交通は出雲国の国庁北の十字街の交点で結ばれていた。隠岐への海路は現在は鳥取県境港、島根県松江市の七類となるが、古代の隠岐への海路は天平五（七三三）年に編纂された『出雲国風土記』によれば唯一、島根郡千酌駅家からであった。『出雲国風土記』島根郡条、そして海浜条には詳細な記述が残されている。

まず島根郡条では、

千酌駅家　郡家の東北のかた一十七里一百八十歩なり。伊佐奈枳命の御子、都久豆美命、此処に坐す。然れば則ち、都久豆美と謂ふべきを、今の人猶千酌と号くのみ。

海浜条では

千酌浜　広さ一里六〇歩なり。東に松林あり。南の方に駅家、北の方に百姓の家あり。郡家より東北のかた一十七里一百八十歩なり。此は則ち、謂はゆる隠岐国に度る津、是なり。

とみえる。

島根郡条では千酌駅家までの出雲国庁に隣接する意宇郡家からの方角と距離、そして千酌域の祭神、「伊佐奈枳命」の御子神である「都久豆美命」の紹介と、千酌の駅名の由来に言及する。

海浜条はリアルな空間描写であり、千酌駅家の存在する千酌浜全体について紹介する。まずは千酌浜の海岸の広さを「一里六〇歩（六四一メートル）」とする。浜の利用状況などとしては東に松林があり、「南の方」、少し内陸部に千酌駅家が設置され、「北の方」とは北は日本海という地形状況を勘案すると北西部に当たり、そこには「百姓」の集落があったという。

「駅家」は役人（駅使）の移動に対応する駅舎で宿泊、そして駅馬などを備えた官営施設であり、大宝令の規定、厩牧令では基本的には三〇里、約一六キロメートルごとに設置される決まりであった。尚、駅馬に関しては、平安時代の『延喜式』兵部式の規定に「出雲国駅馬、野城・黒田・宍道・狭結・多岐・千酌各五匹」とある。

実は千酌駅家については『出雲国風土記』駅路条でも言及がなされている。

東の堺より西に去くこと二〇里一八〇歩にして野城駅に至る。又西へ二一里にして黒田駅に至り、即ち分かれて二つの道となる。一つは正西の道、一つは隠岐国に度る道なり。隠岐道は北に去くこと三四里二〇四歩にして、隠岐渡なる千酌駅に至る。

千酌駅は都からの「正西道（山陰道）」から黒田駅から北に分離した支線、「抂北道（北にまがる道）」であるが、『延喜式』の規定からみると本道と同じ条件で駅馬が配されていたことがわかる。隠岐国の重要性が駅馬に表れているのであろう。

ここで千酌駅家の立地条件を勘案すると、千酌の先は海で陸路はないので駅に配された駅馬「五疋」は隠岐からの駅使、「千酌駅」から「黒田駅」間の利用に供されたのであろう。千酌駅家は交通上、陸路・水路の結節点にあたる重要な駅家であるが、その駅舎そのものは浜に面していたわけではなく、「南の方」、少し内陸部に設けられていたことがわかる。『出雲国風土記』がいう「北海」、日本海からの風、波などによる風水害を避けるために一定程度の内陸部に土堤などを築くなどの作事がなされたのであろう。

『出雲国風土記』巻末の駅度条には「隠岐渡　千酌駅家の浜に至る。渡船あり。」とみえる。『出雲国風土記』は通例、「渡船」に関しては船数を示すが、ここだけは船数について言及していない。複数の船が用意されていたと思われるが、隠岐側と出雲側、日常的に船が移動し、流動的で固定されることがなかった反映であろう。隠岐・出雲の交流の活発さを示す事例となろうか。

「渡船あり」とは内陸部の「千酌駅家」ではなく、船着き場であろう。その隠岐への水路の始点、即ち船着き場の場所に関しては定見がない。千酌浜の説明の中で注目したいのは、東・南・北と説明して「西」が抜けている点である。

敢えて史料を読み込めばその抜けた「西」にこそ「謂はゆる隠岐国に度る津、是なり」の場であり、隠岐への海上交通の拠点だったのであろう。

そこには駅家というような施設はなく、何艘かの船が岸辺に横づけされたのであろう。その様子は『肥前国風土記』神埼郡条の景行天皇伝承からも伺えよう。

船帆郷　郡の西にあり。同じき天皇、巡り行でましし時、諸の氏人ら、落挙りて船に乗り、帆を挙げて、三根川の津に参集ひて天皇に供へ奉りき。因りて船帆の郷といふ。また、御船の沈石四顆、その津の辺に存れり。

また同風土記彼杵郡周賀郷条の神功皇后伝承では

気長足姫尊、新羅を征伐たむとして欲してし、行幸しし時、御船をこの郷の東北のかたの海に繋ぎしに、艫舳の牂牁、磯と化為りき。

これによれば神功皇后の船の舳先の杙が磯に化したという。船の舳先の杙を陸地に繋いだということであろう。

二　隠岐と出雲を結ぶもの

島根郡千酌駅家の「千酌」の名は『出雲国風土記』によれば「伊佐奈枳命の御子、都久豆美命、此処に坐す。然れば則ち、都久豆美と謂ふべきを、今の人猶千酌と号くのみ」ということであり、元は産土の神、「都久豆美命」の神名から「都久豆美（つくつみ）」であったが、今の人たちは誤ったか、訛ったか「千酌（ちくみ）」と呼んでいるという。

これは駅名が「都久豆美」から結果、「千酌」に変わったというのである。実は『出雲国風土記』出雲郡条では「狭結駅　本の字は最邑なり」「多伎駅　本の字は多吉なり」と駅名変更に言及している事実があり、正式な説明ならば同様の記載があってしかるべきであろう。もしそうであるならば「千酌駅　本の字は都久豆美なり」となるべきであるが、その場合、出雲郡の例と異なり「字」だけでなく、「読み」も変わることになり、国が目指した命名基本の「好字」使用から外れることになろう。

あくまで「都久豆美」は借字であり、万葉仮名流使用といえよう。当然、問題は「つくつみ」の本来の意味になるが、加藤義成氏は『出雲国風土記参究』にて「他の古典に見えない神であるが」とし、「都久」の他の古典にみえる事例をもとに、「都久」は月として「月つ見、月の主宰神」であって「伊邪那岐命の御子月読命と同格神」とする。「同格神」とは「同神」と同じなのか不明であるが、『出雲国風土記』の中における「月読命」には違和感が残る。加藤氏が「同神」と言いえなかったのも自身それを感じていたのであろう。

まず地名を考える場合、一番根底になるのは地名分解である。この「つくつみ」に関していえば、「つ+くつみ」「つく+つみ」「つくつ+み」の三案を引き出すことができる。

ここでは「千酌駅家」が津にかかわるという環境にあったことを踏まえ、まずは「つみ」に注目してみたい。「津」といえば『和名抄』は「津　豆　水を渡す処なり」とあり、船着き場である。

実は二〇〇一年、出雲国府跡の発掘調査の際に「出雲積大山　伊福部」と書された木簡が出土している。「出雲積」なる氏族は初見であるが、「つく・つみ」を考える上で貴重な素材となりそうである。「つく・つみ」、そして「津」という環境を踏まえると注目すべき史料が浮かんでくる。

『日本書紀』推古十年夏四月条、新羅征討の途、「将軍来目皇子　筑紫に到ります。乃ち進みて島郡に屯みて、船舶を聚めて軍の粮を運ぶ」とあり、その「船舶」は「つむ」と訓じる習わしである。神功摂政前紀にみえる「大きなる風順に吹きて、帆船波に随う」の「帆船」は「ほつむ」であり、「船」だけで「つむ」なのであろう。「つむ」には漢字で「積む」「詰む」「集む」などがあるが、物資の運搬に際し人、馬などと比較にならない大量の物を集め積む・詰むことが出来る構造船を「つむ」と呼び始めたのであろう。「つむ」の名詞系が「つみ」である。

「都久豆美」の「豆美（つみ）」が構造船とすると「津」に入津することは「つく」であろう。「つく」は「付く」「着く」「突く」「搗く」「憑く」などすべて同源であり、漢字の相違は物と物の接着の異表現である。船が入津し、船行く場に「着く」、その全表現が「都久豆美」なのではなかろうか。「都久豆美命」は入津の船の航海を守る神として奉斎されたのであろう。

『出雲国風土記』が示す郷名、駅名の変更は風土記編纂の命、「郡郷の名は好字を着けよ」に応じたものであくまで漢字表示の変更であり、名称自体の変更には及ぶものではなかった。古代国家にとって地名で大切なのは漢字文化圏における対外関係から意識される漢字表記であり、地名の変更に関しては「今の人、誤りて栲島と号くる（『出雲国風土記』島根郡条）」、「今、賀周里と謂ふは訛れるなり（『肥前国風土記』彼杵郡条）と述べるに留める。

千酌駅家の場合は「つくつみ」から「ちくみ」であるが、実際は「ちくみ」を説明する為に「都久豆美命」を出して来たのではなかろうか。

意宇郡にあった国庁の北の十字街から北に曲がり千酌駅家に北上する隠岐への道、その中間、今の大橋川には古代には橋はなく、渡船での往来であった。

『出雲国風土記』島根郡条にはその渡船場の環境に関する詳しい説明がなされているが、ここでは簡潔な表記、巻末記の道度（伝路）条を挙げたい。

西のかた廿一里にして国庁、意宇郡家の北の十字街に至り、即ち、分れて二つの道となる。一つは正西の道、一つは北に抂る道なり。北に抂る道は、北のかたに去ること四里二百六十歩にして、郡の北の堺なる朝酌渡に至る。渡は八十歩なり。渡船は一つあり。

出雲国の国庁、そして意宇郡家から北上する隠岐への道、その朝酌渡は渡船場でもあり、また「入海（中海・宍道湖）」の水上交通の要でもあった。ここで注目したいのは隠岐への道に設けられた二つの渡船場の地名が「千酌」「朝酌」とともに「酌」を含んでいる事実である。その「酌」に関して『出雲国風土記』島根郡条では熊野大神に食事を提供する「五つの贄の緒の処と定め給ひき。故、朝酌といふ」としており、加藤義成氏が解くように「酌」は「組」の借り字であろう。南北渡船場、そして東西の水上交通の寄港地としての千酌、朝酌の重要性をふまえると、そこは水上交通の十字路に当たり、まさに交通の「組み」合わせの拠点として位置づけられるのである。

隠岐への道、それは「北海（日本海）」へと繋がるものであるが、その最終拠点というべき島後の隠岐の島町の北端に「久見」なる集落、漁港がある。この久見は寛文七（一六六七）年、松江藩士隠岐郡代であった斉藤豊仙の著『隠州視聴合記』には「酌村は西北の海辺にて、風波最はげし……辰巳の山の麓に、川を隔て内宮といふあり、之を伊勢明神云ひ」とあり、かつては「酌」と書したことがわかる。同地には式内社である伊勢命神社が鎮座し、同社は嘉祥元（八四六）年には霊験があり、「明神列に預」っており、日本海を介しての新羅・渤海との関係上、海上交通の要衝として位置づけられていたのであろう。

余り目にしない「酌」を含む地名が図の如くほぼ南北に一直線上に確認できるのは東西南北の交通の要地、「組」としての役割を地域社会で認められたからであろう。

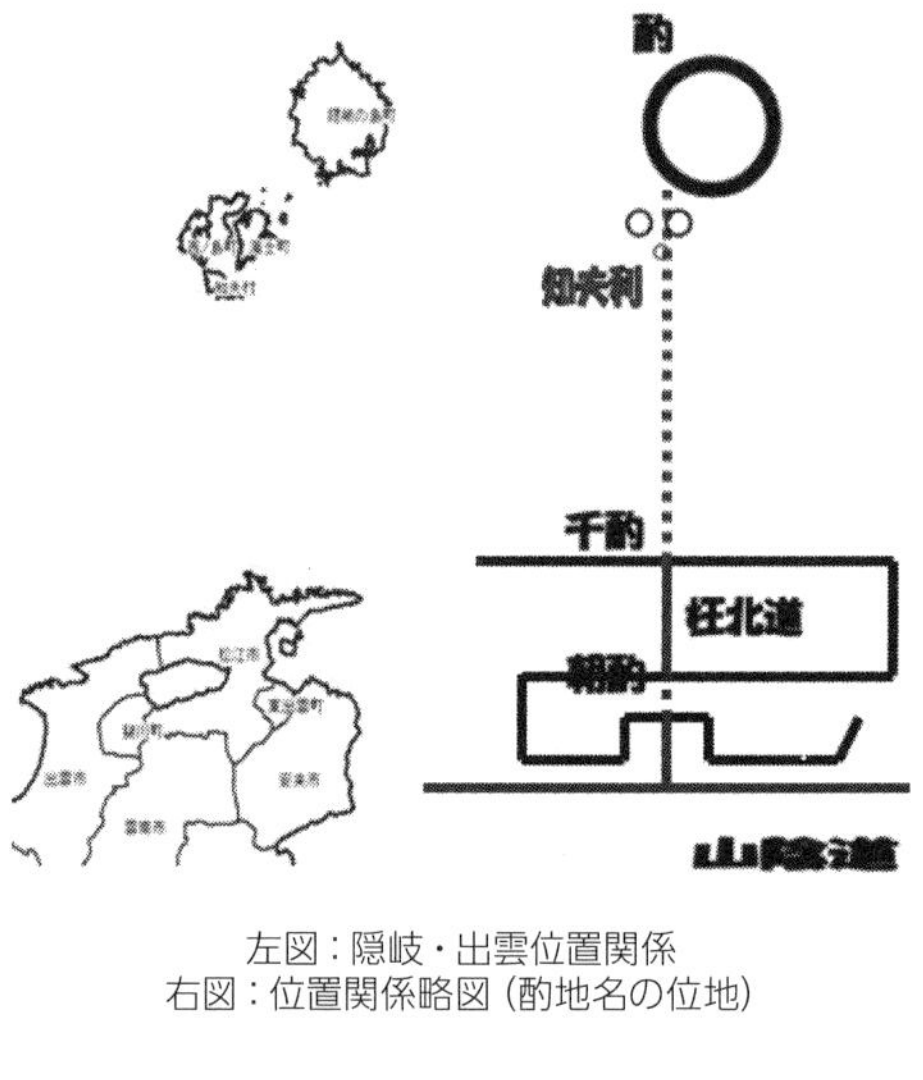

左図：隠岐・出雲位置関係
右図：位置関係略図（酌地名の位地）

三　隠岐の二つの入り口

出雲国島根郡千酌から出港した船は隠岐のどの地点に寄港したのであろうか。未だ確実な史料にもとづく定見はないようである。そういう中で注目されているのが紀貫之の『土佐日記』の次の一文である。

一月二十六日。まことにやあらむ、「海賊追ふ。」と言へは、夜中ばかりより船を出だして漕ぎ来る道に、手向けする所あり。楫取りして幣まつるするに、幣の東へ散れば、

楫取りの申して奉る言は、「この幣の散る方に、御船すみやかに漕がしめ給へ」と申して奉る。これを聞きて、ある女の童の詠める
「わたつみの　道触の神に　手向けする
幣の追ひ風　止まず吹かなむ」
とぞ詠める。

童女の歌の中にみえる「道触の神」は「ちぶり」と読み、一般に道路の神とされているが、ここでは水上交通、航海の神として認識されていることがわかる。隠岐は『古事記』では「隠伎之三子島」、『日本書紀』では「億岐三子洲」と表わされ、親島の道後島と「三つ子」である島前の知夫里島・西ノ島・中ノ島（現在表記）から成り立っている。

また顕昭が文治年間（一一八五～九〇）に著わした『袖中抄』には「隠岐の国にて知夫利崎といふにわたすの宮といふ神おわすなり、舟いだすとて其神に奉幣してわたすを祈るとぞ」とみえ、知夫里島に「わたす（渡）」宮があったという。当然、『土佐日記』に詠われた「道触り神」、航海神が「ちぶり」島にも祀られていたことを暗示している。

この「ちぶり」であるが、地名としては「ち＋ぶり」と分けられそうである。天正一五（一五七三）年の「一宮大明神略縁起」には「当社一宮大明神と申すそもそもは大己貴尊の別号にして天佐志比古尊なり。人皇三十二代用明天皇の時、新府里南海の中島に坐す。白雉四年……新府利の東浜詰め岩石の上にあがり……この森に御鎮八十歳余りの老翁一人来り曰く、御神には陸にあがり給うと云て、道案内す。」とみえる。この一宮大明神は知夫里の郡に鎮座の式内社・天佐志比古命神社であるが、古くから「知夫里」とは別に隣接して「新府里（利）」（にぶり）なる地名の存在が伺えるのである。「ちぶり」「にぶり」であるならば、地名の基幹として「ぶり」があることは容易に察することが出来るであろう。

「ち＋くみ」「ち＋ぶり」の「ち」は「道」、「ぶり」は「ふる」を基幹として「振る」に通じ、小さく振り動かして神霊の活性化を期す行為である。千酌から知夫里の海路の安全を祈願することからの命名なのであろう。「新夫里」に関しては「丹＋ぶり」の可能性が高いのではなかろうか。周知の通り知夫里島の西岸には著名な赤壁がある。赤、朱は古代において邪霊排除の呪力があるとされており、「ち＋ぶり」を踏まえるとその呪力の高揚を期す意味合いと理解できよう。

先の「一宮大明神略縁起」の伝承を踏まえると千酌を出帆した船は現在の仁夫里付近の字、「高津久」「津上り」の恵比寿社あたりに上陸し、そして知夫郡家、字「郡」に向かったのであろう。

隠岐の水上交通の入口は知夫里島、知夫郡であった。今一つ隠岐と出雲の交流手段として重きをなしたのは狼煙、古代の「烽」である。古代の「烽」に関しては『出雲国風土記』が巻末において所在地を含め、五「烽」の存在を示している。

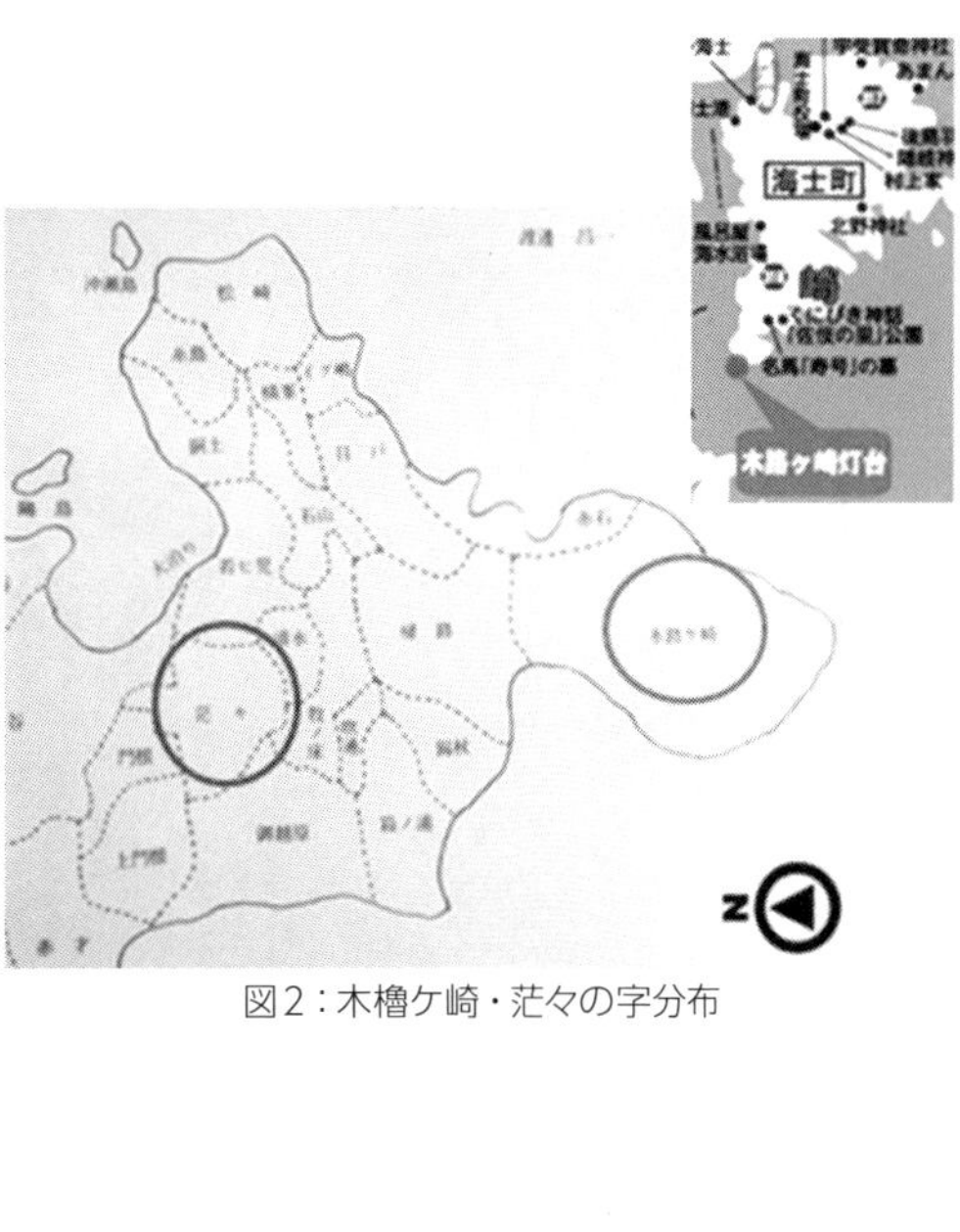

図2：木櫓ケ崎・茫々の字分布

馬見烽　出雲郡家の西北かた卌二里二百歩
土椋烽　神門郡家の東南のかた一十四里
多夫志烽　出雲郡家の正北一十三里卅歩
布自枳美烽　島根郡家の正南七里
二百一十歩
暑垣烽　意宇郡家の正東廿里八十歩

また『出雲国風土記』と同年の「出雲国計会帳」には「九月同日　出雲与神門二郡置烽三処」ともみえ、さらに翌天平六年二月には「出雲国与隠伎国応置烽」とあり、三月には「置烽期日辰放烽試互告知隠伎相共試」とあり、出雲と隠岐との間で烽での煙、火を放つ実験がなされたことがわかる。しかしその際の出雲、隠岐のどの烽が実験烽であったかは不明である。

隠岐側の烽としては知夫里島の赤はけ山、西ノ島の焼火山が想定されているが、標高、そして島根半島からの距離からの想定であり、根拠があるわけではない。

島根半島からの距離と言えば国引き神話の「北門の佐伎国」の古地と考えられる中ノ島の南端、海士町の崎が注目される。近年、藤原宮跡から出土した木簡に「海評　前里」「海部郡　前里」「海部郡　佐伎郷」「海部郡　作支郷」「海部郡　佐吉郷」とその名は確認できるところである。

その海士町の崎は木路ケ崎に食い込む漁村であるが、その木路ケ崎は『隠州視聴合記』海部郡崎村項には「海部郡の西南に指出たる山崎を木櫓崎と云」とあり、その海へ突き出した威容から「櫓（やぐら）」という名が冠せられたのであろう。むしろその威容からかつてそこに実際に櫓が置かれていたのではなかろうか。

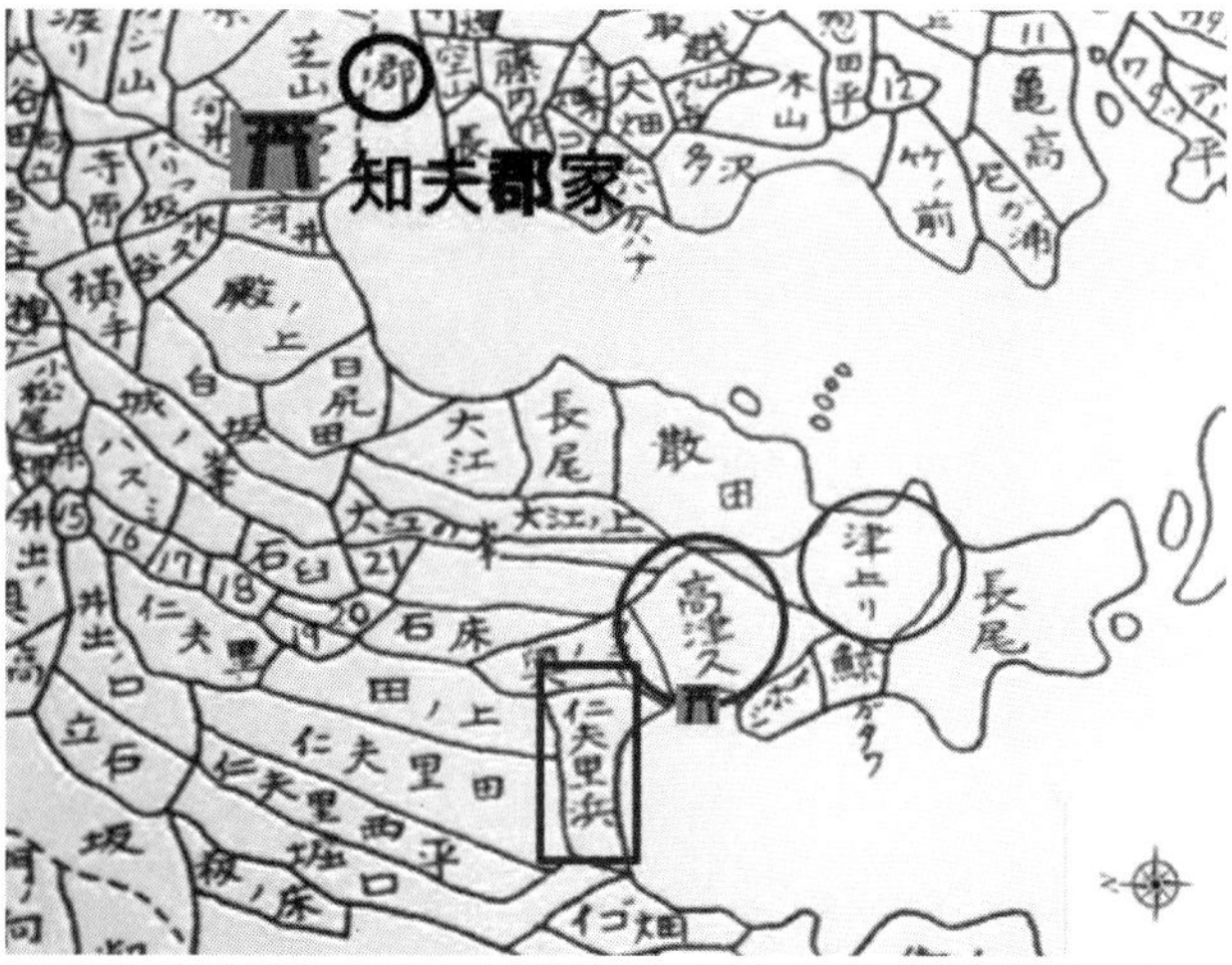

図3：知夫郡家・天佐志比古神社、字「津上り」「高津久」「仁夫里」

その木櫓崎の山中の高位に「茫茫」という字を拾うことができる。「茫茫（ぼうぼう）」とは火が盛んに燃えるさまであり、烽の所在地の痕跡が地名として残されてきたのではなかろうか。

五　おわりに

古代の隠岐に関して地方（隠岐から出雲へのかつての呼称）の『出雲国風土記』を軸に残されてきた小字、そして近世史料を合わせながら古代の隠岐と出雲の関係を再現してみた。

近年、発掘、紹介された藤原宮跡隠岐関係木簡は質高く、量も豊富で一国規模で言えばその出土数ははるかに出雲を凌いでいる。しかし、未だ一部の研究者が注目するだけで、研究活用は十分になされていないようである。

本稿が示したような地名論からのアプローチはその研究活用に新たな刺激を与えるものと考える。未だ隠岐の古代世界は茫洋としている。さらなる現地調査を重ねて、島後も含めて改めて古代隠岐論を構築したいと思う。

石見相聞歌における「浦」と「潟」の考察

―『万葉集』『出雲国風土記』『播磨国風土記』を中心に―

川島芙美子

一、島根県における「石見相聞歌」

島根県の石見（島根県西部）は、全国的にも、柿本人麻呂生誕地あるいは終焉地の伝承があることで知られている。特に、梅原猛氏の『水底《みなそこ》の歌』で一躍有名になった。その後、梅原猛氏はたくさんの研究者とともに、石見の鴨島を中心とした発掘調査をなさった。また、齋藤茂吉氏の研究によっては、島根県美郷町の鴨山が終焉の地とされ全国的にも知られた。益田市には、戸田柿本神社の伝承から、生誕地としての石碑も建立されている。江津市では高角山《たかつのやま》、あるいは大崎鼻《おおさきばな》から見た情景が、『万葉集』の最高の相聞歌として知られる柿本人麻呂の「石見相聞歌」の舞台として、研究者の間でも、有名である。この「石見相聞歌」をもとに、石見における古代山陰道の推定も様々になされている。

万葉集の歌の世界をどれだけ事実としておさえることができるかは、文学的真実として、配慮されねばならないことは確かである。が、柿本人麻呂が歴史的な文献の中では記録に残っていないとしても、これだけの最高の歌を『万葉集』に残し、当時の天皇をはじめとして、皇太子、皇女を讃する歌を詠み、『古今集』では、紀貫之が「歌聖」として崇拝したことは事実である。

そうすれば、「石見相聞歌」に詠われた世界は、何らかの形で、古代の石見を投影しているといわざるをえない。

私自身としては柿本人麻呂は石見をよく知っており、それを中央に知らしめるべく、「石見相聞歌」という、後世に残る絶唱を詠ったと考えている。

前置きが長くなったが、「石見相聞歌」を提示することにする。全体が十首の構成になっているが、その代表歌としての三首をあげる。

石見《いわみ》の海　角《つの》の浦廻《うらみ》を　浦なしと　人こそ見らめ　潟《かた》なしと　〈一に云ふ、磯なしと〉人こそ見らめ　よしゑやし　浦は無くとも　よしゑやし、潟は　〈一に云ふ、磯は〉　無くとも　鯨魚《いさな》取り　海邊《うみべ》を指して　和多津《にきだつ》の　荒磯の上に　か青なる　玉藻《たまも》沖つ藻　朝羽《あさば》振《ふ》る　風こそ寄せめ　夕《ゆふ》羽振る　浪こそ來寄せ　浪の共《むた》　か寄りかく寄る　玉藻なす　寄り寝し妹《いも》を　〈一に云ふ、はしきよし妹がたもとを〉　露下の　置きてし來れば　この道の　八十隈毎《そくまごと》に　萬《よろづ》たび　かへりみすれど　いや遠《とほ》に　里は放《さか》りぬ　いや高に　山も越え來ぬ　夏草の　思ひ萎《しな》えて　偲《しの》ふらむ　妹が門見む　靡《なび》けこの山

（巻二、一三一）

反歌二首

石見のや高角山《たかつのやま》の木の際《ま》よりわが振る袖を見つ

らむか
小竹《ささ》の葉はみ山もさやに亂《みだ》るともわれは妹思ふ別れ來ぬれば　（巻二、一三三）

ここでは、冒頭の歌句を問題にする。

「石見の海　角の浦廻を　浦なしと　人こそ見らめ　潟なしと　人こそ見らめ　よしゑやし　浦はなくとも　よしゑやし　潟はなくとも　鯨《いさな》取り　海辺をさして」のところである。ここに描かれている「浦」「潟」とはどういうものであるのかを、『万葉集』の他の歌、あるいは『出雲国風土記』『播磨国風土記』『古事記』等から考察してみたい。

二、「津」と「浦」と「湊」の考察

古代文献における「津」「浦」「湊」がどのような情景概念を表わすかを考察したい。

「湊」は、次の『古事記』の用例が、その意味を如実に示しているように思う。

ここに大穴牟遲《の》神、その兎に教へ告りたまひしく、「今急《すみや》かにこの水門《みなと》に往き、水をもちて汝《な》が身を洗ひて、すなはちその水門の蒲黄《かまのはな》を取りて、敷き散らして、その上に輾轉《こいまろ》べば、汝が身本《もと》の膚《はだ》の如《ごと》、必ず差えむ。」とのりたまひき。故、教への如《ごと》せしに、その身本《もと》の如くになりき。これ稲羽の素兎《しろうさぎ》なり。今者《いま》に兎神と謂ふ。故、その兎、大穴牟遲《の》神に白ししく、「この八十神は、必ず八上比賣を得じ。帒《ふくろ》を負へども、汝命《いましみこと》獲《え》たまはむ。」とまをしき。（『古事記』「因幡の素兎」）

この用例でわかるように「湊」は「水門」である。真水の川が流れて、海にそそぐ出口に当る所と考えていいように思う。

古代においてはどんな船でも、「水の補給」あるいは「船虫の防御」は欠かせない。それには絶対に真水が必要である。潮即ち塩水の中でしか、船虫は棲息しない。従って、潮（海潮）のある所に船を繋留《けいりゅう》すると、船は船虫のために損傷を受けるのである。だから、船を停泊し、繋留するには「水門」、真水の流れる川の出口であることが必要であったのである。

そう考えると「湊」は、湖でも、内海でも外海でもどこでも存在する。外海の沿岸に限ることはないと考えられる。

「津」と「浦」とはどう違うのだろうか。

「津」＝船舶の碇泊する所。わたしば。人の集まる所。

「浦」＝海や湖の湾曲して、陸地に入り込んだ所。一般に、海辺。

右記の意味は『広辞苑』から抜き書きしたものであるから、極く一般的意味と、とらえることができる。

『出雲国風土記』「嶋根郡」

美保《みほ》の濱《はま》　北に百姓《おほみたから》の家あり。
Ⓐ久毛等《くもと》の浦《うら》　十《とを》の船《ふね》泊《は》つべし。
Ⓑ質留比《しちるひ》の浦　卅《みそぢ》の船泊つべし。
玉結《たまえ》の濱　又《また》、百姓の家あり。
方結《かたえ》の濱　東《ひむがし》と西とに家あり。
稲上《いなあげ》の濱　百姓の家あり。
千酌《ちくみ》の濱　北の方に百姓の家あり。
葦浦《あしうら》の濱　百姓の家あり。
野浪《のなみ》の濱　又、百姓の家あり。
久來門《くきど》の大濱　百姓の家あり。
大椅《おおはし》の濱　西北《いぬゐ》のかたに百姓の家あり。
㋑御津《みつ》の濱　百姓の家あり。
㋺虫津の濱□廣さ一百廾歩《あし》なり
Ⓒ手結《たえ》の浦　船二つばかり泊つべし。

『出雲風土記』「楯縫郡」

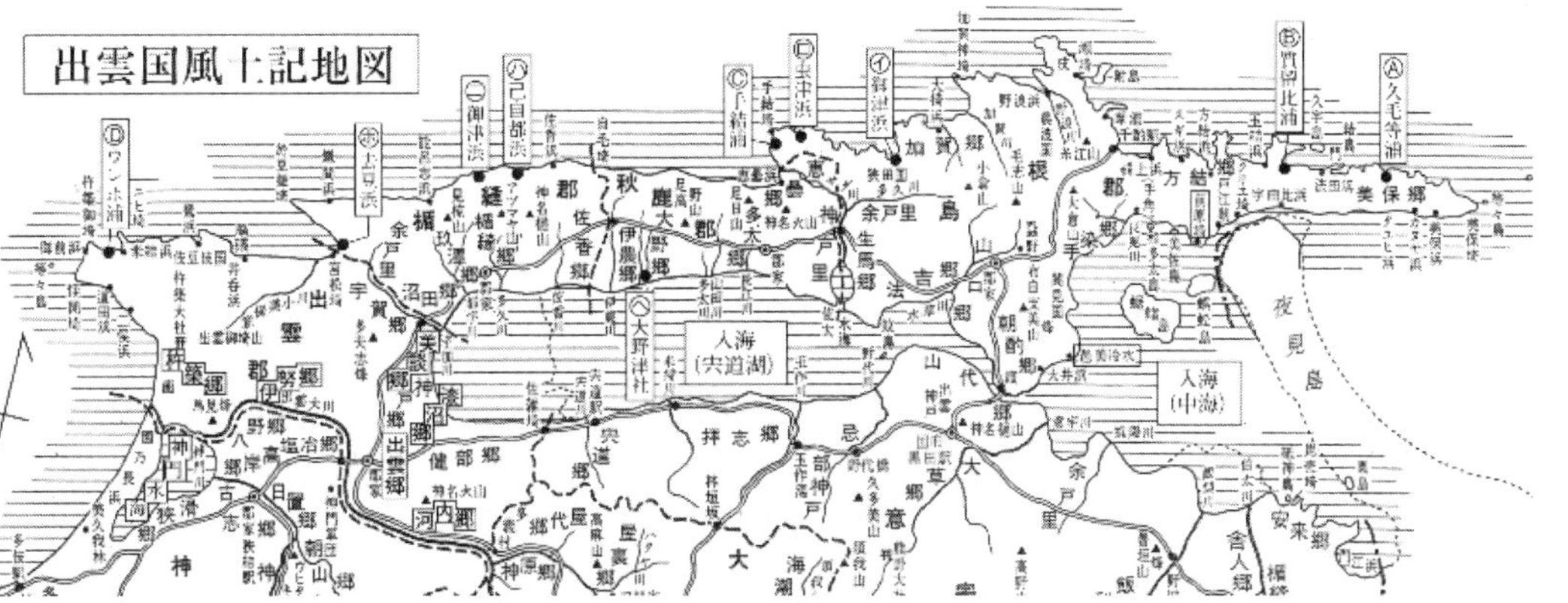

（『風土記』秋本吉郎校注岩波書店）

佐香《さか》の濱《はま》　廣さ五十歩《あし》なり。
㋩己自都《こしつ》の濱　廣さ九十二歩なり。
㋥御津《みつ》の濱　廣さ卅八歩なり。
能呂志《のろし》の濱　廣さ八歩なり。
鎌間《かまま》の濱　廣さ二百歩なり。
㋭許豆《こづ》の濱　廣さ二百歩なり。出雲と楯縫《たてぬひ》と二つの郡《こほり》の堺《さかひ》なり。

『出雲国風土記』では「嶋根郡」に「御津濱㋑　百姓の家あり・虫津濱㋺」「楯縫郡」に「己自都濱㋩・御津濱㋥・許豆濱㋭」と記載されている。

「己自都濱」は現在、小伊津となり、「許豆濱」は現在、小津となっている。「嶋根郡」の「御津濱」のみ「百姓の家あり」と記載されているので、ここは『広辞苑』にいう「人の集まる所」だったと考える。

「嶋根郡」と「楯縫郡」のみに、特に「御津濱（㋑と㋥）」と記されている二ヶ所については、「御」がつけられていることを重く考える。内田律雄氏は『発掘された出雲国風土記の世界』において次のように解明されている。

「これらは大化前代のヤマト王権と直接的な関係を持った津であったのだろう。律令期に至っても、贄《にえ》や調《ちょう》の貢納というかたちで中央との関係は続いていたと考えられるが、港湾としての津の役割は終えていたのであろう。」

『出雲国風土記』における「津」の表記としては、内海航路である宍道湖に唯一「大野津社㋬」が「秋鹿郡」の項に記されている。

これも「津」の意味を解く鍵になると思われる。『出雲国風土記』においては「入海」には、「浦」の記載が全くないのである。そう考えると「浦」は「広辞苑」にも説く通り「一般に、海辺」と解明される。

大野津社について、内田氏は前掲の論文で、「大化前代おいて、二ヶ所の御津が日本海航路の港であったのに対し、大野津は入海（宍道湖）という内水面航路の御津であったと推定される。」と説かれている。

（㋑〜㋬については上の地図参照）

三、『播磨国風土記』の「御津」と「室津」について

「津」と「浦」について『播磨国風土記』

の用例から、考えてみたい。

『播磨国風土記』に描かれる航路は、瀬戸内海航路であるため、『出雲国風土記』の「大海」あるいは「入海」とは少し様相が違う。瀬戸内海は島の数が今でも正確には数えられないといわれる程の無数の島があり、外海との出入口は、紀伊水道・関門海峡・豊後水道の三ヵ所が大きなものである。一日のうちに、二回の大きな潮の満ち引きがある。海峡も狭く、大小の無数の島の中を干満の差の激しい所もあり、潮流は瞬時に溢れて、時には渦潮となる。瀬戸内海を通る技術は、大海とはまた別のものとなろう。「津」・「浦」の概念が、航海者には、大海における「津」「浦」とは違う情景概念であったと考える。

『播磨国風土記』の「御津」と「室津（室原泊）」について考えてみる。

次の条は『播磨国風土記』「揖保郡」の揖保川下流域の所である。

『播磨国風土記』「揖保郡」

宇頭川《うづかは》　宇頭川《うづかわ》と稱《い》ふ所以《ゆゑ》は、宇須伎津《うすきつ》の西の方《かた》に、絞水《うづ》の淵《ふち》あり。故《かれ》、宇頭川と號《なづ》く。即《すなは》ち是《こ》は、大帯日賣命《おほたらしひめのみこと》、御船《みふね》を宿《は》てたまひし泊《とまり》なり。

伊都《いつ》の村《むら》　伊都《いつ》と稱《い》ふ所以《ゆゑ》は、御船《みふね》の水手《かこ》等《ども》のいひしく、「何時《いつ》か此の見ゆるところに到らむ」といひき。故《かれ》、伊都《いつ》といふ。

雀嶋《すずめしま》　雀嶋《すずめしま》と號《なづ》くる所以は、雀、多《おほ》に此の嶋に聚《あつ》まれり。故、雀嶋といふ。草木《くさき》生《お》ひず。

浦上《うらかみ》の里《さと》　土《つち》は上《かみ》の中《なか》なり。右《みぎ》、浦上と號くる所以は、昔、阿曇連百足《あづみのむらじももたり》等《ら》、先《さき》に難波の浦上に居《を》りき。後《のち》、此の浦上に遷《うつ》り來《き》けり。故、本居《うぶすな》に因《よ》りて名と爲《な》す。

御津《みつ》　息長帯日賣命《おきながたらしひめのみこと》、御船を宿《は》てたまひし泊まり。故、御津と號く。

室原《むろふ》の泊《とまり》　室と號くる所以は、此の泊、風《かぜ》を防《ふせ》ぐこと、室の如し。故、因りて名と爲《な》す。

白貝《おふ》の浦《うら》　昔、白貝ありき。故、因りて名と爲す。

家嶋《いへしま》　人民《ひとびと》、家《いへ》を作りて居り。故、家嶋と號く。竹・黒葛《つづも》等《ども》生ふ。

神嶋《かみしま》　伊刀嶋《いとしま》の東《ひむがし》なり。神嶋と稱ふ所以は、此の嶋の西の邊《へ》に石神《いしかみ》在《いま》す。形《かたち》、佛《ほとけ》のみ像《かた》に似《に》たり。故、因りて名と爲す。此の神の顔《かほ》に五《いつ》つの色《いろ》の玉あり。又、胸《むね》に流るる涙《なみだ》あり。是《こ》も五つの色なり。泣く所以は、品太《ほむだ》の天皇《すめらみこと》のみ世、新羅《しらぎ》の客《まれびと》來朝《まゐ》けり。仍《すなは》ち、此の神の奇偉《あや》しきを見て、常《つね》ならぬ珍玉《うづたま》と爲《おも》ひ、其の面色《おもて》を屠《ほふ》りて、其の一つの瞳《まなこ》を堀《こじと》りぬ。神、因《よ》りて泣《な》けり。ここに、大きに怒《いか》りて、即《やが》て暴風《あからしまかぜ》を起《おこ》し、客の船を打《う》ち破《やぶ》りき。高嶋《たかしま》の南の濱に漂《ただよ》ひ沒《しづ》みて、人悉《ことごと》に死《み》亡《う》せけり。乃りて其の濱に埋《う》めき。故、號けて韓濱《からはま》といふ。今に、其處《そこ》を過《す》ぐる者《もの》は、心に愼《つつし》み、固《かた》く戒《いまし》めて、韓人《からひと》と言《い》はず、盲《めしひ》の事《こと》に拘《かかは》らず。

韓荷嶋《からにしま》　韓人、船を破りて、漂へる物《もの》、此の嶋に漂ひ就《つ》きき。故、韓荷嶋と號く。

『播磨国風土記』「揖保郡」の「御津」と「室原泊」について石村智氏は「よみがえる古代の港」で次のように論じている。

「「御津」であるが『播磨国風土記』では、「神功皇后が御船を停泊なさった港である」と記されている。

この「御津」だけを見下ろす位置に、古墳時代前期前半（三世紀頃）の権現山51号古墳（全長43ｍ）があるが、海からの視野には入らない。

「室津（室原泊）」は『播磨国風土記』にも『万葉集』にも、その後の行基設定したとされる「播磨五泊」にも載っている。また、伝承としても、法然上人や山吹御前の伝承を残し、江戸期には、朝鮮通信使の逗留地《とうりゅうち》としても栄えている。大化時代においては「御津」はヤマト王権と直接的な関係を持つ「津」であったのかもしれないが、その後地形の変化や、船の構造の変化により「御津」は、その役割を終え、その役割が「室津（室原泊）」に変わったことも考えられる。ちなみに、瀬戸内海全体を見下ろし、東西南北交通の結節点としての古墳に、輿塚古墳（古墳時代前期後半、四世紀後半・全長一〇〇メートル）がある。」

　この石村氏の考察を基にすれば古代において、地形景観の変化と政治的社会的変化により、「津」も変化していったと考える。その移行過程を石村氏は次のように考察を加える。

　「特に、『播磨国風土記』の「宇須伎津」の表現や、「韓荷嶋」の由来、あるいは『万葉集』の次の歌からも、その変化を推察することができる。

味さはふ　妹《いも》が目離《か》れて　敷栲《しきたへ》の　枕も纏《ま》かず
櫻皮纏《かには》き　作れる舟に　眞楫貫《まかじぬ》き　わが漕《こ》ぎ來《く》れ
れが　淡路の　野島《のしま》も過ぎ　印《い》南端辛荷《からに》の島の
島の際《ま》ゆ　吾家《わぎへ》を見れば　青山の　其處《そこ》とも見
えず白雲も　千重《ちへ》になり來《き》ぬ　漕ぎ廻《た》むる　浦
のことごと　行き隱る島の崎崎　隈《くま》も置かず
思ひぞわが來《く》る　旅の日長《け》み　（巻六、九四二）
玉藻刈る辛荷《からに》の島に島廻《み》する鵜《う》にしもあれや家
思はざらむ　（巻六、九四三）

　『播磨国風土記』の「韓荷嶋」から、ここが、対外貿易としての船舶の往来が考えられるし、『万葉集』（巻六、九四二・九四三）では、山部赤人が詠むように、ここの辺が半島との行き来として、一つの拠点として認められるようになったと考えられる。

　『万葉集』でも「室津」が読まれるようになる。

室の浦の湍門《せと》の崎なる鳴島《なきしま》の磯越す波に濡れに
けるかも　（巻十二、三一六四）

　これらによって拠点的な港の役割が「御津」から「室津」へ移行したことがわかる。」

　石村智氏の前掲論文に載る復元図及びその概略は次のようである。

　右下図については、石村智氏は「宇須伎津」「伊都」を次のように説明しておられる。

　「「御津」は揖保川河口部西側に位置し、かつては潟湖地形が発達した、天然の良港であったと考えられる。そのラグーンが港として用いられていたものの、そののちラグーンが埋まって陸化したという可能性が推定されるのである。

　また「伊都」については、現在の御津町の集落が広がる平野部の奥にあり、内部に位置していたと考えられる。また「宇須伎津」は、『播磨国風土記』で「宇頭川の泊を出発した後、船越において船を山越しさせて、伊都に向かう」と記されている。山越しとは文字通り、陸上で船を牽引することである。

　当時の地形を復元することで、このルートを再検討することとしてみたい。

　国土地理院発行の「治水地形分類図」を参照すると、揖保川下流域の平野部には揖保川の旧河道の痕跡が網の目のように残されており、かつては氾濫原が展開していたことが推定される。また御津町の平野部はかつては湿地帯であったことも示されている。こうした地理的状況に基づいてかつての海岸線を復元すると、下図のように御津の中心部にはラグーンが入り込む潟湖地形が広がっていたと推定される。

それによると、「伊都」はラグーンに面しており、「船越」は綾部山丘陵と基山をつなぐ砂州状態の地形となる。この復元案に基づいて『播磨国風土記』を追うと、「船越」を超えた船はラグーンに入り、そのまま水路で「伊都」に到るルートが復元できる。すると「宇須伎津」の位置は「船越」の少し北側の、ラグーンに面した位置にあったと考えられる。」

石村氏は「室津（室原泊）」と「御津」について更に次のように考察する。

「室津」は『播磨国風土記』では、風を防ぐ地形にちなんで名づけられたとされている。また、「御津」の西側のリアス式海岸である室津湾である所の東の狭い入江に位置している。

それに対して潟湖地形による景観が「御津」である。即ち水深の浅い湿地帯のような状況の中で、喫水の浅い船が入る穏やかな良港で、船を山越しさせる運用も可能で、内陸部への通行運搬もスムーズであったのであろう。

「室津」は狭い入江の周囲は断崖で、水深は深いが砂浜は形成されていない。が、海からの見通しは良く、後には行基の土木技術により、港湾としての整備もされ、手前の岬上には、拝殿が本殿と隔てて外海側に建つ、海から遥拝することを意識した、「賀茂神社」も建立される。

「室津」のような水深の深い港は、喫水の深い大型船（例えば遣唐使船）を停泊させるには適した港といえる。

こうして、古代においても、港の立地条件は、水深の浅い港から、深い港へと移行したと考えられる。」

しかし、「津」も従来からの小型の漁船などは、港として浅くても十分利用は可能であったと考える。

四、『出雲国風土記』の「浦」の考察

第三章までの考察をふまえて「浦」はどういう所をさすのか『出雲国風土記』から考察する。

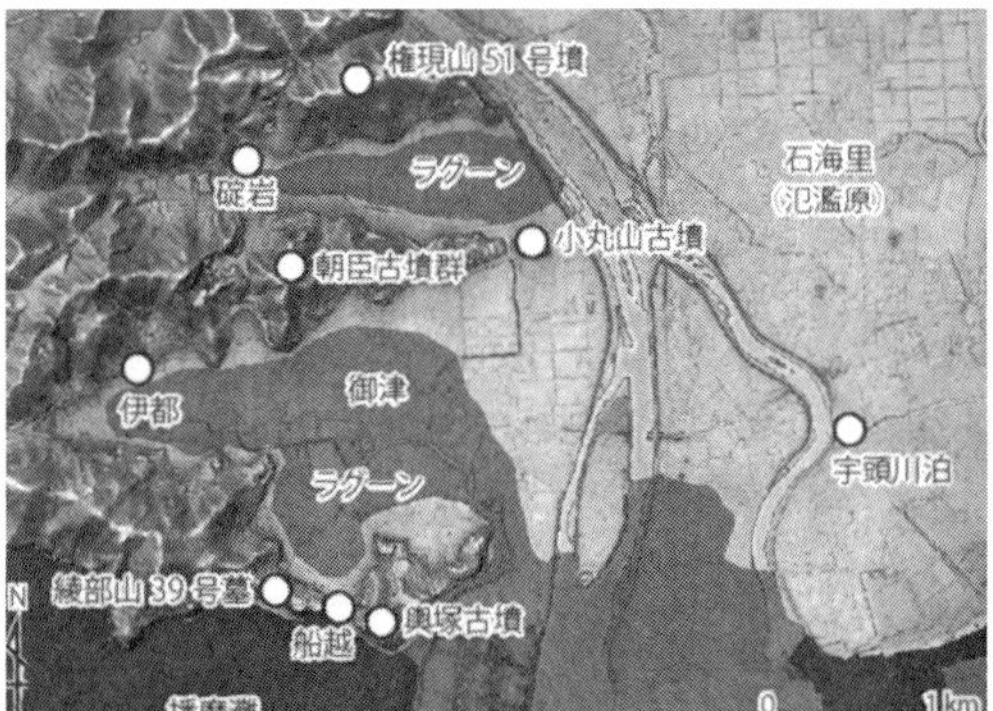

御津周辺古地形復元案
(『よみがえる古代の港』(石村智氏) より)

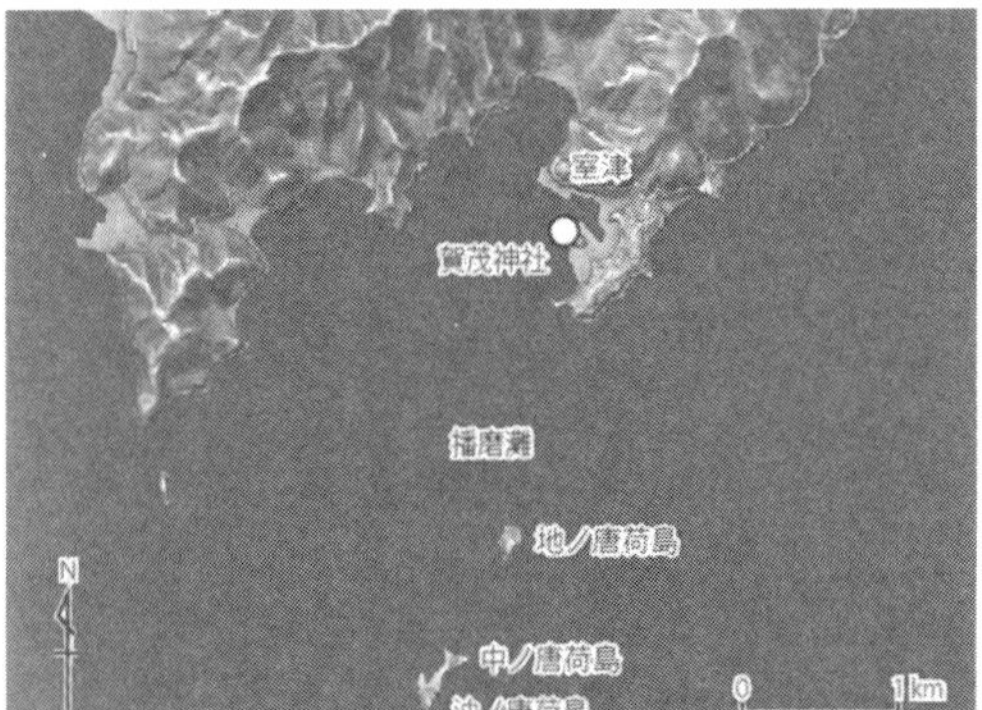

室津周辺古地形復元案
(『よみがえる古代の港』(石村智氏) より)

『出雲国風土記』の中では島根半島部の「島根郡」と「出雲郡」にしか「浦」は書かれていない。

「久毛等浦Ⓐ」「質留比浦Ⓑ」「手結浦Ⓒ」（以上島根郡）、「宇礼保浦Ⓓ」（出雲郡）の四浦である。各々に「船」の停泊が記されている。

『時代別国語大辞典』（三省堂）によると、「浦＝入り江。海や湖の水ぎわが陸地に入り込んでいるところ。」とあり、『和名抄』によると、「浦、宇良、大川旁曲渚、船隠風所也」と、書かれている。

（Ⓐ～Ⓓについては一二九ページの地図参照）

次に『万葉集』の例をあげる。

やすみしし　わご大君《おおきみ》の　神《かむ》ながら　高知らします　印南野《いなみの》の大海《おふみ》の原の　荒栲《あらたへ》の　藤井の浦に　鮪《しび》釣ると　海人船《あまぶね》散動《さわ》き　塩焼くと　人そ多《さは》にある　浦を良《よ》み　諾《うべ》も釣《つり》はす　濱を良《よ》み　諾も塩焼く　在《あ》り通《かよ》ひ　見《め》さくもしるし　清き白濱《しらはま》　（巻六、九三八）

風吹けば波か立たむと伺候《さもらい》に都《つ》太《だ》の細江に浦隠《うらがく》り居《を》り　（巻六、九四五）

多麻《たま》の浦の沖つ白珠《しらたま》拾《ひり》へれどまたそ置きつる見る人を無み　（巻十五、三六二八）

乎敷《をふ》の崎漕ぎ徘徊《たもとほ》り終日《ひねもす》に見とも飽くべき浦にあらなくに　（巻十八、四〇三七）

藤波の花の盛りにかくしこそ浦漕ぎ廻《み》つつ年に賞美《しの》はめ　（巻十九、四一八八）

『出雲国風土記』の「四浦」に載る「船」については、喫水の深い大型の船のことを指していると思う。以下に根拠を示す。

まず内田律雄氏は『発掘された出雲国風土記の世界』の中で、「『出雲国風土記』成立時には「浦」として島根半島には船が停泊できる公の四浦が整備された。」と説明される。また、『出雲国風土記』撰進期を鑑《かんが》みれば、軍艦を想定できるとする研究者もいる。

前掲の島根半島の地図を参照して戴ければ、確かに、島根郡では、東端・中・西端、そして出雲郡では、最西端に「浦」が置かれている。この四浦と内陸部交通との関係も加味すれば、これが、公的な港湾施設であった可能性も十分考えられると思う。

この点については別途考察していきたい。

次に『時代別国語辞典』（三省堂）で「うらみ・浦廻」を調べてみる。「浦廻＝浦のほとり。入江のめぐり。地形をいう。浦をめぐり行くこと。」とある。ほぼ同意義の語としての、「いそみ・磯廻」は「磯廻＝磯の湾曲しているところ。磯をめぐること。」とある。

それでは『万葉集』の例をあげておく。

うらみ

藤波の花の盛りにかくしこそ浦漕ぎ廻つつ年に賞美はめ　（巻九、一六七一）

曉《あかとき》の家《いへ》戀《ごひ》しきに浦廻《うらみ》より楫《かぢ》の音《おと》するは海人娘子《あまをとめ》かも　（巻十五、三六四一）

藤波を假廬《かりほ》に造り浦廻する人とは知らに海人とか見らむ　（巻十九、四二〇二）

みさごゐる磯廻《いそみ》に生《お》ふる名乗藻《なのりそ》の名は告《の》らしてよ親は知るとも　（巻三、三六二）

大船に眞梶《まかじ》繁貫《しじぬ》き大君の命《みこと》かしこみ磯廻するかも　（巻三、三六八）

海の底沖は恐《かしこ》し磯廻より漕ぎ廻《た》み行かせ月は經《へ》ぬとも　（巻十二、三一九九）

月《つく》よみの光を清み神島の磯廻の浦ゆ船出《ふなで》すわれは　（巻十五、三五九九）

これらの用例のように「うらみ」の用字

に「浦廻《うらみ》」、「いそみ」の用字に「磯廻《いそみ》」とある。「浦廻」「磯廻」は、地形として、大型船が廻ることのできる水深の深い、屈曲した湾を指す。『播磨国風土記』で例としてあがった「室津（室原泊）」のような、リアス式海岸を地形としてもつ湾といえる。

以上、『万葉集』『出雲国風土記』『播磨国風土記』を考察した結果、「浦」は、海からの見通しも良く、水深の深い、大型船の停泊する、公的な港を指すと考える。

五、『出雲国風土記』における「潟」の考察

「石見相聞歌」に載る「潟」を考察する。

『広辞苑』では「潟＝①遠浅の海で、潮がさせば隠れ、引けば現れる所。ひがた。②砂丘・砂洲・三角州などのため、外界と分裂してできた塩湖。一部が切れて海に連なることが多い。③湖・沼または入江の称。」とある。

『時代別国語大辞典』（三省堂）では「滷《かた》＝遠浅の海岸で、潮が満ちると隠れ、潮が干ると現れる場所。」とある。

『万葉集』では次の用例がある。

若の浦に潮満ち來れば潟《かた》を無み葦邊《あしべ》をさして鶴《たづ》鳴き渡る　（巻六、九一九）

妹に戀ひ吾《あが》の松原見渡せば潮干の潟《かた》に鶴《たづ》鳴き渡る　（巻六、一〇三〇）

『出雲国風土記』では、「潟」として載る地名は、二例あがる。『播磨国風土記』では「潟」と載るものは一例もない。

『出雲国風土記』の「島根郡」の「邑美冷水」と「前原埼」である。

『出雲國風土記』「嶋根郡」

邑美《おほみ》の冷水《しみづ》　東《ひむがし》と西と北とは山、竝《なら》びに嵯峨《さか》しく、南は海澶漫《ひろ》く、中央《まなか》は鹵《いしはら》、涼《いづみ》磷々《きよ》くながる。男《をとこ》も女《をみな》も、老《お》いたるも少《わか》きも、時々《ときどき》に叢《むらが》り集《つど》ひて、常《つね》に燕會《うたげ》する地《ところ》なり。

前原《さきはら》の埼《さき》　（中略）　肆《なら》べる松蓊鬱《しげ》り、濱鹵は淵《ふか》く澄《す》めり。男も女も随時《ときどき》叢《むらが》り會《つど》ひ、或《ある》は愉樂《たの》しみて歸り、或《ある》は耽《ふけ》り遊びて歸らむことを忘れ、常に燕喜《うたげ》する地《ところ》なり。

島根郡「邑美冷水」に「中央は鹵《いしはら》（あり）」、「前原埼」に「濱鹵淵澄あり」と載る。

二例から、入海（中海）西北辺には、潟があったと考えられる。ちなみに現在は松江市の大橋川河口に「馬潟」という地名が残っている。

この二例から考えると、当然、入海（宍道湖）沿いにもあったと考えられるが『出雲国風土記』は残していない。ちなみに現在は、松江市の嫁ヶ島の東辺に、地名として「白潟」が残っている。

それでは「神門水海（現在の神西湖。ただし、風土記時代の六分の一に縮小したとされている。）」周辺には、潟はなかったのであろうか。

『出雲国風土記』の中で、それを考察すると、「神門水海」の北辺及び「神門水海」と「入海（宍道湖）」との境界辺に潟の存在を考える。「美談郷」が、境界辺での分水嶺になると考える。それは、「杵築郷」「伊努郷」及び「漆治郷」「出雲郷」「河内郷」がその地域に当たると推定する。

『出雲國風土記』「出雲郡」

漆沼《しつぬ》の郷《さと》　郡家《こほりのみやけ》の正東《まひむがし》五里《さと》二百七十歩《あし》なり。神魂命《かむむすびのみこと》の御子《みこ》、天津枳比佐可美高日子命《あまつきひさかみたかひこのみこと》の御名《みな》を、又《また》、薦枕《こもまくら》志都沼値《しつぬち》といひき。此の神、

郷《さと》の中《うち》に坐《いま》す。故《かれ》、志刀沼《しつぬ》といふ。神龜《じんき》三年、字を漆沼と改む。卽《すなは》ち正倉《みやけ》あり。

河内《かふち》の郷　郡家の正南《まみなみ》一十三里一百歩なり。斐伊《ひ》の大河《おほかは》、此《こ》の郷の中を西に流る。故、河内といふ。卽ち隄《つつみ》あり。長さ二百七十丈《つゑ》五尺《さか》なり。七十一丈の廣さは七丈、九十五丈の廣さは四丈五尺なり。

出雲《いづも》の郷　卽ち郡家に屬《つ》けり。名を説《と》くこと、國の如し。

杵築《きづき》の郷　郡家の西北《いぬゐ》のかた卅八里六十歩なり。八束水臣津野命《やつかみづおみつののみこと》の國引《くにひ》き給ひし後《のち》、天《あめ》の下《した》造らしし大神の宮を造り奉《まつ》らむとして、諸《もろもろ》の皇神等《すめがみたち》、宮處《みやどころ》に參集《まいつど》ひて、杵築《きづ》きたまひき。故、寸付《きづき》といふ。神龜三年、字を杵築と改む。

伊努《いぬ》の郷　郡家の正北《まきた》八里七十二歩なり。國引きまし意美豆努命《おみづぬのみこと》の御子、赤衾伊努意保須《あかふすまいぬおほす》美比古佐倭氣能命《みひこさわけのみこと》の社《やしろ》、卽ち郷の中に坐す。故、伊農《いぬ》といふ。神龜三年、字を伊努と改む。

「薦枕志都沼値」「赤衾伊努意保須美比古佐倭気能命」は、潟の植生や砂州の存在を暗示する。また「出雲郡」には、次のようにも記されている。

『出雲國風土記』「出雲郡」

西門《にしかど》の江《え》　周《めぐ》り三里《さと》一百五十八歩《あし》なり。東《ひむがし》に流れて入海《いりうみ》に入《い》る。鮒《ふな》あり。

大方《おほかた》の江　周り二百卅四歩なり。東に流れて入海に入る。鮒あり。二つの江の源《みなもと》は、竝《なら》びに田の水の集まるところなり。

東は入海。三つの方《かた》は竝びに平原《はら》遼遠《はるか》なり。山雞《やまどり》・鳩《はと》・鳧《たかべ》・鴨《かも》・鴛鴦等《をしども》の族《たぐひ》、多《さは》にあり。

薗《その》　長さ三里一百歩、廣さ一里二百歩なり。松繁《しげ》りて多《おほ》し。卽ち、神門《かむど》の水海《みづうみ》より大海《おほうみ》に通《とほ》る潮《みなと》は、長さ三里、廣さ一百廾歩なり。此《こ》は則《すなは》ち出雲と神門と二つの郡《こほり》の堺《さかひ》なり。

「大方江」は、「大きな潟である入江」と、解釈できる。また「三つの方」も「北・東・南」にある「潟」とも解釈できる。

青木遺跡からの「船越」の木簡の出土と四隅突出墓の発見及び山持遺跡の湿地に造られた弥生時代の倉庫の存在は、『播磨国風土記』の「御津」の状況と同様と考える。

平野卓治氏は「『出雲国風土記』の「水海」記載をめぐって」の中で「現在の出雲平野西部に大きな汽水湖沼が、砂丘と外洋と隔てられた潟湖として存在—潟湖に出雲大河、神戸河が流入。その河口地域が存在。」と「神門水海」を説明する。

『出雲国風土記』の「神門水海」の北辺及び入海（宍道湖）との境界辺は、喫水の浅いラグーンであり、潟湖地形を思うまま航海できる、比較的小型の船の停泊ずる場であった。喫水の浅い船による時代の、天然の良港であったと考える。まさに『播磨国風土記』の「御津」にあたる、古き時代の良港であったと推測できる。

六、「潟」と「浦」の違いと「石見相聞歌」

考察の結果、「潟」と「浦」は、地形条件が大きく異なる為に、航海停泊する船も違ったと考える。「潟」と「浦」の利用による違いは、政治的、社会的に時代が変化していったことと密接に結びつく。

「潟」は、弥生期から古墳前期前半ぐらいまで、発達した港であり、「浦」はその後の奈良期にかけて、発達した港と考える。

『出雲国風土記』の記載をもとに、「潟」「浦」を考察した。『播磨国風土記』の「御津」が『出雲国風土記』の「潟」であり、『播磨国風土記』の「室津（室原泊）」が『出雲国風土記』の「浦」であると考える。

それでは古代石見の「潟」と「浦」はどうであったか。

柿本人麻呂の絶唱とも言われる「石見相聞歌」の冒頭の「石見の海　角の浦廻を　浦なしと　人こそ見らめ　潟なしと　人こそ見らめ」における「浦」「潟」の考察については、残念ながら奈良時代の『石見国風土記』が残っていないため、古代における石見の地形を、地名から正確に考察することはできない。

ただし、「潟」については、波根湖の存在、あるいは、益田川・高津川の河口が考えられる。が、人麻呂の時代に、波根湖が潟湖であり、なおかつ潟湖として「出雲国」の神門水海、入海（宍道湖・中海）ほどの機能を有していたか、それに基づく古代の繁栄をもち得た、発達した地域であったかを、明確に推定することはできない。その点は益田川・高津川の河口も同じである。また、その上に、人麻呂の時代に、波根湖周辺を「石見の海」ととらえていたのかも疑問として残る。

それでは「石見国」における「浦」の問題であるが、これも、島根半島のような連続したリアス式海岸としての良港は、出雲と比較した場合石見には少ないと思われる。

七、「石見相聞歌」の歌句としての「浦」と「潟」の解釈

「石見相聞歌」で、柿本人麻呂が「石見の海　角の浦廻を　浦なしと　人こそ見らめ　潟なしと　人こそ見らめ」と詠った意味を考察する。

まず『出雲国風土記』以外に『古事記』『日本書紀』等の記述から「出雲」は、「日本海の中心としての島根半島を擁《よう》する出雲、「潟」も「浦」も持つ国としての出雲、古代から航海の中心となって発達していった出雲。」と言える。

それに対して石見は古代においては、出雲ほどの「潟」も「浦」も考察できず、日本海での「出雲王国」ほどの中心としての発達はなかったと考える。

しかし、地理的に大陸や朝鮮半島に近いことや鉱山資源が海に近いことなどが、その後の船舶の発達や航海技術の発達によって、石見を変えていったと考える。

また、「石見」は、優なる「石」を持つ。海から眺めれば、迫るなだらかな山々が見える。それは優なる鉱山である。豊かな森林と鉱山から流れ出る天然の浜砂鉄、そこからもたらされる澄み切った海とそれらの豊かな資源、その象徴であるのが「石見相聞歌」の「玉藻」である。

ちなみに『播磨国風土記』「揖保郡」では、「石海」と記載されている。そうすると柿本人麻呂は『万葉集』「石見相聞歌」で、あえてこの国を「石見」と名づけ、「石見の海」と詠うことで、始めてその特徴を朝廷に知らしめたと考える。

以上の点を踏まえて、「石見相聞歌」のテーマを考察する。

「和多津の　荒磯の上に　か青なる　玉藻沖つ藻」つまりすばらしい海藻、「浪の共　彼《か》より此《かく》よる」つまり美しい波とともに揺れる海藻、「玉藻なす　依《よ》り宿《ね》し妹《いも》を」つまり波のような俺に依って暮らしてくれた玉藻のようなあの娘—潟も浦もない「石見」であの娘に出会えた、「石見」はすばらしいと詠いあげている。

「石見」の特徴は、大陸や朝鮮半島に本州で一番近いこと、長門国とひと続きに連動していること、北九州と違って朝鮮半島とは適度な距離を保ちながらも、潮流に乗る先進性をいち早く摑《つか》む国であることなどを、いち早く詠ったのが人麻呂である。「石見」には「潟」も「浦」もないけど、俺と

歌を交し合うあの娘、玉藻のようなあの娘の居る豊かな「石見」と、人麻呂は「石見相聞歌」で詠っていると解釈する。

以上のように「石見相聞歌」の解釈をしたが、石見国の古代における特徴については、紙数の関係から説明不足と自覚している。別稿を期することとしたい。

注『古事記』上代編及び『日本書紀』では大国主神を中心とした出雲神話が描かれ、出雲の重要性を暗示している。

（一）主要参考文献
『よみがえる古代の港』石村智〈吉川弘文館〉
『発掘された出雲国風土記の世界』内田律雄（ハーベスト出版）
『「出雲国風土記」の「水海」記載をめぐって」平野卓治2018
（二）その他の参考文献
『万葉集』（岩波書店　日本古典文学大系）
『風土記』（岩波書店　日本古典文学大系）
『古事記』（岩波書店　日本古典文学大系）
『風土記』（小学館　新編日本古典文学全集）
『出雲国風土記』荻原千鶴（講談社）
『出雲国風土記』加藤義成校注（報光社）
『解説　出雲国風土記』島根県古代文化センター（編）（島根県教育委員会）
『風土記　常陸国・出雲国・播磨国・豊後国・肥前国』（山川出版社）
『風土記の考古学3出雲国風土記の巻』（同成社）
『島根の国絵図』島根大学附属図書館編（今井出版）
『海の道、川の道』斎藤善之（山川出版社）

（山陰万葉を歩く会会長
風土記を訪ねる会代表）

地名と風土　第11号　目次

古代山陰道と地名

宍道年弘

一、はじめに

平成二五年（二〇一三）夏、島根県出雲市斐川町直江の杉沢遺跡の丘陵尾根上で道路遺構、すなわち古代山陰道が発見された。この発見は、『出雲国風土記』の記述を考古学的に裏付け、また古代交通の実態を解明する上で重要な意義があった。これまで地元では「昔の古い道が通っていた」、「平安時代の菅原道真が通った筑紫街道（つくしかいどう）だ」、「天神さんがお通りになった道」などとして知られていた。

この筑紫街道は、文政六年（一八二三）の「漆治郷下直江村絵図」（図1）に「筑紫海道」として、東西方向に直線的に描かれていることから、近世には利用されていた道であることが分かる。歴史地理学の木本雅康さんは筑紫街道について、「法隆寺領播磨国鵤荘絵図」（嘉暦四年（一三二九）および至徳三年（一三六八）には、「それぞれ筑紫大道と記す東西道があり、古代の駅路（古代道）がほぼこれと並行している」と指摘されている（木本二〇一一・P142）。杉沢遺跡の道路遺構も同様で、筑紫街道伝承は古代道を継承している事実は決して例外ではない。古代山陰道では、この他、松江市玉湯町上来待にも「筑紫道」の伝承がある。

さて、これまで斐川町内の古代山陰道のルートについては、大きく二つの説が展開されてきた（図3）。まず、斐川町出西《しゅっさい》の池田敏雄さんは、文献や地名、神話伝承、古社などからちょうど現在の簸川地区南部広域農道（出雲ロマン街道）付近を通っていたとする説である。また、古代には馬で物資を運搬することから、湿気の多い平坦地や沼地近くには道はないという見解も示されている。

一方、同町荘原の池橋達雄さんは、池田説より北側にあたる筑紫街道の伝承地や地名、風土記社などから古代山陰道がそのまま「近世まで用いられてきた」とする説である。

古代山陰道は、すなわち天平三年（七三三）年に成立した『出雲国風土記』に記される「正西道《まにしのみち》」（図2）のことであり、今回の杉沢遺跡の考古学的調査によって文献の記述を傍証する貴重な成果であったといえる。結果的には、池橋さんが指摘するように筑紫街道は古代山陰道を踏襲した道であることが分かった。

本稿では、斐川町地内に多く残る地名や伝承を先学の研究から事例として取り上げ、地名が、明らかとなった古代山陰道をどのように反映しているのかという視点で、古代山陰道発見と地名との関わりについて述べることとしたい。

二、先学の研究から

（1）池田敏雄さんの説

池田さんは長年の教員生活の後、郷土斐川で地名や伝承、神話などから郷土史を研究された方である。自宅近くで発見された出雲郡家や古代山陰道には、殊のほか関心をお持ちであった。また、出雲国名の由来についても持論があった。すなわち『出雲国風土記』「出雲郡出雲郷」条に「出雲の名の由来は国名について述べたところと同じである」、その由来は「八束水臣津野命の言葉に〝八雲立つ出雲〟とあるので、これによって出雲という」とある。八雲立つというのは、豊かな雲の立ち昇ることで、その多くの雲の出るところだから出雲というのだと理解されている（池田一九八七・P21）。

『斐川の地名散歩』「出雲国名のもと出雲郷」項に「この（出雲）郷は、斐伊川が山間部から平野部へ流れ出るところにあり、斐伊川の影響によって生じた霧がそれこそ竜か大蛇をふところにして立ち昇るかのように発生し、むくむくと平野部へ流れ出るところであります。それはまさしく八雲立つ出雲といえる情景であります。この郷以外の地ではこのような光景はみられません。」（池田同・P22）と記されている。出雲国の国名のもとは、斐伊川に懸る霧（あるいは雲）の情景からであると主張されている。たしかに、晴れた早朝に斐伊川を渡るとその情景を目の当たりにすることができる。「八雲立つ」とはまさに言い得て妙だと感じるほどだ。

さて、正西道ルートの根拠としては、『斐川の地名散歩』「古道と新道」項に以下のように記している。

「古代は、徒歩が一般的ですが、富んだ人や役人は馬に乗って通行しましたし、生産物など物資の運搬を、多くは馬の背にのせて行なっていたので、地盤がしっかりしているところでないと通ることができませんでした。ですから、湿気が多い平坦地、沼地の近く、

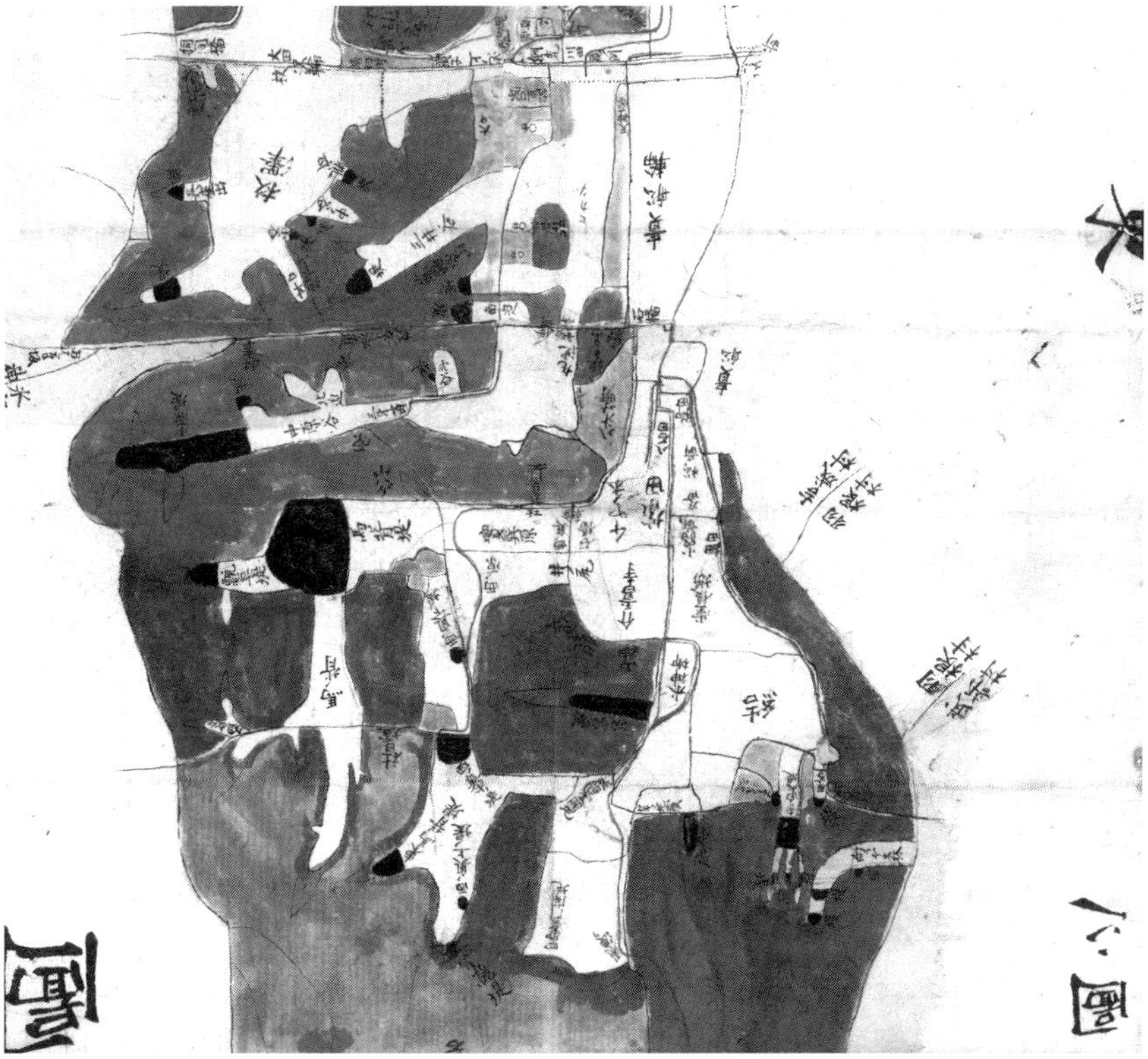

図1：文政6年（1823）源沼郷下直江村絵図（部分、上が北）

海辺（湖辺）ぞいには道がなく、丘や山地の中に道が通じていました。正西道がどこを通っていたかは明らかではありませんが、古代にもっとも使用していた馬に関係する地名、古くからまつられていた社、地形などから想定してみると、（図3）のように通っていたように思われます。

馬に関係する地名を東からあげると、〈斐川町神庭谷の〉馬捨場《うばすてば》、〈直江結の〉うば捨山《すてやま》、〈結の〉せき馬場《ばば》、〈結～出西氷室の〉馬背《まのせ》、〈氷室の〉有馬谷《ありまだに》、〈出西の〉駄捨場《だすてば》とあり、それがほぼ同じような間隔で位置しています。古代における馬捨《うますて》（うば捨・駄捨）というのは、乗馬者が馬からおりること、荷物をおろすことであり、せき馬場は剗《せき》馬場で、通路の警備所のある馬場、馬背、有馬谷は字の通り、というように解すると一連の道を求めることができそうです。」（池田同・P167～168一部加筆）と記し、馬の付く地名と古道とは深い関係があるとされている。

また、池田さんは正西道周辺には、古社が祀られているとしている。東から、佐々布社（宍道町佐々布）、伊志見社（同町伊志見）、神代社（斐川町宇屋）、諏訪社（同町神庭、元宮）、波知社（同町羽根）、波迦社（同町武部）、実巽社（同町結）、祇園社（同町結）、曽枳能夜社（同町氷室）、稲城社（同町出西）、雲社（同町出西）の十一社は、道と関係があるとしている。しかし、このうち、諏訪社、実巽社、祇園社、稲城社などはおそらく中世末から近世に創建されたと思われ、すべて古代、『出雲国風土記』が成立した時代の古社といえないであろう。池田さんはもう一つ根拠として、『出雲国風土記』に記す出雲郡家の位置を正西道との関係から、斐川町出西の後谷遺跡周辺の「後谷・稲城」に求めている。平成三年（一九九一）に発掘調査された後谷遺跡では、郡家に伴う正倉跡が確認された（写真1）。したがって郡家の政庁もこの附近にあったものとみられ、池田さんの見解は妥当なものであった。なお、政庁の所在地については未だ確定されていないが、後谷遺跡から五〇〇メートル東に離れた小野遺跡周辺と考えられている。小野遺跡は奈良時代から平安時代の掘立柱建物跡や官衙関連遺物、瓦類が多数出土しており、有力候補地であるが実態はよく分かっていない。

郡家の所在地については、江戸時代の岸崎左久次時照『出雲風土記抄』（一六八三年）以来諸説が展開されている。その推定地が斐伊川の氾濫原にあるため考古学的な調査ができないことが原因の一つである。そのため『出雲国風土記』に記す郡家と郡境、郷庁、山、川などとの方位や道度から推論せざるを得ない現状がある。

これまでの説を以下にあげる（池田一九九二）（表1）。

これらの説について、池田さんはまず、斐伊川中流部の流路位置は現在の堤防のある流路を基にしている。斐伊川は、中世末以前は川が出雲平野へ出た後、現在のように東流して宍道湖に流れるのではなく、西流して『出雲国風土記』に記す神門《かんど》水海《みずうみ》に流れていた。このため、流路が現在とは異なり、斐川町出西

書名	著・編著	比定場所	論拠
出雲風土記抄（1683）	岸崎時照	出西と求院の中間	断定
出雲風土記解（1787）	内山真龍	出西と求院の中間	抄を紹介
出雲風土記考（1863）	横山永福	長者原	長者原の地名
出雲風土記（1920）	島根縣皇典講究分所	長者原	考を紹介
出雲国風土記考證（1926）	後藤蔵四郎	求院八幡の東四丁	道度の里程
出雲国風土記参究（1957）	加藤義成	富村（求院に近い辺り）	道度の里程

表1：出雲郡家の所在地に関する主な論考

写真1：後谷遺跡の正倉跡（提供：出雲市）

辺りでは、もっと東側に蛇行していたと考えられる。斐川町側は「大きな氾濫原であり、重要な郡の政庁などを置いたとは考えられない」（池田同・P54）としている。確かに比定地の出西や求院に残る地名「平《へい》左《さ》」は「平砂」、「随心《ずいしん》」は「随川《ずいせん》」に通じ、砂浜や河川を表す地名がある。後谷遺跡が所在するあたりは、斐伊川の土砂の影響を受けにくい場所であり、池田説を裏付ける大きな根拠であった。

このように、池田さんは古代山陰道のルートについては、湿気が多い平坦地や沼地の近くではなく、地盤がしっかりとしたところを通っていたとし、出雲郡家も自然環境が安定したところに所在したと考えている。

ただし、池田さんが想定する古代山陰道のルート周辺には、切通しや帯状窪地など道路痕跡が発見されていないことが一番の問題点である。馬捨場やせき馬場など馬に関する地名は、古代に遡るのかも立証する必要がある。

この点について、木本さんは『古代官道の歴史地理』において以下のように記している。

「確かに、先入観なしに、地形図を見ながら線を引くと、池田のルートの方が駅路として一般的な感じがするが、出雲国の場合、宍道湖岸のような通常では駅路が通らないような場所も、『風土記』の記述によれば、間違いなく駅路が通過しているので、斐川平野の場合も、通常よりやや北寄りに、駅路を想定してもよいのかもしれない。」（木本二〇一一・P146）とし、古代山陰道の想定ルートとして、必ずしも池田ルートしか考えられないということでもないと思われる。古代の道、すなわち生活道は無数にあるはずである。問題は律令制下において、どの道が官道として整備されたのかである。

（2）池橋達雄さんの説

池橋さんは県内の高校教員の後、島根史学会会長などを歴任されたほか、近世史や古代山陰道を研究されている。出雲郡内の古代山陰道については、「宍道町西部の古代山陰道をめぐって」『宍道町歴史叢書2』（池橋一九九八）や「出雲国風土記の古代官道」『古代の道浪漫』（池橋二〇〇二）、『荘原歴史物語』（池橋二〇〇四）の中で、松江市宍道町西部のルートを『出雲国風土記』の方位や里程、地名、伝承から推定している。

出雲郡内の古代山陰道の距離の基準となるのは、宍道町の西部にあたる「佐雑崎（さそうざき）」だとし、ここが『出雲国風土記』の意宇郡宍道駅と出雲郡健部郷との郡界であった。そして佐雑崎の東側に「大道（だいだ）」という字名があり、また、斐川町学頭（がくとう）に筑紫街道の伝承地があるとし（池橋同・Ｐ11）、この附近を古代山陰道が通過する根拠としている。

池橋さんは、古代道がのちの（おそらく中世後半の「村切り」）大字境となっていると考えている。その例として、「神庭（かんば）尾根の東の点線（図略）のところは、北が大字神庭中溝（なかみぞ）、南が大字学頭上学頭（かみがくとう）の境界で、また神庭尾根の西の実践（図略）のところは、北が大字三絡羽根（みつがね はね）、南が大字神庭西谷（さいだに）の境界」をあげている（池橋同・Ｐ12）。

筑紫街道の伝承地として今一つ注目するのが斐川町直江から神氷にあたる地域である。先の絵図（図1）に描かれた筑紫海道は、古代山陰道の踏襲した道であるとされている。まさに、このルート上の杉沢遺跡から道路遺構が発見され、池橋さんの見解が証明されたことになる。

また、池橋さんは古代山陰道との関連で『出雲国風土記』に記す出雲郡家の所在地についても独自の見解を示されている。斐川町神氷に残る明治二三年（一八九〇）に作成された「出雲郡出西村大字神氷全圖」という地籍図に記す字名に注目している。

字名数がそれまでは八つであったのが、明治二三年に六八になり、より正確になったとしている。例えば、「長坪《ながつぼ》」→「長ケ坪《ちょうがつぼ》」、「三貫田《さんかんだ》」→「三メ田《みしめでん》」と変化している。

古代山陰道は、杉沢遺跡の道路遺構が発見された尾根上から西へ下り、「長原《ながばら》」、「折坂《おりさか》」、「駄道《だみち》」と続き、さらに丘陵を西へ超えたところが「長ヶ坪」である。「長ケ坪」の「長」は「庁」つまり役所があったところと解し、出雲郡家が所在した場所とする。風土記の時代にここに出雲郡家があった可能性が強いとされている。そして、さらに西へ行き、「馬越《まごし》」で斐伊川（『出雲国風土記』では出雲大川）を越える。

池橋さんは郷庁についても先の地籍図にある字名が関係するとしている。「長原《ながばら》」は（ちょうのはら）、つまり出雲郷庁があったところであり、直ぐ南側にある「三メ田」は出雲郷庁が管轄している神饌を栽培する田が置かれたところとみる。「郷分《ごうぶ》」は山陰道の本線から北へ派生して至る漆治郷庁、「万所《まんどころ》」は本来「政所」と称し、荘園を管

図2：『出雲国風土記』施設と主要道

理する役所の意で健部郷庁があったところとし、地名から山陰道ルートや郡家、郷庁の所在地を探ることが可能だとする見解である。

池橋さんの古代山陰道のルートは先の絵図から確かに筑紫街道が通るルートであったとしても、その西方において、出雲郡家との関係で若干問題があるのではないか。

写真２：出雲国山陰道跡（杉沢遺跡の道路遺構）

出雲郡家は、郡衙正倉が発見された後谷遺跡かその東方の小野遺跡周辺と考古学的には考えられている。池橋さんが言う「長ヶ坪」附近は、後谷遺跡などよりも一キロメートル近く北に離れてしまうことになる。

また、斐伊川との関係について、木本さんは次のように指摘されている。

「池橋の解釈によれば、当時の斐伊川は、現在よりももっと東を流れていたことになり、斐伊川が郡界であったから、現在の斐川町併川・名島付近は、出雲郡ではなく神門郡だったことになる。」また「さらに、池橋自身も述べるように、馬越を斐伊川の渡河点とすると、『風土記』に記す神門郡家までの距離七里二五歩に対して、著しく遠くなってしまうことも問題である。」（木本二〇一七・Ｐ78）とし、やはり出雲郡家は後谷遺跡から小野遺跡にあたる山麓に求める考え方が自然であるといえよう。

三、古代山陰道発見の意義

杉沢遺跡で発見された道路遺構は、標高二五メートルの東西の延びる丘陵尾根上で、両側に側溝を備え、その心々間距離は九メートルと大規模なものであった。さらに側溝間の中央部では、軟弱地盤の改良のための波板状凹凸面を確認した。この遺構は全国で一〇〇以上の事例あり、古代官道によく施工される道路改良工法である。道幅が九ｍもある道路は、全国の発掘調査事例からみて律令期の官道（道幅九～一二メートル）以外にはない規模である。

さらに、古代道を造成するために、当時

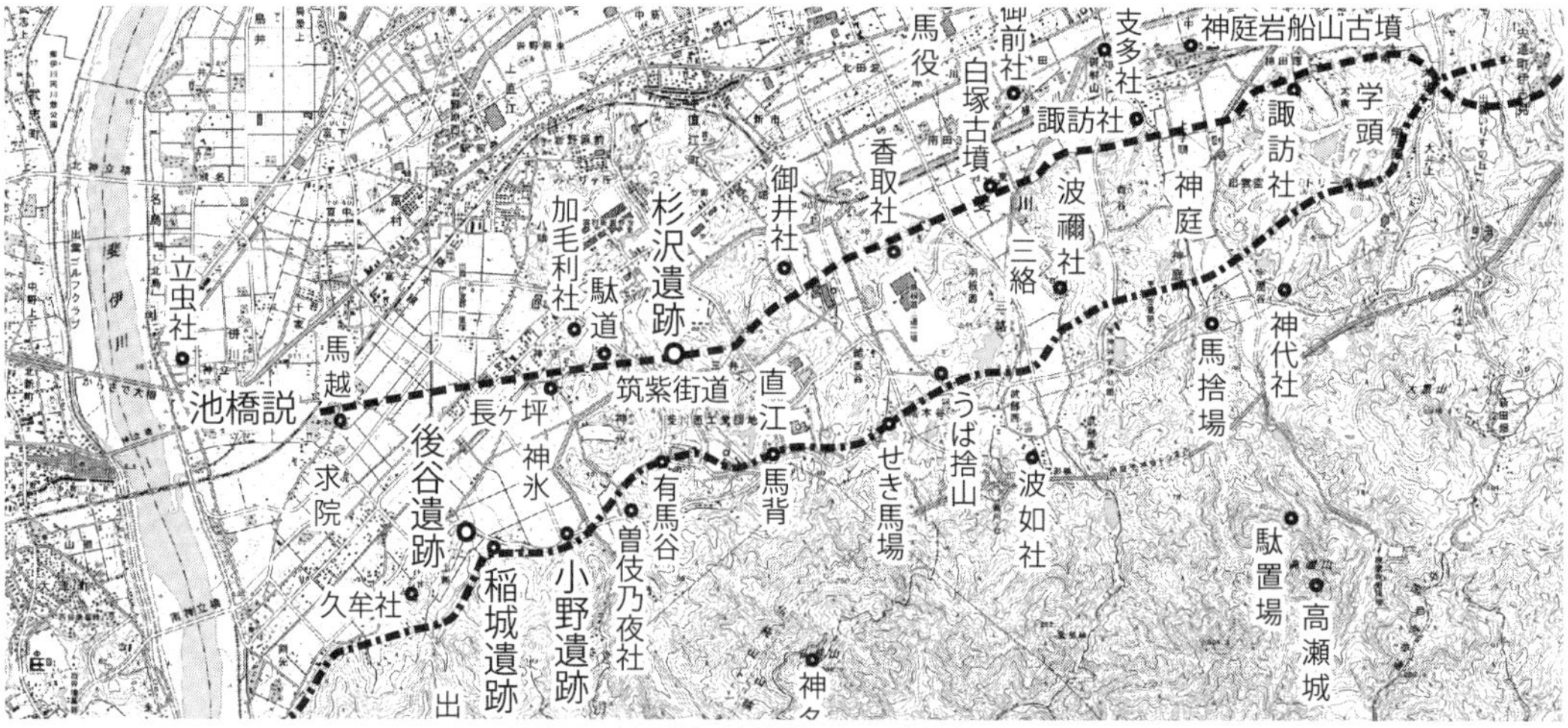

写真３：池田説・池橋説の正面道想定ルート

写真３：出雲国山陰道跡（杉澤遺跡の切土・盛土近況）

の最先端の工法を用いている。すなわち、丘陵の高所を削り、その土で低い方の斜面に盛土して道路路盤を造成する。また、丘陵尾根を大規模に開削する切通し工法である。いずれも道路を直線的に最短距離で施工する工法として採用されている。これはちょうど司馬遷の『史記』に「塹山堙谷（ざんざんいんこく）」と見える秦直道の構築工法と類似していると評価されている（木本　同・P77）。

　杉沢遺跡で発見された道路遺構の構築時期は、出土土器から八世紀前半には機能していたと考えられるが、廃絶した時期は明らかとなっていない。ただ、中世期に大溝が道路遺構を東西に走っていることから、中世にはその機能は失っていたものと考えられる（出雲市教委二〇一七）。

　さらに、この道路痕跡は丘陵尾根上を東西に約一キロメートルにわたって続いていることが分かっている。このルートは先に示した近世の絵図に「筑紫海道」として表現されるルート上であり、この道が『出雲国風土記』に記す正西道であるとみなされることから、今回の発見は文献の記述を考古学的に裏付けた価値ある発見であったと評価されている。

四、おわりに

斐川町にはたくさんの馬に関する地名があり、伝承が残る。上記以外に類例を挙げると以下のようである。

馬役《まやく》……元は馬代垣《ばだいがき》といい、馬代を場代（場所を借りた代金）、垣で囲った場所であった。つまり、馬代垣は場代垣であり、いろいろな用件のため必要な場所を借りた代金（場代）を支払った所（垣）である。

今一つ、馬代垣とは、落馬《おちば》の馬の神をまつる荒神さん、あるいは戦国時代に高瀬城主の米原氏がこの地に竹垣を作らせて、毛利軍が馬に乗って攻めてくるのを防がせたので馬代垣といったなどの説がある。

駄置場《だおきば》……馬を置いたところ。戦国時代の高瀬城の施設で、城兵の食糧、武器、用具などを馬に乗せて運びあげて、それを置いたところ。

駄畑《だばたけ》……九州の諸大名が参勤交代のときの休憩所があり、その時には、乗場や駄馬をこの地の原に放って休ませた。そのために、この地を駄畑といった。

駄道《だみち》……昔大名が不動堂の前を乗馬して通ったら落馬したので、南の方へ道を変えた。変えたその道を駄道という（以上、池田一九八七）。

松ノ木《まつのき》……明治二三年の地籍図にみられ、条里の字名か、「馬継ぎ」が転訛した地名かもしれない。

このように馬が付く地名があるが、いずれも根拠となる時代は中世後期、戦国時代に求めることができる。出雲平野の南部、斐川町神庭から学頭にかけて中世の山城高瀬城がある。城主は米原氏で、安来市広瀬町の月山富田城に居城する戦国武将尼子氏の家臣の一人で、優秀な武将であった。斐川町には米原氏と関わりのある神社仏閣やたくさんの地名が残されている。

地名の起源は難しいもので、古代や神話に遡るものもあると思われるが、私たちが身近に使う地名の多くは戦国時代に由来するのではなかったか。そうした中で、古代山陰道に関わる地名がどこまで正確に古代に遡り得るのか今後、伝承や言い伝えだけでなく、考古学的な発見や歴史地理的な研究によって解明していかなければならない。古代山陰道の発見をきっかけに、私たちが普段何気なく使っている地名を今一度見直し、その歴史や意義を見出し、郷土史の解明や惹いては町づくりにも繋げていきたいものである。

本稿の主題である古代山陰道や地名については、池田敏雄さん、池橋達雄さん、木本雅康さんに常日頃からご指導をいただいている。記して感謝申しあげる。残念ながら、池田さんは平成二九年五月、木本さんは平成三〇年一月、本稿執筆中に逝去された。謹んでご冥福をお祈りします。

〈参考文献〉

池田敏雄　一九八七『斐川の地名散歩』斐川町
池田敏雄　一九九二「出雲郡家の所在地考」『島根県斐川町遺跡分布調査報告書』斐川町教育委員会
池橋達雄　一九九八「宍道町西部の古代山陰道をめぐって」『宍道町歴史叢書2』宍道町教育委員会
池橋達雄　二〇〇二「出雲国風土記の古代官道」『古代の道浪漫』古代出雲王国の里推進協議会
池橋達雄　二〇〇四『荘原歴史物語』荘原公民館
出雲市教育委員会　二〇一七『出雲国古代山陰道発掘調査報告書』
木本雅康　二〇一一『古代官道の歴史地理』同成社

（出雲市市民文化部文化財課）

連載

地名研究の先達　（五）

都丸十九一と群馬地名研究会
――三〇年の軌跡

髙橋　治

発足の経緯

一九八九年一月七日、平成の改元報道が行われたまさにその日、群馬地名研究会が誕生した。創立の総会では、「会長」都丸十九一、「副会長」近藤義雄、「事務局長兼会計」佐藤忠重、「会計監査」池田秀夫・阿部孝、その他九人の「幹事」が承認される。

そもそも本会設立の契機となったのは、都丸の著書『地名のはなし』（一九八七年刊）の読書会にあった。確かにこの書の発刊後には、出版元の煥乎堂が主催した連続の「読書の会」が開かれ、毎回予想を超える参加者をみていた。とはいえ、これはあくまで読書会であり、研究会の結成を目論んでいたわけではない。

後年の都丸は、この時の経緯を次のように記している。

　その最終回が終わろうとするとき、佐藤さん（事務局長の佐藤忠重氏、筆者）が発言して、これを機に地名研究会をつくろうではないか、と提案したのである。私はこの案にはただちには賛同しないでいたところ、参会者の多くの方々からぜひ作ってほしい、と要望が強く出された。

（『群馬地名研究会二十年誌』、以下『二十年誌』）

多くの声の後押しを受け、一四人の発起人による準備会にまでこぎつけたのが、一九八八年一〇月一〇日。同志に支えられながらも、その中心には間違いなく都丸がいた。この時までに設立趣意書や会則、組織などが立案・検討され、翌年の創立総会で披露されることになった。

それにしても、古稀を過ぎた都丸にとって、いささか遅い出立ではなかったか……。しかし、そんな不安をよそに、都丸の立ち上げた研究会に対する反響は大きく、周囲の期待も高かった。なかでも、「日本地名研究所」の谷川健一は、祝辞の中で次のような賛辞《エール》を送っている。

　地名は過去のさまざまな文化を伝える化石として、その役割が見直されるようになりました。とくに高度経済成長以後の社会においては、伝承は急速に消滅し、民俗学の調査にも困難をおぼえるようになり、それと比例して地名の相対的価値が増大してまいりました。日頃、民俗学の研究に地名を登場させようと願い、また地名研究に民俗学的方法を導入しようと考えていた私は、この十年、地名保存と地名研究にささやかな努力をしてまいりました。お蔭にて地名研究はその間に大きな盛りあがりを見せてきましたが、ただ地名研究に民俗学者の参加の少ないことにいささかの寂寥感を抱いていたことを告白せざるを得ません。しかるに今回、民俗学の先輩の都丸十九一先生が地名の研究に積極的に乗り出されると聞き、まことに心強く、大きな味方を得た気がします。(『二十年誌』)

設立の趣意

発足後の都丸の動きは迅速だった。たとえば、「上毛新聞」でのコラム記事「地名をたずねて」という連載を企画し、会員に呼び掛け執筆を依頼している。郷土雑誌『上州路』でも、同じような試みが行われていた。新聞の連載記事は一二〇回にわたり、後に『群馬の地名を訪ねて』(一九九八年)と題して纏められ、同新聞社から上梓されることになった。これは研究会最初の出版物となり、「例会」でもとりあげられて合評会をおこなっている(末尾年表、第五〇回)。

会員の募集でも都丸は活発に動いていた。彼の知名度と人脈の広さにもよろうが、やがて会員数一八〇名を擁する民間研究会へと進展していった。しかしこの当時、会員募集について都丸には複雑な思いがあったようだ。これについては次のような回想があるので引用しておこう――群馬地名研究会が十周年という節目に、「石川薫記念地域文化賞」の奨励賞を受賞した時の、会長都丸の挨拶である。

会の当初において私は、入会してほしい人をいろいろ考えた。第一に小・中学校の先生、市町村役場の職員。(中略)これらは失敗で、入会は全然なかった。現場が忙しすぎてその余裕がなかったのだろうか。そういうなかにあって高校の先生方は、校長、教頭以下非常に多かったし、今でも多い。次に研究者では、郷土史研究家・民俗の研究家などがたくさん入ってくれればと、思ったのであるが、これが割合少なかった。(中略)これに反し考古学の研究者からは割合多くの入会があったが、これは小字名などが遺跡名となっているからであろうか。右のように、私の期待は外れてしまったが、その代わりに地名には、特別に興味や愛着を持ちこれを大事にしようとする多くの方々があった。報道されると忽ちに自発的入会されるものが百数十名に達し、今日百八十余名となっている。地名研究会はこうした地名愛好家と呼んでもよい人々によって支えられている。(『二十年誌』)

ともあれ、「地名愛好者」の研究集団が、その後の三〇年の歳月の中で末尾の年表に示されているような足跡を刻印することになる。

ところで、群馬地名研究会の「設立趣意書」に掲げられたスローガンは、次の五項目である。

一　小さい地名を大切にしよう
二　よその土地、よその人が発表した地名を自分の地名と考えよう
三　出席したら必ず一言、必ず一文
四　地名の保存・継承に努力しよう
五　郷土の地名を報告しよう

紙幅の都合もあるので、ここでは第一の項目だけを取りあげてみよう――もっとも、各項目は独立したものというより、相互に連関するものであり、全体として、広域的な研究会の運営を地域に密着して継続するための、仕掛けのようなものがうかがえる。

都丸の地名研究の特色を一言で示せば、地名の原義を探ろうとしたところにある。そのために大きな地名ではなく、むしろ小さな地名の重要性を随所で強調してきた。「小さい地名を大切にしよう」というスローガンは、これまでの彼の研究姿勢を反映したものであるが、同時にまた、今後の研究会の基本的な「方向性」を提示したものでもあった。

ところで、この時期の都丸の論考の中に「民俗学と地名―柳田地名学を中心として」（一九九〇年）と題された一文がある。その中で柳田の地名研究の特色をとりあげ、次のように評している。「小地名からの出発」という小見出しをたて、以下のように記す。

> 柳田地名学がそれ以前の風土記、辞書類と異なる大きな点は、それら風土記類の編纂者たちがさきに記したように、国郡郷村等の顕著な地名を個々のものとしてとりあげたのに対し、柳田はそれに与しなかったことであろう。むしろ逆に、小さな地名を集合的にとらえ、そこから、必要があれば顕著な大きな地名に及んだことである。（中略）つまり、発想が従来の考え方とまるで逆なのである。小地名をたくさん集め、それを比較検討することから帰納的に地名の原義を見出し、それによって顕著な大地名にも及ぼうとしている。この帰納的方法は、単に地名だけでなく柳田民俗学の最も特徴とするところであるが、地名についてとくに顕著にあらわれている。（『地名研究入門』）

「小さな地名を大切にしよう」という何気ない言説《スローガン》のなかには、柳田の地名研究に連なる知的な背景《バックグラウンド》があり、同時にまた、柳田を継承しようとする、都丸の強い「意志」のようなものが感じられる。このように、発足当初の群馬地名研究会は、柳田・都丸という地名研究の系譜に連なり、その延長線上にはっきりと位置づけられていた。

もっとも、このスローガンに含意された都丸の意図を、会員の全てが了解していたわけではないだろう――しかし、三〇年後の現時点から振り返って見るかぎり、少なからぬ会員が都丸の意図をよく理解していた、と言うべきではないだろうか。末尾の年表の報告内容を概観しても、それはよくわかる。

また、そのことを最も象徴的に表した業績が、赤松よし子会員が中心となって完成させた『群馬県小字名索引』（一九九七年刊）ではなかろうか。周知のように、一八八一年（明治一四）、明治政府は字《あざ》の重要性を強調した「太政官達」を各府県に通達し、字、小名に傍訓を付して報告するように求めた。この時集められた報告文の控えが、群馬県立議会図書室に旧蔵されていた『地理雑件小字名調書』であった（現在は群馬県立文書館に保管されている）。

この資料にある約三万余の地名（傍訓を付した小字、小名）を五十音順に配列しなおし、それぞれの在所を明示したものが、先の『群馬県小字名索引』である。これを利用することにより、小字の検索はもとより、その場所の把握までが即座に可能となった。地名研究者は言うに及ばず、関連諸分野の地域研究・歴史研究に対しても、計り知れない便宜をもたらすことになる。

編集者の赤松氏は、気の遠くなるような作業を「途中で何度も挫折しそうになった」と述懐しているが、赤松氏個人の労を多としつつも、これを一つの「事業」として背後で支え続けた群馬地名研究会の活動を見逃すわけにはいかない。これに対して日本地名研究所からは、第一六回の「地名研究賞」が与えられている。「小さい地名を大切にしよう」というスローガンの下で十年、研究会の活動の成果がこのような形で結実するとは、都丸自身も予想していなかったのではなかろうか。

活動の歩み

会則によると「群馬県の各地の地名を収集し、研究するとともに、その保存・継承に努力すること」を目的に、その活動が続けられてきた。集会の場は前橋を拠点にして、年一回の「総会」(一月)、奇数月に年五回行われる「例会」である。ただし、五月の例会だけは、開催地を前橋以外の県内各所に移して実施してきた(「地方例会」)。

末尾の年表は、「総会」「例会」「地方例会」の主な内容を録し、時系列に三〇年間の歩みを辿ったものである。これを見てまず驚かされるのは、その内容もさることながら、三〇年の足跡が見事なまでに「奇数月第二土曜日」(会則)に刻みこまれていることである(唯一の例外は、大雪のため延期された第一一一回の例会ぐらいである)。

集会の場が確保しやすいという好条件に恵まれていたとはいえ、これを維持し支えてきた歴代の事務局体制、その役員たちの熱意には並々ならぬものが感じられる。地道な研究活動を民間で持続していくためには、研究会の内部に装填された体内時計の正確さが、なによりも不可欠なものとなる。

毎年一月に行われる「総会」では、会内外の識者を招いて特別講演を企画し、地名研究に因んだ講演を開催してきた。三十周年になる今日までに、三〇回の総会が行われたことになるが、その中で千葉徳爾や谷川健一なども、招かれて講演している。

また、奇数月に行われる「例会」は、会員による研究報告会であり、会員相互の研鑽の場となっている。例会の内容は、年四回(現在は二回)発行される「会報」(「群馬地名だより」)に掲載されている。「出席したら必ず一言、必ず一文」のスローガンを実行すべく、報告後には「五分間スピーチ」などが行われ、会員相互のコミュニケーションを促進し報告が一方通行にならないための工夫がなされてきた。「会報」への投稿の呼びかけも活発に行われており、初期の頃には都丸の問いかけに対する会員の応答が、木霊のように響き合い、小さな誌面を賑わせていた。現時点までに、一四五回の例会が持たれ、九三号の会報を発行してきた。

「群馬」のような広域的な名称をもった研究会では、会員は県全域に居住することになる。毎度の例会を前橋だけに限定してしまうと、距離的な問題も含め、どうしても無理が生じてくる。一時は一八〇名もの会員を擁したこともあり、地方会員のためにこうした問題点を少しでも緩和し、併せて、現地調査を充実させるためにも、地方で開催する例会を設置する必要があった。

「地方例会」では、午前中その地域の巡見を行い、午後は地元の人と交流しながら研究報告会を行っている。末尾の年譜によれば、第三回の甘楽町に始まり、第七回の新治村、第一二回の太田市、第一七回の中之条町、第二二回の渋川市等々、次々と例会の会場を移して一〇七回の万場町まで続けられてきた。

　こうした推移の中で特筆すべきは「渋川地名研究会」の発足であろう。会長の中村倫司氏がその経緯を紹介しているので、広域的な研究会のなかでの「地方例会」の役割を探るうえでも引用しておきたい。

　渋川及び北群馬地区では、前橋までの往復が困難である人もいるため、群馬地名研究会の渋川支部を作ることが望ましいとの声があった。平成五年(一九九三)の地方例会が渋川で行われ、県内各地から多くの参加者があり盛会であった。これを機に渋川支部設立の機運が急速に高まり、数回の設立準備会を経て平成五年七月十一日に設立総会が行われた。会の名称を「渋川地名研究会」とし、会則、役員組織を決めた。はじめは群馬地名研のメンバーを会員として発足した。
(『二十年誌』)

　群馬地名研究会は発足時から「会則」の中に「本会に支部をおくことができる。支部はそれぞれの地域の研究推進にあたる」という規定を置いていた。「渋川地名研究会」の場合は、まさにこの「支部」が独立して「研究会」へと発展した事例と言えよう。してみると当初から、本部の前橋を中心に地方支部を各地に配置し、地名研究の全県的なネットワークの構想を、抱いていたのかもしれない。「地方例会」はまさにその起爆剤としての役割を担っていた。「渋川地名研究会」発足の経緯を辿ってみれば、そんな一つの可能性を彷彿とさせる。

　その後、「渋川地名研究会」は地域に密着する形で会員を増やし、地元の「地名めぐり」や「地名碑」設立などに協力し、やがてその研究成果を『渋川の地名』(二〇〇二年)の刊行で世に問うことになる。

　他方、群馬地名研究会では、二〇一一年(一一二回)以降、これまでの県内各地を巡回する「地方例会」を改め、「街道」沿いに巡見する形に変更している。さらに近年では、三月例会をその事前学習にあて、五月の例会を現地見学とし、二回の例会をこれらに振り分けている。会員の高齢化とそれに伴う会員数の減少は、これまでのような泊まり込みの「地方例会」を難しくしてきた。参加する会員の負担を軽減し、より豊かな巡見を保持するための対案と考えられる。研究会の身の丈を常に勘案しながら、しかも研究の質を落とすことなく現実的に対応しようとしたのであろう。

都丸以後の研究会

　二〇〇〇年三月、群馬地名研究会は大黒柱の都丸を失うことになる。「会報」の紙面には、しばらくの間追悼の文章が寄せられ、その跡を絶たなかった。都丸に代わって研究会を引き継いだ澤口宏氏は、二〇〇八年、二十周年を迎えた式典の挨拶の中で――「こうして二十年経ってみますと、『群馬の地名をたずねて』の初版の執筆会員一八名の内、都丸会長を含む七名の方々が逝去されました。とりわけ大黒柱として終始本会をリードされた都丸会長のご逝去は、茫然自失、大変なショックでありました」と振り返っている。その上で、今後の抱負を次のように語っていた。

　成人を迎えた本会は、これからも地名大好き人間の研究会で良いのではないでしょうか。おもえば、例会の研究発表も、今日まで途切れることなく、よく続いてきたものだと感心するのです。勿論、学術的レベルも大切でありますが、それ以上に、地名の愛好者が気軽に集まって、フランクに楽しく語り合うことの出来る場を存続させることもまた重要ではないかと考えております。群馬地名研究会は、社会的には知名度も影響力も低い微力な存在でありますが、二十周年を契機に、創立時の原点である五項目のスローガンを再確認して、新たな活動に取り組んでゆこうではありませんか。市町村合併から、やがて道州制が議論されるときに、文化財としての地名を真剣に考える団体、組織が存在しなくてはならないと思うのです。そして、生みの親でもある「都丸地名学」を乗り越える努力をしてゆくことが、成人式を迎えた我々の、都丸先生の学恩に応える一つの道ではないかと考えるのであります。（『二十年誌』）

たしかに、ここ十年余の群馬地名研究会が歩んできた道は、澤口会長の言う「フランクに楽しく語り合うことの出来る場」として推移してきたのかもしれない。しかしながら、近年の報告内容が、それ以前のものと比較して「学術的レベル」で低下したかというと、末尾の年表を見る限りそのようには見えない。むしろ、これまでの研究蓄積に依拠した精緻な報告も散見され、地名研究にありがちな好事家的な陥穽にはまることなく、研究の水準を維持してきている。都丸という偉大な指導者を失った後も、継続的に多様な研究報告を可能にしてきたのは如何なる理由によるものであろうか。

かつて谷川健一は、都丸の地名研究を高く評価しつつも、その問題点を次のように指摘したことがある。

柳田は民俗学の研究において外来文化の影響をたやすく容認しなかった。それは一国民俗学の樹立のために必要な姿勢であったが、その姿勢は都丸氏の地名研究にも受け継がれている。（中略）一方多胡碑に見られるように、上野や武蔵に帰化人が多く移住しているから、その影響が関東の地名にないとは限らない。このような視点に対して私たちはどの程度寛大であるべきかという問題がある。それを放任すれば全国の地名をことごとくアイヌ語で解いたり、朝鮮半島の渡来人の命名によるものとする一部の風潮を許容することになる。それは地名研究に百害あって一利なしである。ただしアイヌ語地名は東北地方の北半分にはまぎれもなく存在し、また渡来人に由縁のある地名が北九州や近畿には明確に残存している事実からして、その視点を遮断してしまうこともまたある偏向をもたらすことになる。この点都丸氏はやや潔癖にすぎるように私には思われる。（『地名研究入門』序）

確かに「アイヌ語地名」や「渡来人に由縁のある地名」を頑なまでに峻拒し、あくまで生活語（日本語）のなかで郷土の地名を解析しようとした。そんな都丸の姿勢を、多くの会員たちは地名研究のための厳密な「方法」として受け取ったのではないか。その「方法」を各自が自分の足で確かめ、ほとんど身体的なレベルで会得した。このような「体験」と都丸の「記憶」を、会員たちが共有することで、都丸以後も研究会の方向性や水準が一定に保たれていた。これに加えて、都丸の指導のもとで蓄えられた『群馬県小字名索引』や「伝承地名地図」など、さまざまな「手段」が会の内部に存在していた。これらの「手段」で、都丸の「方法」を実践すれば細部に徹することで見えてくる地名のもつ「小宇宙」の醍醐味を、誰でも実感として味わうことができたのである。この点に関して言えば、谷川が「やや潔癖にすぎる」と評した都丸の研究志向は、会の方向に明確な指針を与える上で、プラスに作用していたかもしれない。「地名愛好家」たちが郷土で地名を考える際の、身の丈に応じた実証的な研究方法を、むしろ提示していたことになる。いずれにしても、会員たちの体験と記憶が共有されている限り、研究会はまちがいなく一定の方向にその歩みを進み続けることになる。

　ところで、都丸を「潔癖」と評した谷川は、都丸の通夜に駆け付け、「戦友」という言葉を何度も口にしながら彼の死を悼み、棺に青々とした麦の穂を添えた――「一粒の麦」。そして、会員たちを前にして「都丸先生は地名研究の礎になったのです。群馬地名研究会が先生のあとをしっかりと継ぐことが「戦友」を無駄死にさせないことです」と述べたという。

　その後、時の流れは容赦なく過ぎ去り、そんな言葉を残した谷川健一その人自身も、今はもうこの世にいない。そして本年、群馬地名研究会は而立の歳を迎えることになった。都丸とともに、研究会のために戦った多くの無名戦士たちの死を無駄にしないためにも、これからが本当の正念場になるのかもしれない。

　追記　本稿を草するにあたり、群馬地名研究会の澤口会長、茂木副会長、井野事務局長、その他多くの会員の皆様に、大変お世話になった。記して感謝の微意を表する次第である。また、都丸十九一の地名論については、『地名と風土』11号の拙稿「「郷土」と地名――都丸十九一の地名研究」を参照されたい。

（本紙編集委員）

群馬地名研究会の歩み　―総会・例会・地方例会―

一九八九（平成元）年

創立総会　講演「ことばと地名」　都丸十九一
第1回　報告「邑楽地方の地名」　澤口宏
第2回　報告「地名研究の前身のために」　須藤雅美
第3回　（甘楽）報告「カイトについて」　関口進
第4回　報告「境地方の地名あれこれ」　金子緯一郎
「アフリカを訪ねて」　若林宏宗
第5回　報告「文化財保護と地名」　福田紀雄

一九九〇（平成二）年

総　会　講演「利根川変流と地名」　近藤義雄
第6回　報告「赤城山　荒山考」　福田浩
第7回　（新治）報告「新治の地名について」　阿倍孝
「利根における日本武尊について」　佐藤忠重
第8回　報告「伊勢崎の地名」　星野正明
第9回　報告「検知水帳にみる地名の変遷」　高橋光枝
第10回　報告「中之条山田地区の地名」　奈良秀重

一九九一（平成三）年

総　会　講演「地名研究の現状について」　戸谷竜明
「川崎市の地名調査について」　鈴木茂子
第11回　報告「明治22年町村合併時の新町村名について」　今井英雄
第12回　（太田）報告「川と地名」　前澤義雄
「金山城とその地名」　若林宏宗
「新田の庄の地名」　澤口宏
第13回　報告「サイ・サキについて」　福田浩
第14回　報告「群馬県内の製鉄・鍛冶地名」　飯塚敬五郎
第15回　報告「地名の保存について」　奥泉倉三郎

一九九二（平成四）年

総　会　講演「植物と地名」　樋口康雄
第16回　報告「考古学と地名」　真下高幸
第17回　（中之条）報告「中之条五反田の地名について」　奈良秀重
「長野原町地名地図の作成について」　嶋村明
第18回　報告「屋号と地名」　星野正幸
第19回　報告「ムラ境の民俗と境に多い地名」　都丸十九一
「地名研究の現状」　川島健二
第20回　報告「赤城村の口承地名」　金子ひろ子

一九九三（平成五）年

総　会　講演「道行について」　有川美亀男
第21回　報告「倉渕村の地名」　市川光一
第22回　（渋川）報告「渋川市の地名」　奥泉倉三郎
「高崎市豊岡・八幡地区の地名」　鈴木重行
第23回　報告「高崎の地名あれこれ」　宮野入孝
第24回　報告「地名・八つの原則」　都丸十九一
第25回　シンポジウム「歴史と地名」　基調報告　近藤義雄
関口正己・新井萌・角田賀津三・赤松よし子

一九九四（平成六）年

総　会　講演「人類学と地名」　千葉徳爾
第26回　報告「碓氷峠を中心とした地名」　黛澄雄
第27回　（藤岡）報告「藤岡市の地名」　関口正己
第28回　報告「地名保存の行政施策の現状」　井野修二
シンポジウム「地名保存について」
星野正明・奥泉倉三郎・黛澄雄・市川光一
第29回　報告「妙義山麓の地名」　横尾好之
第30回　報告「時宗関係の地名」　横山伊平

一九九五（平成七）年

総　会　講演「地形と地名」　笹谷康之
第31回　報告「地形と地名」　澤口宏
第32回　（館林）報告「邑楽東部の地形地名」　澤口宏
「水場での地名に関する一考察」　荻野朝則
第33回　報告「ヤポネシア論　アイヌから沖縄まで」　川島健二
第34回　報告「地名の分類について」　関口進
第35回　シンポジウム「地形と地名」

澤口宏・飯塚敬五郎・大林和彦・都丸十九一

一九九六（平成八）年

総　会　講演　「地名に刻まれた日本」　谷川健一
第36回　報告　「榛名山麓の歴史」　大林和彦
第37回　（伊勢崎）報告　「伊勢崎の歴史」　角田賀津三
「伊勢崎の地名」　星野正明
「地名等の諸資料を通して
佐位・那波地域史を考える」　井田晃作
第38回　報告　「前橋南橘地区の小字調査について」　新井栄一
「前橋市田口町の小字について」　塩原総平
第39回　報告　「アイヌ語と地名」　松田亘
第40回　シンポジウム　「崩壊・災害地名」　基調報告　角田賀津三

一九九七（平成九）年

総　会　講演　「検地帳・水帳にみる地名」　井上定幸
第41回　報告　「沼尾川に沿った地名と屋号」　金子ひろ子
「小字名索引を編集して」　赤松よし子
第42回　（倉渕）報告　「倉渕村の地名と歴史について」　市川光一
第43回　報告　「検地帳と地名について」　関口進
第44回　報告　「太田の地名」　茂木晃
第45回　シンポジウム　「地名と伝説」　基調報告　関口進
池田秀夫・中村倫司

一九九八（平成十）年

総　会　講演　「考古学と地名」　梅沢重昭
第46回　報告　「六供地名について」　飯塚敬五郎
第47回　（沼田）報告　「沼田周辺の地名」　原沢直久
「片品村鉢山の地名ほか」　永井留治
第48回　報告　「地名と遺跡」　小野和之
第49回　報告　「文化財調査と地名」　井野修二
第50回　合評会　『群馬の地名を訪ねて』　澤口宏

一九九九（平成十一）年

総　会　講演　「地名からみたムラ人の空間認識」　関戸明子
第51回　報告　「富士見村の地名」　古屋祥子
第52回　（高崎）報告　「高崎城下町の地名」　田島桂男
第53回　報告　「新田庄の地名」　澤口宏
第54回　報告　「榛東村の地名—中村京一の研究を中心として」　岸衛
第55回　報告　「沼田街道の地名」　柳井久雄

二〇〇〇（平成十二）年

総　会　講演　「厩橋から前橋へ—松平藩日記からひろう」　阿久津宗二
第56回　報告　「あずま街道と銅山街道」　半田勝巳
第57回　（前橋）報告　「前橋市街地の地名」　佐藤寅雄
第58回　報告　「近世上州の街道と宿場の地名」　岡田昭二
第59回　報告　「近世の足尾道を旅する—渡良瀬川に沿って」　滝沢典枝
第60回　報告　「都丸先生と地名研究」　板橋春夫

二〇〇一（平成十三）年

総　会　講演　「都丸先生と私」　近藤義雄
第61回　「都丸先生を偲ぶ」　嶋村勇・都丸正
第62回　（桐生）報告　「桐生市の歴史」　伊藤晋佑
第63回　報告　「佐波・東村のあずま道と地名」　林祐司
第64回　報告　「わが町亀泉の地名」　田村祐司
第65回　報告　「多胡地名考」　斎藤和之

二〇〇二（平成十四）年

総　会　講演　「考古学と地名」　水田稔
第66回　報告　「烏川上流の地名について」　市川光一
第67回　（渋川）報告　「渋川地名研究会の報告」　奥泉倉三郎
「渋川市の地名」　中村倫司
第68回　報告　「上野国の東山国を探る」　坂爪久純
第69回　報告　「そして毛野国　佐位駅家」　角田賀津三
第70回　報告　「川と地名」　澤口宏

二〇〇三（平成十五）年

総　会　講演　「群馬の歴史地名について」　黒田日出男
第71回　報告　「中之条街の川と地名」　奈良秀重

第72回　（妙義）報告　「妙義の歴史と信仰」　横尾好之
第73回　報告　「松本亦太郎の帰省―明治16年の中山道の旅」　今井英雄
第74回　報告　「東の地名を調べて」　小池照一
第75回　報告　「和名抄にみる地名」　小池浩平

二〇〇四（平成十六）年
総　会　講演　「歴史の中の地名」　高階勇輔
第76回　報告　「前橋南部土地改良事業・圃場整備上の地名取扱いについて」　儘田基
第77回　（板倉）報告　「板倉町の水文化」　宮田裕紀枝
第78回　報告　「江戸期の道中記に見る地名」　古屋祥子
第79回　報告　「群馬の古地名（アイヌ系）探索」　角田賀津三
第80回　報告　「赤城村の地名と屋号」　金子ひろ子

二〇〇五（平成十七）年
総　会　講演　「女堀と地名」　梅沢重昭
第81回　報告　「笠懸野の開発と地名」　茂木晃
第82回　（六合）報告　「六合村の民話」　山本茂
第83回　報告　「独創的な研究と地名」　飯塚正雄
第84回　報告　「利根川が分けた地名」　井野修二
第85回　報告　「利根川・渡良瀬川合流点付近の河道変遷」　澤口宏

二〇〇六（平成十八）年
総　会　講演　「ことばと生活」　篠木れい子
第86回　報告　「神流川沿い地名」　斎藤憲衛・新井栄
第87回　（奥田野）　黒沢前村長の話・現地見学と説明
第88回　報告　「古地図に地名を探る―利根沼田の川と湖」　中島靖浩
第89回　報告　「上毛三山に残るアイヌ語地名」　角田賀津三
第90回　報告　「クルマ以前のこと」　梅沢重昭

二〇〇七（平成十九）年
総　会　講演　「峠と地名」　須田茂
第91回　報告　「黒保根の地名」　川池三男

第92回　（黒保根）報告　「黒保根の地名」　川池三男
第93回　報告　「地租改正時に江戸時代の字がどの位残ったか①」　小池照一
第94回　報告　「地租改正時に江戸時代の字がどの位残ったか②」　小池照一
第95回　報告　「桂萱の地名と上泉伊勢守」　田村祐司

二〇〇八（平成二十）年
総　会　二十周年記念講演　「都丸十九一先生との思い出」　近藤義雄
特別講演　『地名のはなし』の頃の父の思い出」　都丸正
第96回　報告　「片品村の地名あれこれ」　大竹将彦
第97回　（沼田）報告　「利根・沼田の地名」　中島靖浩
第98回　報告　「真田氏改易の背景・両国橋用材請負の失策」　渋谷浩
第99回　報告　「倉賀野の歴史と地名」　今井英雄
第100回　報告　「群馬の風土と地名」　澤口宏

二〇〇九（平成二十一）年
総　会　講演　「文化財保護その日その日」　阿久津宗二
第101回　報告　「オトモの地名」　角田賀津三
第102回　（倉賀野）報告　「倉賀野の歴史と地名」　今井英雄
第103回　報告　「万葉による上野国の地名について」　須藤雅美
第104回　報告　「旧前橋街の地名」　倉地啓仁
第105回　報告　「群馬県域における秩父への巡礼道」　須田茂

二〇一〇（平成二十二）年
総　会　講演　「古代の石碑と地名研究」　前沢和之
第106回　報告　「沼田城下町プランと城下町地名」　中島靖浩
第107回　（伊勢崎）報告　「伊勢崎の歴史と地名」　菊地誠一
第108回　報告　「奥多野の小字名について」　斎藤憲衛・新井栄
第109回　報告　「大泉町とその周辺の地名あれこれ」　茂木晃
第110回　報告　「東毛地方の地名と地形」　澤口宏

二〇一一（平成二十三）年
総　会　講演　「民俗学と地名研究―柳田・都丸・谷川三氏の問をめぐって」　川島健二

第111回　（大雪のため中止し九月に延期）
第112回　（前橋）報告　「佐渡奉行街道と渡し」　小池照一
第113回　報告　「旧前橋町の地名　その二」　倉地啓仁
第114回　報告　「明治期の町村名の由来」　石田和男
第115回　報告　「目で見る地形と地名」　中村倫司

二〇一二（平成二十四）年

総　会　講演　「文化財保護の現場から」　井野修二
第116回　報告　「地名　ウバフトコロ」　赤松よし子
第117回　（総社）報告　「総社関係」　福田紀雄、午後は現地見学
第118回　報告　「村の名は、いつごろ発生したか」　須田茂
第119回　報告　「災害地名について」　澤口宏
第120回　報告　「高崎市佐野地区の地名」　今井英雄

二〇一三（平成二十五）年

総　会　講演　「墨書土器と地名」　高島英之
第121回　事前学習　「日光例幣使道について」　茂木晃
第122回　現地見学　「日光例幣使道」　茂木晃
第123回　報告　「片品の地名」　原沢直久
第124回　報告　「災害地名」　澤口宏
第125回　報告　「上電沿線の地名　その一」　倉地啓仁

二〇一四（平成二十六）年

総　会　講演　「甲を着た古墳人」　右島和夫
第126回　事前学習　「沼田街道　その一」　小池照一
第127回　現地見学　「沼田街道　その一」　小池照一
第128回　報告　「『歴史散歩』に載った地名」
「手川」中村・「天良」茂木
「尾瀬」中島・「赤城」小池
第129回　報告「地名再々考―新撰姓氏録からメソポタミアへ」　角田賀津三
第130回　報告　「館林の地名」　澤口宏

二〇一五（平成二十七）年

総　会　講演　「文献史料からみた七世紀以前の上毛野」　藤森健太郎

第131回　事前学習　「沼田街道　その二」　中島靖浩
第132回　現地見学　「沼田街道　その二」　中島靖浩
第133回　報告　「大間々扇状地から見える古地名」　澤口宏
第134回　報告　「楫原取素彦に関わる地名」　井野修二
第135回　報告　「旧多野郡八幡村の地名」　今井英雄

二〇一六（平成二十八）年

総　会　講演　「条理と地名―群馬郡条理復元から見える古地名」　横倉興一
第136回　事前学習　「天神道と弘法大師巡錫の道」　横尾好之
第137回　現地見学　「天神道と弘法大師巡錫の道」　横尾好之
第138回　報告　「新田郡の澤野郷に、粕川は流れていたか」　須田茂
第139回　報告　「広瀬川、桃木川そして風呂川」　阿佐美良雄
第140回　報告　「神流町と上野村の地名」　新井栄

二〇一七（平成二十九）年

総　会　講演　「箕輪城について」　岡田豊治
第141回　事前学習　「城下町を開いた町割」　中島靖浩
第142回　現地見学　「城下町を開いた町割」　中島靖浩
第143回　報告　「河川名の語尾―川・沢・沢川」　澤口宏
第144回　報告　「河岸の地名」　今井英雄
第145回　報告　「川場の地名」　原沢直久

二〇一八（平成三十）年

総　会　講演　「都丸十九一先生の人と学問」　髙橋治

連載

アイヌ語と地名　（五）

カムイが付く地名

児島恭子

カムイという言葉がつく地名を考えたい。カムイは、アイヌ語としてはよく知られている。便宜的に〈神〉と訳されることが多いが、カムイにもいろいろある、つまりさまざまなカムイがいる。アイヌの〈神〉の体系は動（植）物に具象化するカムイと火や雷などのカムイ、人文神といわれる半神半人的なカムイがいる。カムイとアイヌ（人間）との関係がもっとも重要であり日常の行為や意識のなかに満ち溢れていることが、アイヌ文化を他から際立たせている。アイヌ文化において核になる要素である。それが地名にも見られるということは、どういうことなのか。

地名のカムイが何を指すのかを検討することによって、アイヌ文化における地名の意義やカムイがもつ意味の一つを、あらたに理解できるかもしれない。大きく分けると、奇岩の多い海岸や岬に付いた名称と、内陸の地名がある。この連載で、失われた神話的な古い伝説が、地名とされるもののなかに隠れているのではないかということを述べた。今回もそれに触れることになる。なお、アイヌ語のカタカナ表記は、煩雑さを避けて、必要な場合を除き子音の小さい文字をできるだけ使わずに表記した。文献上の地名の表記をそのまま使用しているため、表記は統一されていない。

カムイコタン

北海道の地名として有名なカムイコタンは石狩川の上流にあり、かつて神居古潭として鉄道の駅名でもあったし、川の両岸が景勝地で観光地にもなっている。魔神伝説も知られているが、それにはいくつものバリエーションがある。数々の岩が魔神の行為や魔神自体が化したものとされているのだが、それらの伝説の詳細は観光案内や伝説集に譲り、地名を考えよう。

知里真志保によるアイヌ語地名の説明では、つねにカムイは魔に近い性質として説かれている（『幌別町のアイヌ語地名』そのほか）。カムイコタンをはじめ、カムイワッカ（飲めない水）、カムイウッカ（魔の瀬）、カムイヌプリ（魔の山）、カムイト（魔の沼）などがその例である。カムイワッカはおいしい水、ではなくて悪い水なのである。ここの岩だらけのカムイコタンは丸木舟による交通の難所でもある。だから景勝地という価値観はなく、危険な場所のことである。

カムイコタンの滝（紋別市丸瀬布町上武利・伊藤せいち著『アイヌ語の地名Ⅱ 紋別』北海道出版企画センター、2006年刊より）

カムイコタンは道内にいくつもある。夕張川、空知川、歴舟川のそこも奇岩怪石があり、激潭の場所だそうだ。小樽の東方の海岸の大崖にも名づけられている。コタンというと〈集落〉なので、カムイコタンにはカムイの住居があるというイメージになる。しかしそういうところに、いるだけでなくて住んでいるというのだろうか。

アイヌ語地名は、抽象的なものを示すのではなく具体的な地形や位置、行為を指すのが基本である。はじめから、〈恐ろしい場所〉〈難所〉という意味であったとは考えにくい。

カムイコタンにはシュポロ〈激潭〉とかカムイエロシキヒ（後述カムイロシキの項参照）という別名がある。それが本来のアイヌ語らしい語であり、カムイコタンという言葉は、イメージ化した地名である。あるいは、カムイのコッ（チャシコッのコッと同じ）・アン、つまり〈魔神の跡がある〉ことであって、奇岩怪石はカムイの行為の跡、もしくはカムイ自身の成れの果てのことからそう呼ばれるようになったのではないだろうか。

カムイチセ

チセとは家のことであるが、カムイの家とは何だろうか。カムイコタンとはちがうのだろうか。北海道西部、積丹半島の余別川筋にあるカムイチセイについて（最後のイは余計な語のようだがときどき見られる）、永田方正は『北海道蝦夷語地名解』（以下、永田と記すのはこの書による）「熊ノ栖息スル石窟ナリ」とし、島牧、根室風連でも「熊穴」とするカムイチセを記載している。ある程度の地域の広がりを指さずに穴そのものを指す名称だとしたら〝地名〟なのかと疑問に思うが、アイヌ語地名はそういうものとして書かれている。日本語の地名なら、地名は古風土記の時代から政治的な文化として記述されているが、蝦夷地と北海道の地名はアイヌ語であることだけで地名としての文化的意味を持たされている。

それはともかく、カムイチセのカムイをクマとしているわけである。チセは人間の家だけでなくスズメバチの巣をシソヤ〈スズメバチ〉・チセ〈家〉というので、クマの巣穴をカムイチセというのは不思議ではない。鳥の巣はハチとちがってチセではなくセッと言う。クマが穴の中で暮らす様子を語る物語では、クマは人と同じ姿でいるので炉のある〈家〉に住んでいるとイメージされ語られている。じっさいにカムイチセの地がクマの住処があるようなところなのか、行ったことのない私にはわからない。ほかのカムイチセは、たとえば羅臼のカムイチセは突出した大岩の穴を言うらしく（松浦武四郎の複数の記録）カムイコタンとほぼ同義と考えられ、そのほうが多い。だからなのか、地名のカムイが、その一部にしろクマであることはあまり注意されてないように思うが、案外重要なことであるかもしれない。

クマである可能性のある、ほかのカムイ地名をみていこう。

カムイサパウシ、カムイパウシ

サパもパも〈頭〉という意味で、ウシは〈付いている〉という、地名の頻出語彙である。〈付いているところ〉ならウシ・イでウシとなるが、カタカナの記録ではその違いはあいまいである。釧路市と釧路町の境にあるカムイパウシは「熊頭ニ似タル大岩ニ名ク」（永田）とある。そういう岩があるとしたら、ウシの意味として〈岩に（おそらく岩壁に）クマの頭（に似た形の岩）が付いている〉という状態を表している。

サパには〈統領、長〉の意味もある。宗谷のカムイシャパ（シャもサも同じ）は「神の酋長、古へ亀来たりし事あり故に神の長として之を祭り木幣を立てたるところ」（永田）で、これによればカムイは亀のことであり、サパは長のことである。ここは松浦武四郎の記録にもあるものの（此処、少しの岬、平山也。『蝦夷日誌』二編）、小さな岬の形が亀に見えるのか、そういう岩があるのかわからない。

知床のカムイパウシは、道東の伝説に語られる人文神サマイクルがやっつけた魔神（大蛇）の頭が化した岩といい、いくつもの記録に出てくる。その岩がある湾はカムイパモイ〈カムイパの湾〉という。今は獅子岩というそうだ。

以久科川の東支流にあるカムイパケウシは「神頭　熊ノ頭ヲ投ケ付ケタル処」（永田）で、誰が投げたというのか、おそらくは伝説があったのだろう。

熊の頭を指す特殊な言葉にマラプトがある。日本語のまろうど（客人）から来たと言われる言葉であり、解体された熊の頭を言うとともにクマ送りの宴会のことも指す。道南地方ではカムイサパ〈クマの頭〉の代わりにマラプトを使った地名がある。

マラプトシュマは熊の頭の形をした石のことでわかりやすい。（シコツ沼、永田「熊頭石、形似ニ名ク」）。ほかにはマラプトウンナイ（群別川支流）、マラットウンナイ（門別川筋）、マラプトオマナイ（虻田・貫別川筋）、マラプトナイ（虻田・オプケスペ川筋）があり、いずれも「熊の頭がある沢」を意味する。それが熊の頭に似た石か何かがあるのか、山中で仕留めたクマをそこで解体して頭を祀った跡があるのか（すなわち頭骨が残っている）はわからない。

ところで野付郡のカムイパウシは「熊ヲ見ツケタル処、川名　昔機弓を置き熊を見付ケタル処ナリト云フ」（永田）である。パには〈見つける〉という意味があるからまちがいではなく、機弓とは仕掛け弓のことである。この場合のウシは〈ある〉のではなく、パ〈見つける〉という動詞の後に付いて習慣としてそうする所という意味で、仕掛け弓にかかったクマを見つけるところということである。しかし仕掛ける所ではなくてそういう状態のクマを見つけるところ、というのはなんだか変な気がする。仕掛けた当事者ではない人の視点での表現のように思える。「昔」とあることも考えさせられる。遠い伝説上の時代なのか、近い昔なのだろうか。クマの頭の形の岩があるところと同じ語彙なのにちがう説明がされているのには理由があると思える。

カムイノカ

カムイノカは〈神の形〉であり、ノカとは具体的な何かの形のことであって風景のことではない。だからクマとかキツネの形をした岩のことかもしれない。利尻のカムイノカ、レブンゲの海岸にあるカムイヌカ（『蝦夷日誌一編』）、古平の海岸にあるというカムイノカマイ〈神の形があるところ〉（『西蝦夷日誌』）がある。カムイノカは地名としては不完全で、カムイノカマイはカムイノカオマイだっただろうが、まだ整っている。その上はすり鉢を伏せたような山で丸山といい、山越えの道があり、カムイシレパ（丸山崎）があって木幣がたくさん立てられていた。そこを廻るとまた湾に入る（『蝦夷日誌』二編巻の六）。

その辺にはカムイミンタラもある（カムイミンタラについては後述）。松浦はそれをメメタライと書いたが、永田は「カムイミンダラ　神庭　クマ居ル処ヲ云フ　和人訛リテ耳垂（ミミダレ）或ハ垂比見（タレヒミ）ト云シガ今ハ湊町ト称ス」と書いた。江戸時代から鰊漁で繁華となっていた古平の港近くに、そこを舞台としたカムイの伝説があったのが忘れられ、地名は驚くほど訛ったものの、かすかな名残があるということかもしれない。

カムイロキ

十勝の広尾郡豊似川筋に松浦がカモロキ（『山川蝦夷取調図』、『東蝦夷日誌』）と書いたところがあり、永田はカムイオロクペ「熊の居る処　カムヨロクペは短縮語」と書いた。山田は明治二十九年の五万分の一図でカムイエオロペッになっているのを「神が頭を水につけている川」とし、川にせり出している山の状態を想定した。「カムメロベツ川」と名称が変化しているのがそれである。その川を少し上ると小さな峡谷にのしかかるような山があって、それがカモロキであるという（『北海道の地名』三二九ページ）。カモロキはカムイロキで、〈カムイが座っているところ〉である。永田のカムイオロクペ「熊の居る処」と同じ場所のことであり、ペは川（ペッ）でなく山のことである。カムイロキは次に書くように崇敬された山で、カムイはクマであるよりは想像上の神々と考えられている。しかし、沙流川の崖上にあるカムイエロシキヒは〈神がそこに立っているところ〉で、伝説ではそのカムイは巨鳥フリである。やはりカムイは動物だと思う。

十勝川上流、上川郡のカムイロキは永田によれば「熊ノ越年スル処」で、足寄のカムイロキも「熊ノ穴ヲ掘リ越年スル処」である。山田は足寄のカムイロキ山のカムイについて「古いアイヌ時代である。そこに坐します神が、永田氏の書いたように熊だと考えられていたのかもしれない。だがいつも狩をしている熊がいるというだけならこの名で残ることはなかったであろう。山形からもそう思われるのであった」と書いている（『北海道の地名』三〇〇ページ）。これは、〈座る・いる〉という動詞が単数形のアではなくて複数形のロクになっていて、カムイが複数いるからではなくて敬称として使われていることを言っている。ロキというのは語の文法として複数形の〈いるところ〉で、動詞の複数形は敬称として用いられるのでカムイに対して〈いらっしゃる〉という言い方になっているということである。生業の狩の対象、獲物であるクマには適さない。しかし、敬称であることは、永田が文法は理解してないが「越年スル処」としているのと内容は同じことで、穴籠りをして子供を生むところだからカムイの山なのである。

　足寄の人たちが崇敬していたこの山は池北線足寄駅の東北方利別川と足寄川の間との間（カムイトーの対岸）に、カムイエロキという四百米ほどの山がある。この山には現在でも何かあるときには必ず酒をあげて祈願するのを常としている。それは昔ある猟師が道に迷ってどうしても人里へ出られず、この山の峰で野宿した。すると夜中になって何神だかわからないが、沢山の神様達が集まってきて色々の物語や歌をうたう声がにぎやかでやかましくて眠れなかった。朝になってあわてて逃げ帰ってくると、途中で大きな熊に出会ったので、それを獲って帰りこの話をしたので、色々な人が神様の歌を聞きたくて、その山に行くと神様はやってこない。然し猟師が迷っていくと、必ず聞くことが出来るという。今でも雷の鳴るときは、この山の上で特別大きな音がしたり、落雷する。それは神様達の遊ぶところだからと伝えられている。（足寄町・小谷地吉松エカシ伝・更科源蔵編・アイヌ伝説集）。

　カムイは何神だかわからないが、大グマも一役かっている。地名に関する山田の解説は、時間の流れがあり、かつて具体的なクマなり鳥なりの具体的なカムイにまつわる場所が、人々の思念が抽象的になって山が崇拝の対象に変化してきたことまで含まれている。したがって、カムイは熊であるかもしれないし、山にいる神々であるかもしれない。地名解は言葉の分解であり、地名の研究は歴史の考察なのである。

　さて、この伝説の「神様達の遊ぶところ」は、カムイミンタラと呼ばれる。

カムイミンタル

　永田は門別町のカムイミンタルを「クマノ住居スル処」太櫓「熊居ル処ヲ云　今水垂岬」沙流郡「神・庭　熊ノ住居スル処ヲ云　此地名処々ニコレアリ　此辺ノ土人ハ悪神ノ住ミシ所ナリト云フハ非ナリ」とする。永田は『地名解』全体を通してカムイを自動的にクマと訳しているように見えるのだが、ここではミンタラの意味が不明瞭である。カムイミンタラは上記のように神が演舞を楽しむ場所である。実際には平地か盆地になっている明き地である。問題は、そのカムイが何であるかということで、人間は演舞を見ておらず聞くだけで、そっと見たとしてもカムイたちは人間と同じ姿をしていて、何であるかはわからない。カムイたちは堂々と人間の前に姿を現すときにだけ動物の姿になっているのである。

　稜丹半島の神恵内のカムイミンダラは海岸にあり、和人によって地蔵が置かれサイの河原として参る人もあるようになったという。幌別のもポンアヨロ川の河口の西側にあるが段丘上の開けた場所で、知里によれば古代の祭場と解釈されている（「幌別町のアイヌ語地名」）。永田は「神庭　六女神ノ居リシ処」としているので、伝説があったのだろうか。「六女神」というのが何なのかわからないが、口承文芸に出てきそうな表現である。

カムイルペシペ

　ルペシペは各地にあり、アイヌの交通路を示す川の名や地名としてよくとりあげられる。雨竜川筋のそれはカムイルペシペで、永田は「神路　熊ノ通路」と書いている。これだけを読むと、熊が移動する通路となっているように思えて納得してしまう。しかし、山田の『北海道の地名』によると、雨竜川を下るとき支流幌加内川の河口で舟を下りて陸行し、幌加内峠を越えてカムイルベシベの沢を下ると雨竜川の下流に出る。雨竜川のポロカムイコタンの激潭を避けるためであるそうで、さらに松浦武四郎『再篙石狩日誌』を引いて当時のアイヌが交通路にしていたことを解説している（八四ページ）。そして、「明らかに人間の交通路」になぜカムイが付いたのかについて、資料を年代順に並べると松浦にはなく、永田から付いていることを明らかにし（現在の河川名まで続いている）、当時の呼び名にはあったのだろうと推測している（「雨竜川筋のルベシベ」『山田秀三著作集』二）。熊の多い土地だから、クマも通る、人間が通るとき熊に出会うこともある、というわけで、「「熊の（出る）・峠沢道」の意味でカムイルベシベとも呼んでいたのであろうか」（二九一ページ）とある。「雨竜川中流の地名」では北側の浅羽山が熊の巣窟で、江丹別のほうへ往来するとクマに出会ったひとがよくあったという聞き取りから、人間とクマの交通路がクロスしていたものらしいとし、「熊の（出る）・峠沢道」と解すべきではないかとクマとの関係が強まった解説になった。注記（備考三）では2つのカムイルベシベが紹介された。信砂川と恵岱別川（雨竜川支流）を結ぶ仁奈良山道のところ、名寄川の源流（サンル川）である。前者はやはりクマの巣窟であったと記されている。

「ルベシベの類の交通地名は、道が通っていると呼んでいるだけで、何のために山越えした処かという問いには答えてくれない」（「雨竜川筋のルベシベ」著作集二、三二〇ページ）。この言葉はアイヌ語地名を考えるうえで大切なことを示している。アイヌ語の解だけでは足りない。この場合、クマ狩りの人々が、クマの多い地域でクマと遭遇するところをカムイルベシベと呼んだという、ヒトとクマの交錯が、最もありそうなこととして考えられるのである。

カムイルエサニ

『天塩日誌』にあるカムイルエサニ〈カムイの道がそこで下るところ〉つまり神の坂道は中川町にある。崖になっていて祀らずに通れば崖崩れに遭うという。また松浦は猿払のカムイランを「熊下ル処ト云リ」としている（『西蝦夷日誌』）。

カムイチクシナイ

留萌郡の「神路沢　夜間熊ノ下ル路ナリ」（永田）は変な言葉である。クマが通るならカムイクシナイでいいのにチがついている。それに、なぜ夜間なのだろう。この地名の言葉には含まれていない謂れがあるのかもしれない。月もない真っ暗な中を通って行った何者かがいたというような伝説が。

イルオペッ・イルオナイ

カムイの付く地名が一つにはクマのことであると述べてきた。さいごに、クマを示す別の地名をあげておく。ペッとナイの両方があるが、〈それの・足跡が・たくさんある・沢〉で、イ〈それ〉とはクマのことである。白糠郡チャロ川筋のイルオペッ「熊路ノ川　アイヌ云神居ル処ナリト　神ハ則チ熊ヲ云フ」高島郡イルオナイ「熊路ノ沢色内町の原名、北見国ノノトロ湖ニ『イルオナイ』アリ義同ジ」（永田）。小樽の色内のことである。

カムイの付く地名はほかにも多くある。交通上の難所ではカムイを祀るので、方々にあるカムイシレト〈神の岬、神威岬〉や網走から根室越えの内陸のカムイノミウシヒラ〈いつも神に祈ることをする崖〉「この辺は余程難所のよし也」（『蝦夷日誌』二編）という名称になっている。神威を感じるという場所にカムイという言葉が付き、そこにカムイがいる、あるいはカムイがかつていたとか何かを行った名残があるのがカムイの付く地名である。明治時代にはそこを崇拝しているという記録があるが、理由はほとんどの場合わからない。今回、一つは地名のカムイがクマと密接であることを示した。十勝の利別川筋カムイオッナイ（幕別）を永田は「熊往来スル処」と書いたが、〈たくさんいる／ある〉という意味のオッは魚や植物あるいはヘビにも使われるがクマには使われないようである。また厚沢部町のガムシ（蛾虫）は、永田は「カムイウシ　熊多き処」であるとした。山田は「熊の場合、ウシで呼んだろうか疑義はあるが、他に資料がない」（『北海道の地名』）として保留した。ウシが使われるのは前述の〈付いている〉意味のほか滝なら〈たくさんある〉、生物なら植物が〈群生している〉ときに使われることが多い。オッのように、クマが群棲している、というのは首をかしげたくなる。オホーツク海側、枝幸町のカムイウシは〈神処〉とだけ書かれている（永田）。トドをカムイと呼ぶなら納得できる。トドが群れを成して岩の上に寝そべっている。このように、カムイはクマに限らずカメでもマムシでもシャチでもキツネでもほかにもありうるのだが、割合からいうとクマが基本であることはたしかだろう。それはあらためてアイヌ語地名がアイヌの生活の環境を表しているということの確認となる。つまり、クマがいかに恐ろしいものであり人々が神威を感じていたかということをカムイの付く地名が語っているという性質である。

もう一つは、地形が理由になって伝説が作られたのであろうが、その段階では名称の具体的な説明となっていたのが、時間の経過によって忘れられあるいは変形して抽象的なカムイ地名になっていることを考えた。説明が足りないかもしれないが、チのつく地名について本誌第9号にとりあげた（「アイヌ語と地名（2）アイヌ語地名と神話・伝説」）。地名のアイヌ語の構造からの印象では、カムイ岬のようなカムイを冠した抽象的な地名は、アイヌの地名の原則から、はずれている。

（札幌学院大学教授）

連載

地名学習のすすめ（五）

歴史学習における地名（上）

—郷土学習材としての地名の活用—

小田富英

一、「いま・ここ」としての地名

子供たちが、学校で学ぶ社会科、その中でもとくに歴史学習に魅力を感じないでいるとの実態が指摘されて久しい。その要因はいくつもあるが、これも指摘する側の立場の違いから、解決策もまちまちである。

不人気の原因と、その解決策を整理してみるとおよそ以下のようになる。

①年代や人物名の暗記科目のイメージが強い。→教え込む授業から課題解決の調べ学習へ。

②中央から見た歴史に親近感がわかない。→地域素材を活かした身近な学習活動へ。

③教科書をもとにした知識量を問う試験に新鮮みがない。→地図、表、図の読み込み内容の文章表現の重視。

テレビのクイズ番組や、「歴女」ならぬ「歴オタ」の誕生など話題性が増えてきても、大筋の流れに歯止めをかけるには至っていない。とくに、最近は、地域にある博物館、郷土資料館からの働きかけもあり、見学機会も増えたものの、遠足と変わらない行事に終わっているとの批判も多い。ひとつひとつの努力の積み重ねがあっても、歴史学習の醍醐味とはならないというジレンマに陥っているのは、「這い回る社会科」の時代からの宿命であるとも言える。

しかし、戦後すぐの社会科発足期にあって、こうした現状を予見し、あるべき歴史学習の姿を提言し続けたのが、この連載に何度も登場させた柳田国男である。柳田は、戦前から、子供たちに「無意識の歴史認識」ともいうべき「史心」（History Mind）を獲得させることを主張していた。簡単に言えば、小学校中学年くらいから、「今と昔は違うこと」、「物にはすべて歴史があり、変化していること」に気づき、好奇心を育み、判断力を養うのが社会科の目的であるとしたのだ。アメリカの「Social Studies」の訳を「世間」あるいは「世の中」とすべきと「社会科」名称に反対したり、教科書と試験の無用論を説いたりと、その先見性は特筆に値するものがあった。このことは、すでに何人もの柳田研究者が多くの言葉で言及しているので、ここでの詳述は避けるが、柳田社会科のキーワードとして、社会科方法論の基礎となっている「いま・ここ」から「地名」を位置づけることから考えてみたいと思う。

「いま・ここ」を起点として、同心円状に学習内容を拡大していくカリキュラムは、今は当たり前の事として通用しているが、社会科発足当時の混乱のなかでは、一条の光であった。児童語彙の収集に力を注いでいた柳田にとっても、子供の言葉が、座敷から縁側、軒端を経て路地、広場と拡がって獲得されていることから、自明のことであった。社会科の「世間性」の獲得もその構造と同じに、「いま・ここ」の家庭から出発すると柳田は考えていた。そして、柳田より早くにこのことを訴えた人物がいることをここで指摘しておきたいと思う。その人物とは、戦後の日本の教育文化行政を指導する目的で設置された民間情報教育部（C．I．E．）の教育課員のヘレン・ヘファナンである。「模範的市民公民を創り出すことが社会科の目標」「社会科において最も重点を置くべきは空間的の「此処」、時間的の「今」である」（成城小学校での講演記録）と主張するヘファナンの講演は、戦後の日本を教育から立て直し、そのために民俗学を活用すると決意した柳田に親近感を抱かせるものであったに違いない。

この「いま・ここ」のキーワードから柳田社会科の単元を見て、地名学習を位置づけようとすると、今までの連載で触れてきた「郷土」と「移住」が主要単元となる。それを踏まえて、第六学年の歴史学習において、どのように地名を活用すれば、本来の歴史学習の魅力を引き出すことができるかを提案するのが本稿の目的である。また、この目的を、分かり易く言うと次のようになる。私は、地名とは何かと問われたときに、「先人が大地に残した置き手紙」と答えることにしている。今回のテーマに即して言えば、「「いま・ここ」の大地に残された先人の置き手紙を、歴史的事象として読み解く」と言うことになる。

註…ヘレン・ヘファナン女史＝スタンフォード大学で教育学博士号を取得後、カルフォルニア州の小学校の指導主事を二〇年以上務める。一九四六年一一月に来日、翌年の一二月までC．I．E．の教育課員として、新教育の精神を説き歩く。成城初等学校での講演は、四七年の三月頃と推定できる。柳田国男の教育論をまとめた杉本仁の『柳田国男と学校教育』（梟社、二〇一一年一月刊）も、柳田社会科の原点を「いま・ここ」と論じているが、ヘファナンの言葉でもあったことには触れていない。

二、歴史学習のなかの地名を拾う

（1）調べ学習の材料として

日本地名研究所の古くからの会員である黒田祐一の著書に『身近な地名で知る日本』（全六巻、小峰書店、二〇一一年四月刊）がある。氏は、本誌第八号にも原稿を寄せていただき、今後の活躍も期待されたが、残念なことに二年前に急逝された。氏が残された前掲書は、全国の小学校の図書館に必置の図書である。氏の業績に敬意を払いつつ、まずは、その項目と関連地名、「さがしてみよう　きみの近くのこんな地名」と調べ学習を呼びかける地名の一部を抜粋させていただくことにしよう。

「伝説にちなむ地名―長者・池月・小野など。（鬼ヶ岳・鼠宿・旅石など）
古代の地名―国府・国分寺・郡・郷など。
（国衙・国分など）
古代の地名―部・屯倉・錦織など。（羽鳥・犬飼・三宅など）
渡来人の地名―高麗・唐・秦など。（白髭・

狛江など）
荘園にちなむ地名―本庄・新庄・別府・公文など。（給田・領家・御厨など）
名字と地名―戦国武将や公家の名字と地名。（真田・河野・有馬など）
山城と豪族屋敷にちなむ地名―根小屋・要害・堀ノ内など。（城山・山下など）
城下町の地名―丸の内・大手町・掘川・伝馬町など。（御徒町・小姓町など）
都道府県名・旧国名・郡名―旧国名にちなむ地名など多数。（後述）」

この後、「アイヌ語の地名」と「南島の地名」があるが、このことについては、本稿では触れないこととする。

これらの項目のなかで、一般的な歴史学習として、全国共通の地名をあげるとすると、二項目の「府中」「国府」「国分寺」である。

自分が住んでいる地域が、旧国名で何と呼ばれていたのかや、国府がどこにあり、国分寺や国分尼寺がどこにあったのかの学習を、通常の授業でやっても、地名に着目する授業をしている余裕がないのが現状であろう。しかし、発展学習として、国分寺分布地図（全国の国分寺地図）に、国府を記入したり、現在の地図と比べたりすると、するどい疑問が飛び出てくることがある。たとえば、「武蔵国と下野国には、国分寺の隣に小金井がある」といった個別のものから、「国府や府中の地名がない国や複数の地名が残っている国がある」といった一般的なものまででてくる。前掲の『身近な地名で知る日本』は、こうした疑問の声が出てきたときの調べ学習に役に立つ図書である。

(2) 伝説地名と地名解の位相

ただひとつ問題となるのが、最初の項目の「伝説にちなむ地名」である。小野小町や和泉式部伝説からついたとされる小野や小野川、杢路子などの地名、炭焼き小五郎伝説の長者森や長者屋敷などの地名をそのまま小、中学校の歴史の授業で扱うのには無理がある。

盛岡出身の方から聞いた話だが、前九年町の地名から前九年の役の授業につなげているという小学校の歴史授業は、特別の例に思える。なぜなら、歴史的事象がそのまま地名に残っていること自体が画期的なことだからだ。全国にある合戦場という地名も、戦いの遺跡地名としてよりも、「カセ・バ」の転訛で「カセル」の「やせこける、やつれる」が語源で、痩せた土地と解釈した方が説得力がある例の方が一般的なのだ。同じような例とすれば、東京の国分寺の恋ヶ窪というしゃれた町名の場合もある。これも鎌倉時代の武将畠山重忠と遊女の悲恋の伝説が由来とされているが、柳田は、古語の「ヒジ」が語源で、湿った土地だと断言している。能登や伊良湖、高知の恋路ヶ浜、山形の肘折温泉の土地と共通というのである。昨年の全国地名研究者武蔵野大会で話題となったダイダラボッチ伝説と代田橋地名由来の関係も、同様の問題を孕んでいる。と考えると、歴史学習のなかでこれらの「伝説にちなむ地名」を取り上げるには一工夫も二工夫も指導上の手立てが必要となってくると思われる。

その手立てのヒントを、私は、昨年の夏に訪れた、富山県南砺市利賀村で学ぶことができた。利賀村とは、平家落人伝説の言い伝えが残る山間僻村のひとつである。そこで、「伝説地名と地名解」の違いの面白さをお話してきたのだが、民謡や民舞を子供たちに伝えていく時の、お話の世界のなかで地名も話題になっていることを学んできた。歴史的事実の知識を詰め込むのではなく、次の時代に引き継ぐ文化遺産としての地名を意識することも、柳田の言う史心であることを実感したのである。

註……利賀村の小名「四十九墓《しじゅうくぼ》」を伝える碑。この他に源氏の追手を見張る「見世所」や「きたろ」などの小名が残っている。（写真：野原宏史提供）

(3) 旧国名、郡名、郷名への興味

次に、旧国名や郷名をどのように子供たちに意識させたらよいのかを考えてみたい。

通常であれば、地図帳や教科書の扉裏などにある旧国名地図と、現在の都道府県地図を比較するのであろうが、現在は、その時間的な余裕すらなくなっているかもしれない。なぜなら、都道府県名を覚えることに四苦八苦しているのが現状であるからだ。

しかし、「東京から大阪まで旅行するには、何県を通る」といった四年生の問題を、六年生の参勤交代の授業において、「薩摩から江戸に参勤交代で出て来る時に通る国は」と発展させてみると子供たちの興味は増すはずである。

黒田の前掲書は、子供の興味関心が自然と旧国名の分割にも向けられるように、やさしく次のように説明されている。

「上野は今の群馬県、下野は栃木県ですが、もともとは毛野という地域でした。これを東山道という昔の道筋に沿って、都に近い方を上毛野（かみつけの）、遠い方を下毛野（しもつけの）としたのが、のちに毛の字がなくなり、「の」が発音されなくなって、上野（かみつけ→こうずけ）・下野（しもつけ）となったのです。総国はほぼ今の千葉県にあたる地域で、良質の麻（古語で総）ができることから名づけられました。総国がのちに上総・下総に分かれ、上総からさらに安房が分かれました。安房という地名は、今の徳島県にあたる阿波国の人が移住したことに由来し、もととなった阿波は作物の粟に由来する地名とされています。」

さらに続けて、「火の国（肥国）」や「越国」がたくさんの国に分かれたことを紹介し、「もともと一つのくにだったのはなぜか、考えてみるとおもしろいでしょう」と呼びかけるのを忘れていない。

旧国名よりも、身近に意識できるのが、郷名である。『和名類聚抄』（以下『和名抄』）研究の第一人者の池邊彌には、その考証研究を現代に活かした「古代郷名の存続と復活」（『民俗学研究所紀要』第十一集、成城大学民俗学研究所、昭和六二年三月刊）というユニークな論文がある。『和名抄』にある四千近くの郷名が、現在どれだけ残っているのかを検討したものである。地域差の違いに驚愕したという論文は、地名研究だけでなく、地域づくりにも影響を与え、

最近ではインターネット検索も可能になっているほどの分野の基本文献である。池邊が指摘する地域差とは、残存率が最も高い淡路国が九四パーセントから、最も低い薩摩国の一四パーセントの数字ではっきりと表れている。この分析についての論究はここでの役目ではないので触れないが、郷名が現在残っているのを、小学校や中学校名や郵便局名にまであたって比定した池邊の検証を、郷土の学習に生かすべきと指摘しておきたいと思う。

本論文の末尾に、『和名抄』の国・郡・郷名と明治二二年段階で復活した名と現在地名の一覧が並べられている。さらに現在地名のなかに残る小学校、中学校名や神社名、郵便局名などが記載されているのである。さらに、明治二二年に復活した証拠にそれ以前の村名も付け加えられていて、町の歴史の参考にもなる。

たとえば、長野市の場合、以下のような記載がある。

「・信濃国水内郡芋井郷
　長野県上水内郡芋井村
　（長野市桜芋井小学校）
　上ヶ屋村、泉平村、広瀬村、入山村、鑪村、桜村、富田村
・信濃国水内郡芹田郷
　長野県上水内郡芹田村
　（長野市栗田芹田小学校）
　稲葉村、若里村、中御所村、栗田村、川合新田村」

この長野市立芋井小学校や芹田小学校のように、平安時代の郷名が校名として採用された学校は全国各地に散らばっている。池邊の調査の後、平成の大合併や、過疎化による統廃合などによって消滅したものも多いが、逆に昔の地名復活の動きもある。学校の名前や、神社名から、昔の地名、さらにはその意味へと関心を広げることで、地域の歴史を炙り出すことが可能となるのである。

三、実践事例から学ぶ

（1）社会的なニュースから

次に、時代順の歴史事項から地名を拾い出すだけでなく、毎日のニュースから地名を拾い、歴史学習に繋げていく例を紹介したい。二〇一七年一〇月三一日のニュースである。

ユネスコは、日本・韓国にある朝鮮通信使の資料「朝鮮通信使に関する記録」を「世界の記憶」に登録したと発表した。このニュースを聞いて、私は、三年前の第三四回日本地名研究者大垣大会のことを思い出した。一日目の研究発表において、大垣市市史編纂質専門員であった横幕孜の発表「美濃路　大垣宿」を聞いて、朝鮮通信使の行列が通り、宿泊地となった大垣では、小、中学校の授業のなかでも、その意味を学ぶ取り組みがなされていることを学んだのだった。「世界の記憶」に登録されたニュースで、きっと大垣は盛り上がっていることだろうと想像した。

横幕の発表資料から、大垣通過の当時の様子を紹介したい。

「慶長一二年（一六〇七）、朝鮮より使節が来て、将軍秀忠に国書を手渡した。使節が大垣を通過したのは一〇回で、延享五年（一七四八）の江戸行きを例とすると、四月一九日に献上の鷹が宿泊、二八日に献上の馬が、五月四日には献上物入り長持・櫃荷が通過した。五月六日には一行三六二人が来着・宿泊した。こ

の通信使一行のために大垣より継立てた人馬数は人足四六〇人、馬一一六九疋であった。」

江戸時代に合計一二回の通信使が来たとされているが、そのうちの一〇回大垣を通過していると言う。往復のことなので、二〇回もこの大行列が人々の目に焼き付いたわけである。漢陽（ソウル）から釜山を経て、六隻の通信船に乗り込み、対馬から大阪までは対馬藩の先導の大船団の移動であったと言う。現在の小学校で使用している地図帳には、赤間関（下関市）・蒲刈（呉市）・鞆の浦（福山市）・牛窓（瀬戸内市）に「朝鮮通信使」の文字が入り、その遺跡があることを示している。

江戸から東の地域では馴染みがないかもしれないが、京都から江戸までの主に東海道の宿場町にとっては、絶好の郷土資料であり、各地の郷土資料館や博物館も展示に工夫しているとも聞く。最初の頃は日光まで行ったというから、日光街道沿いの地域でもすでに教材化されているかもしれないが、残念なことにその情報を私は持ち合わせていない。

最近、帝国書院が発行する教授用資料『こどもと地図』第五五号（二〇一八年一月四日発行）に、第六学年「日本とつながりの深い国々―最も近い国　韓国」の実践例が発表された。執筆者は、朝鮮通信使が通過した静岡市の小泉達生で、それまで学習してきた朝鮮との歴史（渡来人、秀吉の朝鮮出兵、韓国併合）を振り返って、この通信使を歴史のなかに位置づけた授業を紹介している。氏が、まとめで述べていることを引用し、敬意を表したい。

「朝鮮通信使は一六〇七年から一八一一年まで続けられ、善隣友好の時代が二〇〇年以上続いた。一方、歴史問題が現在まで尾を引く韓国併合から終戦までは、わずかに三五年間である。友好の時代が格段と長かったこととその価値を、児童は改めて理解する。

地図を中心にした学習を通して、日本とのつながりの深さに驚いたり、これまでの歴史認識が覆されたりと学習が深まっていく。同時に、他国を尊重しようとする心情も養えるだろう。」

欲を言えば、私たちの立場からは、ここに「地図と地名を中心とした学習」と「先人からの置き手紙」としての地名も意識してもらいたいところだが、地図の言葉のなかに地名も含まれたものと解釈させていただくこととする。

註……朝鮮通信使＝もともとは、朝鮮国王が日本の武家政権に対して、倭寇禁止要請などを目的とした使節で一五世紀に始まったとされている。江戸時代に再開した通信使の目的は、家康が考えた秀吉時代の後始末策であった。朝鮮側からしても捕虜帰国のための派遣で、双方の思惑から始まった大イベントが、時代を経るに従って文化交流に変貌していったのである。韓国、日本のゆかりの地が手を携えて世界遺産登録に向けての取り組んだ成果が「世界の記憶」登録となったのであろう。「朝鮮通信使縁地連絡協議会」の活動についてもホームページで参考にさせていただいた。「縁地」とは地名であるので、郷土の歴史学習として学校現場へのさらなる浸透を期待したい。

（続）

（本誌編集長）

地名談話室

地名の発掘と復活

人吉地名研究会　**大平哲也**

九州のほぼ中央、熊本県の南部に位置する球磨・人吉地方は、周囲を九州山地に囲まれた盆地である。周りの山々を水源とした多くの支流が一つとなり、日本三大急流の球磨川となる。この川は盆地を東から西へと貫流している。

この盆地の西端に人吉市は所在する。「相良七百年」といわれる球磨・人吉は鎌倉時代から明治に至るまで相良氏が一貫して統治し続けた地域で、近世には相良藩二万二千石余の城下町として発展した。

人吉市の中心部に相良氏の居城であった人吉城がある。球磨川に迫る丘陵の険しい地形を利用した城で今でも名城の名残りである堅固な石垣が残っている。城のある球磨川左岸には武家の居住地もあった。その通りは「馬場」と呼ばれていた。麓馬場、寺馬場、土手馬場、老神馬場、灰久保馬場などである。それらは現在では麓町、寺町、土手町、老神町、灰久保町の町名として残っている。

球磨川を挟んで北側の右岸には町人の居住地があり、九日町、七日町、五日町、二日町、大工町、鍛冶屋町、紺屋町として、今も城下町としての面影を残している。

城下町としての名残りは道筋にもあり、町中には多くの路地、小路が通っている。以前はこれらの道にも名前が付けられていて、歓喜院小路、舟場小路、玄頂小路、種子屋小路など多くの小路名が記録などで見ることができる。ただ、現在はどの通りの名であるか不明であったり、判ってはいるが全く使われなくなったりでそのほとんどが忘れ去られているのが現状である。

しかし、先年、一つの小路が復活することができた。源右衛門小路である。通常の読みは「げんえもんこうじ」であるが、人吉では小路を「しゅうじ」、右衛門を「よみ」とか「よむ」と言っているので「げんにょみ

しゅうじ」と呼んでいたようである。ちなみに兵衛は「びゃあ」、左衛門は「じゃぁ」と言っていたようで、市内には、勘左衛門川「かんじゃごう」と呼ばれている川も流れている。

　この源右衛門小路のことは、文政から天保の頃、相良藩の家老を勤めた田代善右衛門の日記（渋谷家文書）でこの道の経緯を知ることができる。

　文政五年（一八二二）八月の部分を要約すると次のように書かれている。九日町の倉本源右衛門という人の屋敷があったが訳あって空き地になっていた。そこで、九日町、紺屋町の役人と話し合い、裏に住む人を脇方に移らせ、二つの町を結ぶ通路とし、源右衛門小路と名付けることにしたとある。同年十二月二五日には、去二二日、検査のうえ、往来を許可するとあることから、地名由来はもちろん、通行の始まりまでもがはっきりしている小路である。

　場所の特定は、大正九年二月、当時の人吉町でいくつかの通りが町道に認定されているが、その中に、道路名・源右衛門小路とその始点と終点の番地が記されている。（人吉市史第二巻下）これらの資料を基に地元九日町の方々の発案で源右衛門小路は甦り、散策マップに登場したり、市によって案内板も設置された。古文書から発掘され復活した好事例である。

　ローカルな話題だが、今回のような小さな地名が復活することができたのは、これまで地道に調査されてきた人たちの成果であると思う。特に、この発掘する作業、通称地名や微細な地名は収集を急がなければならないだろう。これには現地調査での聞き取りがいちばん大切なことである。文字にならず記録もされず無くなってしまった小さな地名などは私が住む地域でも相当な数にのぼると思われる。

　手遅れにならぬうち、積極的に調査・収集にあたっていきたい。全国地名研究者伊那谷大会と『地名と風土』十一号で伊那市の地名調査の取り組みとその成果、その後の広がりを知ることができた。このことを参考にしながら、球磨・人吉の地でも多くの人と地名調査等の活動ができればと思っている。昼間は歩き回り見聞し、夜は古文書、古記録等の資料から発掘し、この盆地で調査研究を続けていきたい。

子どもたちに地名に関心を

日本地名研究所事務局　**菊地恒雄**

実は、このタイトルは岡山県在住の会員高木浩朗さんに寄稿をお願いした折に、事務局に届いた返信にあった依頼の題名です。高木さんは永らく教育畑におり、教育長にまで成られた方で、日頃から子どもたちと繋がりを持ちながら、子どもたちの成長や、地名との関わりについて考えておられる方なのです。「大事なのは、未来を託す子ども達へ、どう働きかけていけばいいのか」と日頃から問いかけており、その実践報告を知りたいと言われます。『地名と風土』九号にも、ご意見を述べられています。今回は、このタイトルでどなたかに書いてもらいたいとのご返事でしたので、私の拙文を載せ、ご意見をうかがうことにしました。

私は、今年から川崎市市民ミュージアムで、川崎市の「社会科教育推進事業」として、小学校四年生を対象に、川崎市域を流れる「二ヶ領用水」の解説員をすることになりました。この事業は市民ミュージアムができてから間もなく始められたので、二五年以上続けられています。

そこで従来からの学習の流れに沿いながらも、常に心がけているのが、子どもたちの関心をいかに引き出すかということです。用水を開削した先人の働きも重要ですが、子どもたちの足元を流れる用水に着目させることで、学習への関心がより深まると考えています。学校の周辺を流れる用水堀の名称をヒントにしたり、地域の古老から聞いた話を話題にしたりして、自分たちで調べる学習が広がるようアドバイスしています。

先日も、「水あらそい」のできごとから、学区にある寺に農民が結集したことを伝えたところ、子どもたちも、そして引率している教師も目を輝かせて、その寺との関わりが、「溝口水騒動」として資料に載っていることを改めて知ったと意見を述べていました。

二ヶ領用水の流れていない地域の学校には、多摩川や鶴見川の支流にも、堰やため池のあったことを知らせ、堰跡の碑や副読本の資料に気づかさせ、そのはたらきを知ることで、二ヶ領用水と共通の機能を持っていたことにも触れるよう心がけています。多摩川の支流の平瀬川が二ヶ領用水の一部として、江戸時代から使用していたことを知り、近代になって洪水対策として新平瀬川が開削され、円筒分水の脇に流れているなど、今まで関係ないと思っていたことが、繋がりのあることに気付いたという。

各地で子どもたちを対象にした取り組みが現在も行われています。図書館や町のコミュニティー広場などでの実践など、その子どもたちが成長して、地域の中で地名を媒体とした新たな取り組みが行われることが望まれます。

神揃山と祟り

大磯町　久保田宏

神奈川県中郡大磯町国府本郷に神揃山という標高四〇メートル程の小さな山がある。この山は、五月五日の国府《こう》の祭《まち》で、相模国内五社の神輿が結集する第一の祭場であり、座問答という神事が行われることでよく知られている。

現在、多くの人はこの山のことを「かみそろい山」と呼んでいる。ところが、大磯町の隣の平塚市で生まれ育った私はその山のことを子どもの頃から「かみそり山」と呼んでおり、平凡社の『日本歴史地名大系』でも「神揃《かみそり》山」とルビをふっている。

なぜ「神揃」を「かみそり」と読むのか子どもの頃から不思議だったが、ある『日本書紀』の研究者に、上代の日本語では、母音が二つ続く場合は、片方は発音しなかったということを聞いてその疑問は氷解した。つまり、「かみそろい kamisoroi」の連続する母音oとiのうち、oが脱落して、「かみそり kamisori」と発音するということである。

そういえば、テニスの世界的プレーヤー錦織選手の苗字も、「にしきおり nisikiori」ではなく「にしこり nisikori」であり、これも同じ理由からと思われる。地名の例では肥前の松浦郡と武蔵久良岐郡の六浦などが同様で、いずれもかつては、「まつら」、「むつら」であったが、現在の行政地名などでは、「まつうら」、「むつうら」である。

もうひとつ奈良県明日香村のキトラ古墳の「キトラ」という名称の語源についてだが、これには複数の説があるようだが、そのひとつに北浦という古墳の近くの地名が転訛したものという説がある。「北浦＝きたうら kitaura」の連続する母音 au の a が脱落し、「きとぅら kitura」となり、それが更に「キトラ」と転訛したと考えれば、この語源説はうなずける。

さて、最初の神のことに戻ってみよう。日本の神は怒った時に「祟り」を為すことがある。この「祟り」の語源も諸説あるが、こう考えてみてはどうだろうか。神は、怒り、そして人をとがめる時は、何らかの形で具体的な罰を加えると信じられていた。つまり、日本の神は不可視ではあるが、怒った時に、姿はみせないが、罰という形でその存在を示す。人々は、そこに立って在る神を実感したのではないか。その時、姿こそ見えないが、まさに神はそこに「立ち在る」のである。

では、この「たちある」がなぜ「たたる」になるのか。それは再び母音の連続の問題である。「たちある tatiaru」の連続する母音 ia の i が脱落して、「たたる tataru」となり、その名詞形が「たたり」である。そして、「祟」という漢字は後からあてられたものと考えられる。この「祟」という漢字は「出」と「示」とからなり、「示」は神のことも意味するので、「神が出てその意を示す」ということになる。「たたり」にあてる漢字としては、よくはまった漢字と言えるかもしれない。

「クスリ」から「釧路」一五〇年

釧路地方の地名を考える会　**佐藤壽子**

釧路川を眼下に、長く釧路の行政と文化の中心であった幣舞（ヌサ・オマ・イ＝神まつりの場）の高台には、時の長メンカクシの案内で調査、探索をする松浦武四郎の像がある。野帳を手に、はるか北の山並みを見越す眼は、二七才（一八四五年）から六度の蝦夷地調査で、幕府への告白書にも似た二十数年間の記録書を著した強さが感じられる。

今年、武四郎が命名し「蝦夷」から「北海道」となって一五〇年の節目の年、また同じに「クスリ」から「釧路」になった年でもあります。

既にご存じの様に、アイヌ語のクスリの意味には、越える道・薬・のど口など諸説ありますが、武四郎は一字で「くしろ」と読む「釧」（＝腕輪）の字を選び、漢字二文字にする為「路」を加えた事が、日頃アイヌの人々が斜里や根室への往来に使っていた道だった、―越える道―の意が強調されたように思います。

それ迄は久摺・久寿里なども使われていましたが、地名いがいに使われる事のない「釧路」という漢字に私は内しん誇らしく思い、武四郎さんに感謝をする次第です。古くは古事記、仁徳天皇の条「玉釧」の文字が登場している。当時、貴婦人の装身具であり、晴れの席には手にはめ、高価な腕輪であったことが書かれている。

また、万葉集に「我妹子はく・・しろにあらなむ左り手のあが奥の子にまきていなましを」ここにも「釧」が登場している事に貴品すら感じられます。

市章

「クスリ（釧路）」の地名が初めて文献に現れたのは、一六四三年マルコ・ポーロの金、銀島・・伝説に強い関心を示したオランダ船カストリカム号の航海日誌でした。カストリカム号は、釧路から三〇キロ程はなれた厚岸に一八日間停泊、それまでに実地踏査した日本北東海域及び、厚岸アイヌからの聞き取りで一帯を調査するも鉱脈の実証は得られず、以後この金・銀島伝説に終止符がうたれたと文献に記されている。停泊中、松前藩交易船との予期せぬ遭遇があった。オランダ船司令官M・G・フリースは、交易船の友好的対応に好意をもつが挨拶ていどのやりとりに終始、藩への報告を急いだのか交易船は引き潮の潮流に乗り挨拶もせず去った、と書いている。この出会いは「福山田事記」に記録され、日本の文献にも初めて「クスリ」の地名が登場する出来事でした。

余談になりますがW・B・Cの野球試合で、オランダ選手団の顔ぶれを見て驚いた事がある。探検航海は占領や植民地化の大任を担ってのこと、時代を越えてそれを思わせる選手団に、ふとオランダ船カストリカム号を思い出した事があった。

釧路の市章は外側に北極星（北海道）、内側の丸は腕輪（釧）を配し釧路区制（一九二〇年）を祝って作られました。また釧路叢書第一巻は「松浦武四郎蝦夷日誌集」から始まるなど、武四郎と関わりの深い町でもあります。

武四郎さん、知っていましたか？地球から二億五千万キロ離れた火星と木星の間の小惑星帯には、「クシロ」や「ヌサマイバシ」そして、「ホッカイドウ」「サッポロ」といった小惑星もあるそうですよ。

〈参考文献〉
北構保男著「一六四三年アイヌ社会探訪記」雄山閣出版
佐江衆一著「北海道人」新人物往来社
本田貢著「北海道歴史の旅」北海道教育社
土屋祝郎著「釧路の語源」釧路叢書第一六巻

「宮前歴史ガイド」作成から学ぶ

川崎地名研究会　渋谷とめ子

川崎市では各区ごとに生活便利帳の「ガイドマップ」が発行されている。私の住む宮前区では、それと併用する形で菊A4版（A4版よりやや大きい）の「歴史ガイド」が発行されている。初版は平成一三年三月だが、それに先立つ平成九年、区役所の公募に応じた区民により「ガイドブック」が作成された。数班に分かれて担当地域の特性・特産品、主要施設やイベント、公園の設備、花暦、並木道などを調べ、区域の寺社や伝統行事を記録し、地域ごとに「散策コースガイド」を加えて「ガイドマップ」を仕上げた。年ごとに改定を重ねていくうちに、「宮前区のガイドマップ」は「宮前の今昔」「歴史を感じる散歩道」など情報盛り沢山の「ガイドブック」の冊子になった。しかし単年ごとの企画のため、応募する区民の顔ぶれもその都度変わり、回を重ねることで得た共通認識を活かすことが出来ず、作業以前の会運営の話し合いで時が過ぎていった。空しい思いもあって、私は公募への参加を止めた年もある。

歴史文化調査委員募集があったのは平成一二年度で、集まったのは二五人ほどだったとおもう。「宮前歴史ガイド」を作るという。どんな紙面にするか話しあい、年表と地図を表裏とし、それぞれに何を記入するかを検討した。幸い川崎市では地番整理の事前事業として昭和五八年度から地名の悉皆調査が行われている。その報告書は地名資料室に収められ、現在は『川崎の町名』『川崎地名辞典上・下巻』が刊行されている。地名の悉皆調査の聞き取り事項は『新編武蔵風土記稿』（当地は文化一三年頃の地誌）に書かれている場所が今のどこかを記録すること。文化財ボランティアグループの一員として聞き取りの仕方、予備知識の講習を受け約四年余り参加した。所属していた文化財ボランティアグループが宮前区域を担当したこともあって、当時の中間報告に使った地図や旧村の様相を記録したものを持っている。

「宮前歴史ガイド」ではそれを土台に皆で歩くことから始まった。だが地名報告書を挙げて一〇年余り、地番整理は進んでおり、旧地番の報告書と新地番の現在の地図との照合作業に手間取った。昭和四年の土地宝典や昭和三七年の土地明細図を手に入れたのもこの照合作業での成果だ。字境や谷戸や遺跡、合祀される前の社、塚などの場所も記入し、公募での作業が終了したあと、仰々しい歴史文化調査委員会の名をそのまま頂いて自主サークルが出来た。

多摩丘陵の一画をなす宮前区は急坂が多い、近郊住宅地に造成され、かなり切り崩されたというが、大崩れや耳つり谷戸、法螺貝谷戸など険しい地名が残っている。これを地図と解説に分けて、手作りの「宮前の谷戸」を纏めた。会員には地理学を修めた人、分水嶺を歩いている人など多彩だ。聞いたこと、見たこともどの様に聴くか、どの様に見るかの知識を持つことの大切さを教えられている。それにしても川崎市はよい時期に地名悉皆調査を行ったと、丘陵沿いに林立する新しい家々を眺めながらつくづくそう思うのです。

広島土砂災害地域に残る地名と伝承

広島地理教育研究会　竹本　伸

二〇一四年八月二〇日未明、前夜から激しく降り続いた局地的な豪雨により広島市安佐南区、安佐北区の一〇〇カ所以上で土石流が発生。山沿いの住宅地を襲った土石流により死者七六人、家屋全壊一三三戸という甚大な被害が生じた。

元々広島県内は花崗岩が風化してできた、まさ土の所が多く、土砂災害危険個所は三万一九八七カ所で全国最多、広島市だけでも六〇四〇カ所を数える。水を含むと崩れやすくもろい地盤であるが、一方で住宅造成が容易という特徴もある。この土砂災害で大きな被害があった可部・八木・緑井・山本地区はいずれも広島市街地の北部に位置し、都市化による人口急増に伴って山麓を造成した住宅地であった。

大きな被害のあった上山川に建設中の砂防ダム

八木《やぎ》の歴史と地形

その一つである八木地区は旧安佐郡佐東町の一部で、現在は広島市安佐南区北部に位置する。広島市の都市化の波の中で一九七三年に合併し、郊外住宅地として人口が急増した地域である。

八木の歴史は古く、「和名抄」に「佐伯郡養我郷」とあるのを「養義（やぎ）」の誤りと見て八木の古名とするというのが定説となっている。地形的には太田川と西の阿武山にはさまれた地域で、川に近い低地は氾濫原、山麓は土石流扇状地が重なり合う複合扇状地からなっている。

今回大規模な土石流が発生した八木地区は上山川という川の谷口部に位置しているが、土石流でできた扇状地では川は伏流するため、地域住民でさえそこに川があるという認識がなかったという。

過去にもあった土石流

山口大学の研究者が行った土石流堆積物の放射性炭素年代測定によると、広島市周辺では少なくとも過去七回の土石流が識別され、二五〇〇～四〇〇〇年間隔の周期性があることが報告されている。

被災地に建つ真新しい慰霊碑

特に注目されているのが一四五〇～一五二三年頃に起きた可能性が高いと言われる土石流である。その土石流と地域に伝わる「大蛇退治の伝説」の年代が符号するのだ。この伝説は江戸時代の軍記物語「陰徳太平記」に記述があり、「香川勝雄という武将が天文元（一五三二）年の春、阿武山中腹で暴れる大蛇を退治し、その首が落ちて血がたまった場所に水が湧き蛇王池と呼んだ。大蛇退治に使われた太刀は香川氏の祈願所であった光廣神社に奉納された。」というものである。香川勝雄は八木城主香川氏の一族であるから、香川氏の武勇伝としての役割もあったことは否定できないが、このような地域に伝わる伝承が科学的に裏付けられたことは大変興味深い。

光廣神社

地名に秘められた災害の記憶

実はこの地域の地名は「上楽地」で、合併までは存在していたことが地形図でも確認できるが、蛇落地が変化したものと言われている。中国でもそうであるように、昔は音の読みが大切にされたので、縁起の悪い字を同じ読みに字変化させたということは容易に想像できる。しかし単なる想像だけの話ではないようだ。阿武山一帯は観音信仰の聖地であったが、山頂にあった蛇落地観世音菩薩像が一八四七年に上楽地に降ろされている。

大蛇退治の伝説を伝える蛇王池の碑

ちなみに光廣神社に奉納されたと言われる太刀は今はないが、この神社は今回の土砂災害でも被災していない。昔は神社より高いところに人はすまなかったという。寺社は今風に言えば「避難所兼緊急避難場所」の役割もあるが、都市化の波の中でそうした先人の教訓は忘れ去られてしまった。前述のように八木地区は太田川と阿武山に挟まれており、前者は洪水、後者は土石流という災害に直面していたため、集落はどちらの被害からも一番危険度の少ない扇状地の扇端に集中していた。今もそのエリアを歩くと古くから住んでおられるとみられる家屋が多い。蛇王池も地形的には扇端の湧水地である。

先人の伝承をどう生かすか

広島市は他の中枢都市に比べて平野部が極めて少なく都市発展の阻害要因であった。地理の授業ではデルタの例としてよく取り上げられるが、実際にはその半分以上は江戸時代からの干拓による人工デルタである。そのため都市化による住宅造成の波は早くから山麓に押し寄せていた。今こそ先人が地名や伝承に伝え残した災害の教訓を防災に生かしていかなければならないと思うところであるが、災害が起こって初めて伝承が見直されるというのもやりきれない思いである。

〈参考文献〉
・佐東町史（広島市編）一九八〇年
・広島県の地名（平凡社）一九八二年
・角川日本地名大辞典広島県 一九八七年
・日本活断層学会秋季学術大会巡検案内書（一般社団法人日本活断層学会）二〇一七年
・中国新聞 一九九〇年七月二一日、二〇一四年八月二一日・二二日、二〇一七年四月一九日

第二六回国際名称科学会議に参加して
～ハンガリー・デブレツェン大会～

富山県 **中葉博文**

私自身、学生時代から国際名称科学会議（ICOS＝International Congress of Onomastic Sciencesの略称）へ出席し、そこで、研究発表をすることが大きな「夢」の一つだった。

この会議は、三年ごとに開催され、世界各国から多くの研究者が集まり、地名や人名など名称に関する研究発表や講演・シンポジュウムや懇親会・見学会など数多くの催し物が用意され、研究者同士の交流と情報交換の場となり、また、大会日程中には、正式会員のみが出席できる総会も用意され、次の大会の開催地の決定や準備・運営などについても審議する地名・人名などの名称を包括した「固有名詞の研究」における唯一世界規模の国際会議である。

ハンガリー・デブレツェン大学での研究発表のようす

今回、一五三八年に設立されたハンガリー国内最古の高等教育機関であるデブレツェン大学に於いて、第二六回のICOSが、平成二九年八月二七日～九月一日まで開催され、私自身、この会議に出席し、研究発表を行い、漸く、四〇年来の「夢」が実現した。

開催日程は、二七日は受付登録、二八日は開会式、講演、レセプション、研究発表。この日から三〇日のエクスカーションを除き、毎日、基調講演と研究発表が行われた。分科会は、地名、人名、応用名称から、その他の名称など七つに分かれた。三〇日は四コースに分かれた一日見学会で、私はワインで世界的に有名なトカイ地方を巡るツアーに妻（とよみ）と伴に参加し、大変素晴らしいものであった。

最終日の九月一日、午前中は研究発表で、私自身、第七分科会（その他の名称）の最終番で、日本の高速道路における「トンネル名」の名づけ方の現況―能越自動車道の富山・石川間のトンネルを例に―」というタイトルで発表を行った。「トンネル名」の名づけ方ということで、今まであまり取り扱わない研究テーマ、そして、今回の開催国であるハンガリーは平原国で、もともと国内にほとんどトンネルがないことが、むしろ、研究者の目を引き、発表時には、多くの聴衆が集まった。

発表は、妻のサポートも受け、

約三〇分間、英語による日本の富山・石川県の間を走る能越自動車道での「トンネル名」を例に、現地のトンネル写真を数多く提示し、日本の「トンネル名」の名づけ方の一命名手順について、プレゼン形式で行った。そして、聴衆者一人一人に発表内容のレジメも配布したことが、大変、好評で、このことが縁で、帰国後、私の研究発表を聴いた世界の何人かの研究者と今もメールによる情報交換を行っている。

　最終日の午後は、総会が行われ、私も出席し、議案に関する議決票を投じた。総会後、閉会式、そして、宴会が行われ、妻と出席した。他に、大会期間中、同大学音楽学部の歓迎コンサートや、学外で歓迎夜店も開かれた。研究発表においては、四か月の乳飲み子を抱いて発表する女性研究者がいたり、また、一日見学会や宴会では、家族や夫婦での出席者も数多くあったりと、大会六日間、「固有名詞（名称）」を色々な視点から問い質す開かれた地球規模の国際会議（学会）という印象を深く持ち、私自身、大変、有意義で刺激的な生涯忘れられない参会となった。

　ちなみに、今回の参会者は、世界各国から約三六〇名。場所柄、東ヨーロッパからの参加者が約一五〇名ほどであった。日本からは私と妻そして南山大学の六川雅彦氏の三名が参加した。次回は二〇二〇年にポーランド・クラクフ市のヤギェウォ大学で開催されることが決まった。

　最後に、今回、私がＩＣＯＳへの出席そして研究発表が実現したのも、また、大会期間中、もと事務局の担当者で、ＩＣＯＳの生き字引と言われるベルギーのルヴェン・カトリック大学のランゲンドンク名誉教授、現在、事務局のあるスウェーデンのウプサラ大学のステファーン教授をはじめ、世界の多くの著名な研究者と交流できたのも、ひとえに、長年、ＩＣＯＳに関わっておられる三重大学名誉教授の鏡味明克先生が事前に色々とご尽力・ご支援して下さった賜物である。心から感謝申し上げる次第である。

加須と大桑

なぜ「かぞ」と「おおが」なのか

埼玉県　野本誠一

加須・かぞ

　平成二二年三月二三日北川辺、大利根、騎西の近隣三町と合併、十一万都市となった。明治二二年と昭和二九年の合併の時も、消えずに残された由緒をもつ地名なのである。

　古語辞典等で「かぞ」を捜すと、「父」とでる。そして日本書記景行天皇五五年春二月のところに、春日穴咋邑。さらに五六年秋八月に記事があり、汝父彦狭嶋王にかかわることが判明した。

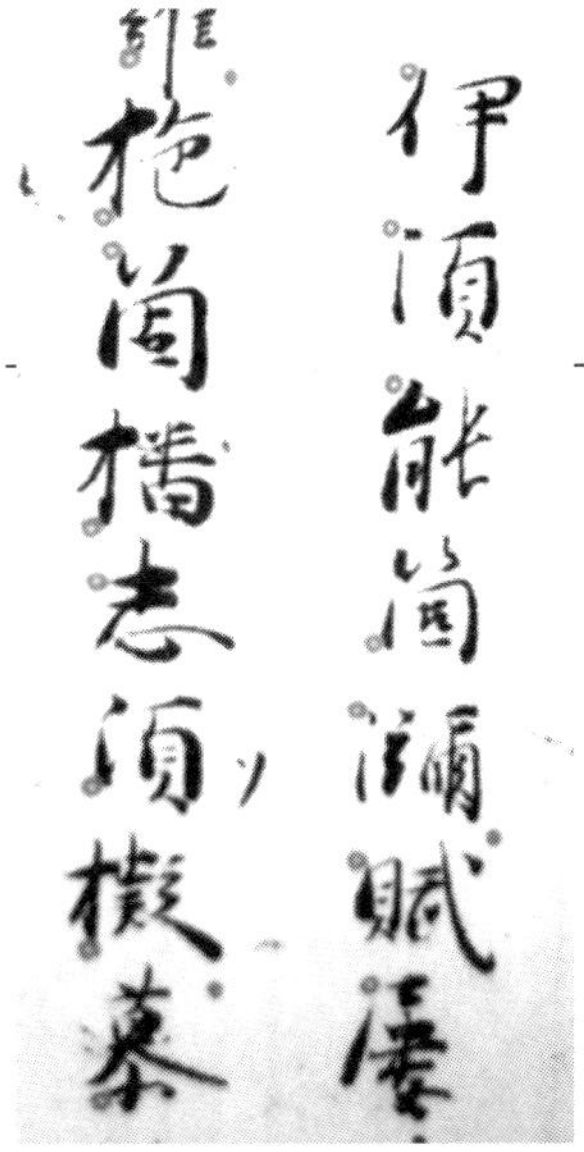

　『地名と風土』九号、馬場あき子先生の「地名を連ねた道行文の伝統」の歌が掲載され、

石の上布留を過ぎて薦枕高橋過ぎ……

　この歌謡九四は、地名を解く原点である。八木書店より宮内庁書陵部本影印集成が出版され、武烈天皇即位前紀の「須」に「ソ」の訓点を、発見したのである。

　歴史の証明には、複数の証拠が必要ですが、残念ながら一点限りの証拠である。

大桑・おおが

加須と並ぶ地名に大桑がある。明治二二年に学校ができた。東京語では、大桑をおおがと読まない。「おおくわ」となってしまったが、岐阜県山県市立大桑小学校は、「おおが」を現在も使用しておられる。郵便番号五〇一—二一〇一である。

和名類聚抄上野国新田郡に淡甘郷がある。洪水のたびに濁った水が運んできた沈殿した泥土、現在はヘドロである。

吉田東伍博士は、原書淡甘、今詳ならずアハマとよむにや…（中略）…此に暫く浅字に改描して後の定めをまつ、とある。

古代の利根川の流れを復元すると、加須市川口（上野）、久喜市高柳・八甫（下総）、鷲宮（武蔵）が、国境（三国四郡）である。加須市加須・大桑は上野国新田郡であった。淡甘は漢和辞典でひけず、甘土権とは、砂利原の不毛の地に、表土を敷き積めて、田畑にした。その表土で覆った権利だそうだ。

〈参考文献〉
宮内庁書陵部本影印集成八木書店
世態調査資料司法省調査部
地名辞書冨山房
加須と大桑　総合出版社　［歴研］

「全国地名研究者出雲大会」開催のご縁

出雲大会実行委員長　吉山　治

平成三〇年五月二六日～二七日、ご縁の地出雲で第三七回全国地名研究者大会が行われる。今回の出雲大会開催の決定的なご縁は、島根の古代史に造詣の深い関和彦先生が二年前に日本地名研究所長に就任したことである。毎月のように調査研究活動で島根を訪問される関先生のおかげで実行委員会、事務局の会議打ち合わせをどれほど効率的に行うことができたか、大変恵まれた準備環境にあると言えるがこれもご縁の賜物であろう。地元実行委員会では大会の成功はもちろん、大会参加者を温かくもてなそうとの気持ちをもって、皆それぞれボランティアながら大会準備に忙しくしている。大会実行委員長を務める私にとっては、今考えても不思議なご縁が重なっての出雲大会であるとしみじみと思う。今回は私と地名のそもそもの関わりについて述べてみたい。

主催の日本地名研究所（川崎市）をはじめて訪ねたのは平成一四年九月六日、私が雲南六町村合併協議会事務局次長として新市名称選定に関わっていた頃である。谷川健一日本地名研究所長の地名（市町村名）は地域の歴史の語り部として大切な地名を残すことや安易な名称選定に警鐘を鳴らしていたことに共感して同研究所を訪ねた。雲南六町村は山陰では唯一の町村が合併して市になる市制移行型合併であり住民の新市への期待も高く新しい市の名前にも関心が高かった。当時は多くの合併協議会が広く公募を行って名称選定を行ったが雲南六町村合併協議会も全国公募を行い全都道府県から応募があった。私たち事務局では六町村内にある小中学校、高校を回り子供たちに名称応募を呼び掛けた。合併が厳しい状況の中で地域の将来を選択する行為であるとの認識から若い世代へ関心を持ってもらいたかったからであり、いくつかの学校では先生達のアドバイスを得て教案を作成し「地方自治と合併」のテーマで授業も行った。ちなみに子供たちからもっとも提案が多かったのは「さくら市」であった。雲南六町村には桜の名所が多くあり、ある町の町章は桜であったことも関係していたと思う。最終候補には南出雲市、奥出雲市、南雲市、さくら市、斐伊川市などが残ったが、結果として多くの住民になじんだ「雲南市」に決定した。最終候補として「雲南(うんなん)市」と争ったのは「南雲(なぐも)市」であった。出雲（いずも）、八雲（やくも）という地名があることから南雲（なぐも）もいいのではと県外在住者や女性からは人気が高かったが、合併協議会では合併協定事項は全会一致で決めるとの原則から六町村で調整協議を行い最終的に「雲南市」を六町村合併協議会の場で了承した。当時六町村にはケーブルテレビがあり、新市名称決定の様子はレポーター付きの実況中継が行われた。私たち事務局では毎月一本、合併をテーマにしたテレビ番組（二〇分程度）を作成し、私も解説者として計一六回登場した。この時に全国の自治体名には皆由来があること、自治体名はどんな手続きを経て決められるのか、番組の中で解説を行うために自分自身が勉強する必要があった。

また、谷川健一所長は名称選定に当たっては歴史学者や郷土史家を加えて欲しいと指摘されていたが、この点にも大いに賛同し六町村内の郷土史家やデザイナーにも候補案についてご意見をいただいた。ご縁を感じるのは今回の出雲大会で「方言・出雲弁の風土と地名」の特別講演を藤岡大拙先生（当時は島根県立短期大学学長）にご意見を伺いに行ったことをよく覚えている。また二日目のエクスカーションでは「たたら」をテーマに雲南市を含めた雲南地方をめぐるコースを私もガイドのお手伝いをするのも何かご縁を感じるところである。

郷土史家、研究者でもない私が地名大会の実行委員長を務めるというのは後にも先にもこれだけであろうし、定年退職前の現役最後の年の一大行事として自分史には刻まれるかけがえのない大会、多くの皆さんの協力を得ながら精一杯努力して良い大会にしたいと思う。そして大会をご縁に出雲、島根の地を訪れた多くの県外の皆様が楽しく充実した島根の旅であったと思っていただけることを願っている。

わが街の消えゆく地名

海の熊野地名研究会副会長　若林春次

故谷川健一氏は地名を安易に変えたり、消滅させることの重大さを強く訴えてきた。私の住む新宮市は人口3万弱の小さな市であるが、ご多分に漏れず多くの由緒ある地名が消えてしまっている。

そのことから消えた地名を掘り起こして調査を行った。古い地名はもう用はない、地名の研究は趣味の一部だと言う人もいる。地名はほかの学問に比べて、知名度や理解度が低いことは否めない。

江戸幕府が開かれると新宮は徳川御三家・紀州藩の支藩新宮領として成立した。元和五（一六一九）年に紀州藩付家老・新宮城主として入封した水野重仲は新宮領支配の拠点として新宮城の補強、そして熊野地方を政治・経済・文化の拠点として発展させるため、城下町の整備を行った。その時の町割りが明治期までの地名の基盤となっていた。そのため中世からの熊野信仰の地名や城下町地名が多く残されてきた。

しかし、明治期に入ると近代化促進のための土地開発や、地震、津波、大規模火災の復興に伴う区画整理等によって地名も

元の地名数 消滅＋残存	167
消滅した地名数	129
現在地名数 平成二四年市図	43
消滅後通称地名として使用	30

少しずつ変遷してきた。

新宮市街地だけであるが、地名の調査の概要は次表の通りである。一六七が四三になってしまった。

地名消滅の一番の大きな原因は昭和三七（一九六二）年五月の「住居表示に関する法律」である。

新宮市も昭和五五（一九八〇）年から平成二〇（二〇〇八）年まで、第十次に亘る住居表示の変更を行った。大区画の地名を付け、後は数字で細分化するというやり方であった。このため従来の小さな地名が多く消滅してしまっている。

このなかで新行政地名「新宮市図・平成二四年」になじめず高齢者や地方紙で旧地名が依然と使われている。いわゆる通称地名であるが、実際にこちらの方が生活になじんでおり、正確で簡単で便利なのである。

しかし新宮市は比較的、古来の信仰地名や城下町地名等を尊重して住居表示を行ってきたが、古来の由来に関係がない地名も発生している。

消えた地名への取り組みの動機は 平成二三（二〇一一）年九月の紀伊半島大水害である。以前から災害地名が気になっていたのであるが、海の熊野地名研究会では一年半に亘り熊野地方の災害発生地と地名の関係を調査した。詳しくは共著「災害と地名・減災への道しるべ」海の熊野地名研究会・平成二六年十二月）に載せているが、大部分が災害を表す地名であり、過去にも同じ災害が起こっていることを発見した。

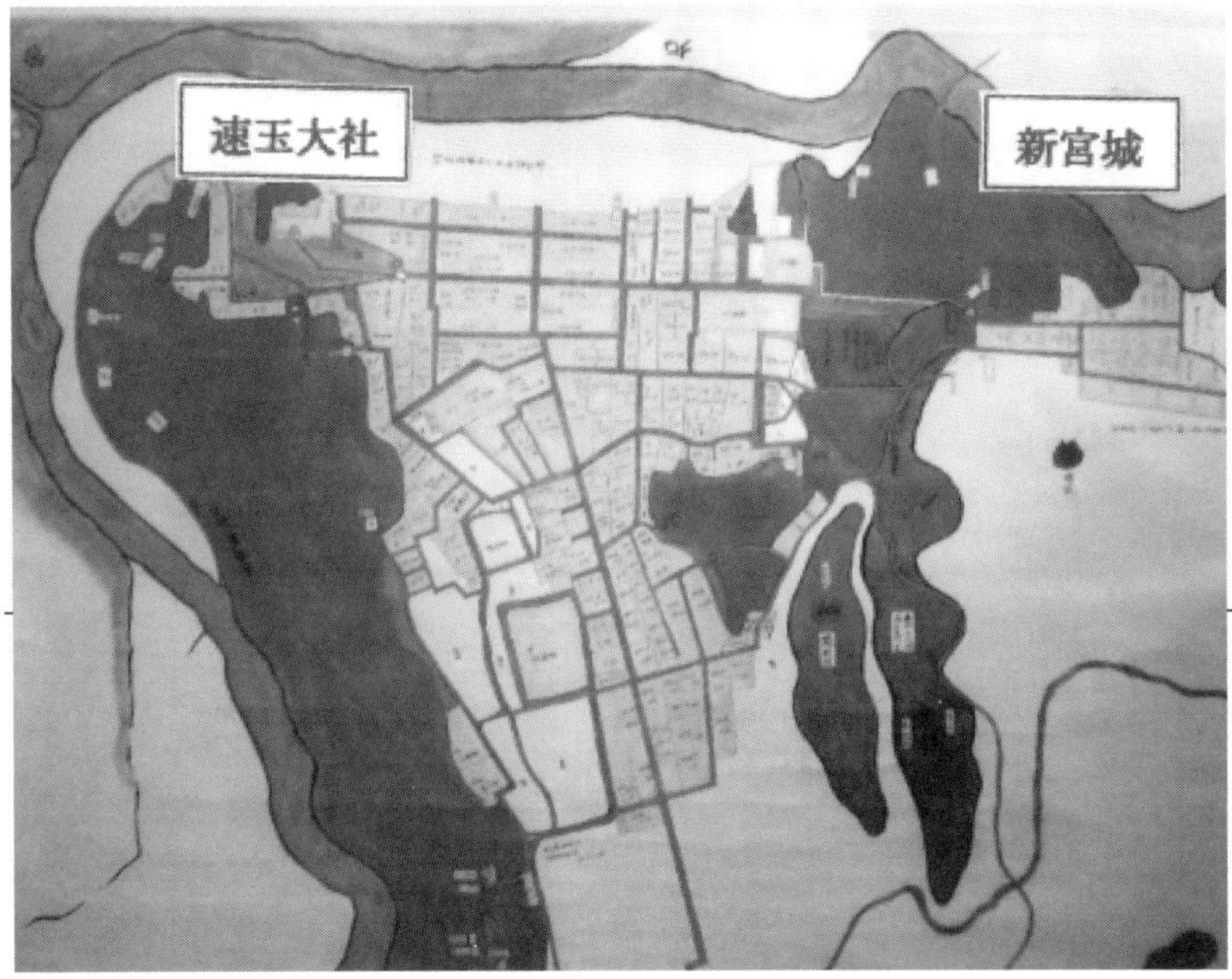

寛永 20（1643）年頃の新宮城下 町割図 （新宮木材協同組合所蔵）

各河川流域では犠牲者を出しているが、私が調査した古座川には一人もいなかった。過去の経験をきちんと記憶し、子供たちに伝えている。地形や地名の由来をよく知り、水害を畏怖するだけではなく、川と自然の恩恵を享受する上手な生活をしていることがわかった。

先般、わが街の消えた地名について講演する機会に恵まれたが、その反響は思ったより大きく地名の理解と知名度向上に役立ったと思われる。

今後も地名学という難しいものではなく、市民目線で親しみやすい地名の大切さを広め、災害地名を通じて減災の一助となるよう活動していく。

《編集後記》

○頁数の量だけでなく、質的にも読み応えのある復刊五号目となりました。反省とすれば、最初の原稿から最後の原稿の間が五か月も空いてしまったことです。早くに書いていただいた方には申し訳ないことをしました。本号は、出雲の関、地理の小林の湧き出るプランが土台にあり、それぞれの力の結集で完成しました。原稿を読みながら、何と知らないことが多いのだと思い知りました。柳田国男の言う「無知の相続」を次代に繋げなくてはいけません。今年の出雲、来年の遠野大会が盛会裡に終わった暁には、きっと新たな地名研究の風が巻き起こっていることでしょう。本誌の役割も、知的情報の発信だけでなく、談論風発の論争や若手研究者、それも生活をしながら地名を研究しようとする若い人たちを発掘する場へと変わっていかなくてはなりません。そういう意味でも、新しく編集委員に加わった犬丸慎一郎への期待が大です。会員、読者の皆さまによって、本誌共々大きく育てていただければ幸いです。（O）

○『地名と風土』の編集に関わって四年、五号目である。小田編集長が温めていた企画、「地名と地理学・地理教育」の特集を組むことができた。二年ほど前に相談を受けたことを記憶している。近くて遠い存在であった「地名」と「地理」が結びついた企画が実現できて地理教育関係者の一人として〝ほっと〟している。本特集のなかで、小野は、従来の地理学や地理教育のあり方が「たんに現在の世界、社会を記述し、それをただ教えるだけにとどまってきた」と批判し、二〇年にわたるアイヌ語地名併記の運動のなかから「たたかう地理学」の必要性を学んだと述べる。大江健三郎の〝曖昧な日本人〟ではないが、〝差別される側に曖昧な地理学・地理教育〟に対する警鐘でもある。新学習指導要領において、高校で新科目「地理総合」（必修、二単位）が登場するが、同じ轍を踏まないことを願っている。（B）

○『地名と風土』が復刊して五冊目となる一二号の編集に携わった。毎号特色ある内容にしたいと知恵を出し合ってきた。身近な会員から「内容が多岐に富んでおり、おもしろい」という声も聞く。リップサービスかも知れないが、私は興味のあるページを選んで、摘み食いで読むことを勧めている。大会などで親しくなった方の日頃の活動が、この冊子の一部から知ることができるのも、その役割と思っている。一月の中頃、メールで外国への出版物を取り扱う業者から、『地名と風土』の購入依頼がきた。カリフォルニア大学のバークレイ校図書館で蔵書したいとのことである。さっそく既刊のすべてをお届けし、今後も引き続き購入してくださることになった。本号には、中葉さんの国際会議の話も載っている。タイムリーな依頼であった。（K）

○私は、高女四年に、終戦により「学徒動員」を解かれ、明るい電灯の光に小躍りしながら帰宅したのを今でも覚えています。当時食糧も乏しく、来る日も畑仕事の明け暮れでしたが、気持ちはすっかり落ち着いていました。これからどう生きたらよいのか、キリスト教の友人にすすめられ教会へ行ったり、「神」と教育されていた天皇とは何かと悩んだり……いずれにしても、この時からこの国の本当の姿は何かといつも心にひっかかっていたのです。それは、今でも難問ですが、本号の標題を読んだだけでも「これからが勉強」の気運が、昔のように湧いてくるのを覚えます。（S）

○金曜七限。静かになりはじる渋谷のキャンパスの、まだ歩きながら煙草が吸えた廊下と暗い窓が印象的な教室で、先生は、「古代びとに会いに行きましょう」と、まだ学部一年、生意気なだけの私に、語ってくださった。平成一三年の後期のこと、母校である國學院大學の史学基礎演習においてである。その頃から関所長は、地名を含む「ことば」に塗り込められてきた、いきた先人の感覚のようなものを大切にされていたように思う。理性のみならず、感性をも用いて過去に接近する関史学に憧れ、学士と修士の課程で師事し、勉強会まで主催させていただいた。確かあの教室で拝聴したと記憶する「かがみ」の語源の話は、予備校講師として生計をたてるいま、学生を引き付けるために毎年必ず拝借している。一〇年には満たないけれど、長い人生修行を経て今また史学の道に戻ろうとする私を、先生はあたたかく日本地名研究所に迎えてくださったばかりでなく、編集委員という大役を仰せつかることとなった。委員各氏にご迷惑をかけるばかりで、いまのところ、その平均年齢を大きく引き下げたことのみが実績ではあるが、これから地名が抱える「おもみ」を現代びとに伝えるべく、微力ながら尽くす所存である。（I）

○編集のお手伝いをさせていただいて五冊目となる。その間、毎年開催される全国大会だけでなく、各地の研究会にも、真面目に参加する機会が増えた。そして、その都度思い知らされるのは、地名研究の奥深さ「神は細部に宿り給う」である。他方、地名研究会の置かれている周辺的現実はどうか―各所で地道な研究活動が展開されているにもかかわらず、相互の交流は皆無に等しい。せめて巡見の時などは、オープンにして相互に乗り入れたら、と思うのだが。このまま孤立無援の状態で高齢化が進んでいけば、地方研究会は消滅か？と危惧するのは私だけではないだろう……。これをなんとかできないものか（余計なお世話と言われるかもしれないが）―本研究所と本誌の新たな社会的役割が問われている。（T）

人間と大地をむすぶ情報誌

『地名と風土』第12号　二〇一八年三月三一日　発行

責任編集　関　和彦
編集長　小田富英
編集委員　小林　汎／菊地恒雄／鈴木茂子
　　　　　髙橋　治／犬丸慎一郎
編集　日本地名研究所
　　　〒二一三-〇〇〇一
　　　神奈川県川崎市高津区溝口一-六-一〇
　　　川崎市生活文化会館四階
　　　電話　〇四四-八一二-一一〇六
　　　chimeiken@chimei.people.co.jp
　　　http://chimei.people.co.jp/

発行者　中野好雄
発行所　有限会社中野商店
　　　〒一六七-〇〇五一
　　　東京都杉並区荻窪一-一九-一三
　　　電話　〇三-三三九一-〇三〇三

表紙題字　篠田桃紅
表紙・グラビア写真　板垣宏／文　関和彦
DTP　有限会社中野商店
印刷・製本　藤原印刷株式会社

ISBN978-4-909622-00-6

谷川健一全集

民俗学の巨人が、「日本とは、日本人とは何か」という問いを模索し、歩き続けた軌跡。

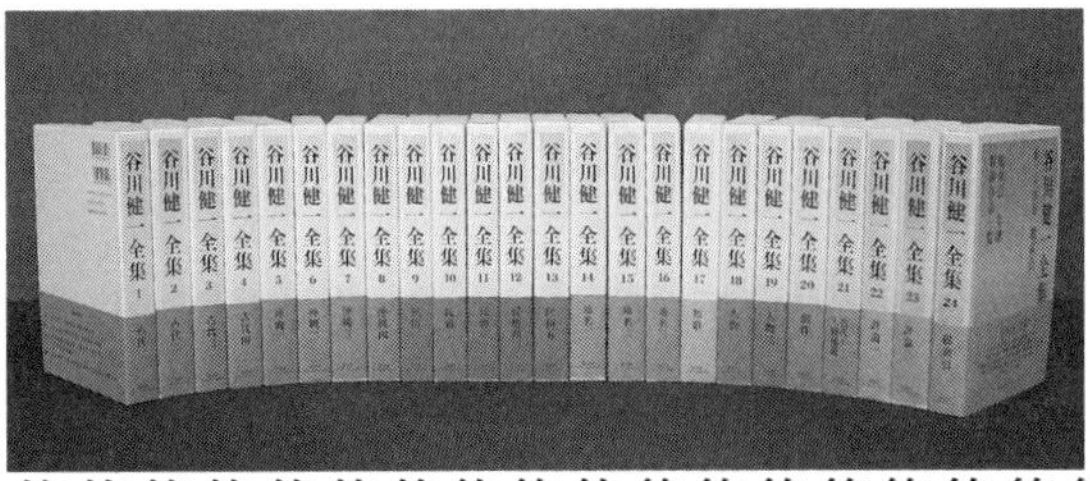

菊判・布表紙・貼函入　＜呈内容見本＞
分売可　各六五〇〇円　揃一五六〇〇〇円

第1巻　白鳥伝説
第2巻　大嘗祭の成立　日本の神々　他
第3巻　古代史ノオト　他
第4巻　神・人間・動物　古代海人の世界
第5巻　南島文学発生論
第6巻　沖縄・辺境の時間と空間　孤島文化論（抄録）　他
第7巻　甦る海上の道・日本と琉球　渚の思想　他
第8巻　海の群星　神に追われて　他
第9巻　青銅の神の足跡　鍛冶屋の母
第10巻　女の風土記　埋もれた日本地図（抄録）　黒潮の民俗学（抄録）
第11巻　わたしの民俗学　わたしの「天地始之事」　他
第12巻　魔の系譜　常世論
第13巻　民間信仰史研究序説　他
第14巻　日本の地名　続日本の地名　神は細部に宿り給う（抄録）
第15巻　地名伝承を求めて　日本地名研究所の歩み
第16巻　列島縦断　地名逍遥
第17巻　谷川健一全歌集　うたと日本人　他
第18巻　柳田国男
第19巻　独学のすすめ　折口信夫　柳田国男と折口信夫
第20巻　最後の攘夷党　私説　神風連　明治三文オペラ　他
第21巻　四天王寺の鷹　人物論
第22巻　常民への照射（抄録）　評論　講演
第23巻　失われた日本を求めて（抄録）　評論　随想
第24巻　総索引　年譜　収録作品一覧

列島縦断　地名逍遥

谷川健一著　五六〇〇円

地名は日本人の遺産であり大地に刻まれた索引である。地名の由来をひもとく谷川地名学の精華！

地名は警告する

日本の災害と地名

谷川健一編　二四〇〇円

地名にこめられた警鐘を、真摯に聴きとることが大切だ。各地の第一人者による災害地名探索。

悲しみの海

東日本大震災詩歌集

谷川健一・玉田尊英　編　一五〇〇円

岩手、宮城、福島の詩人・歌人を中心に編んだ地震と津波のアンソロジー。再生への強い想い。

谷川健一の世界

魂の民俗学が遺したもの

大江　修　編著　二八〇〇円

「日本人とはなにか」を考える渾身の問題提起の書。『谷川健一全集』各巻の巻末対話を全編収載。谷川民俗学への最良の入門書。

魂の民俗学

谷川健一の思想

大江　修　編　二三〇〇円

独自の視点で民俗学に新たな地平を切り拓いた孤高の巨人・谷川健一。「谷川民俗学」の全貌を見る。

海と生きる作法

―漁師から学ぶ災害観

川島秀一著　一八〇〇円

三陸の漁師たちは海で生活してきたのではなく、海と生活してきた。今こそ、津波に何度も来襲された三陸沿岸に生き続けた漁師の、運命観、災害観に学ぶときではないか。

津波のまちに生きて

川島秀一著　一八〇〇円

気仙沼に生まれ、育ち、被災した民俗学者が、地震・津波の状況と三陸の生活文化を語る。

安さんのカツオ漁

川島秀一著　一八〇〇円

日本独特の大切な文化が生き続けているカツオ一本釣り漁。一人の船頭の半生を追う。

明治からの精神を未来へつなぐ
冨山房インターナショナル
〒一〇一-〇〇五一　東京都千代田区神田神保町一-三
電話：〇三-三二九一-二五七八　ファックス：〇三-三二九一-四八六六

＊表示価格は本体価格です